THAILAND

Zeit für das Beste

HIGHLIGHTS | GEHEIMTIPPS | WOHLFÜHLADRESSEN

»Sei wie der Bambus: Beuge und biege
dich anmutig, wie der Wind es will – und du
wirst niemals brechen.«

Thailändisches Sprichwort

BRUCKMANN

THAILAND

Zeit für das Beste

Martina Miethig
Thomas Stankiewicz

BRUCKMANN

INHALT

Ko Kho Khao wartet mit dem längsten Strand Thailands auf.

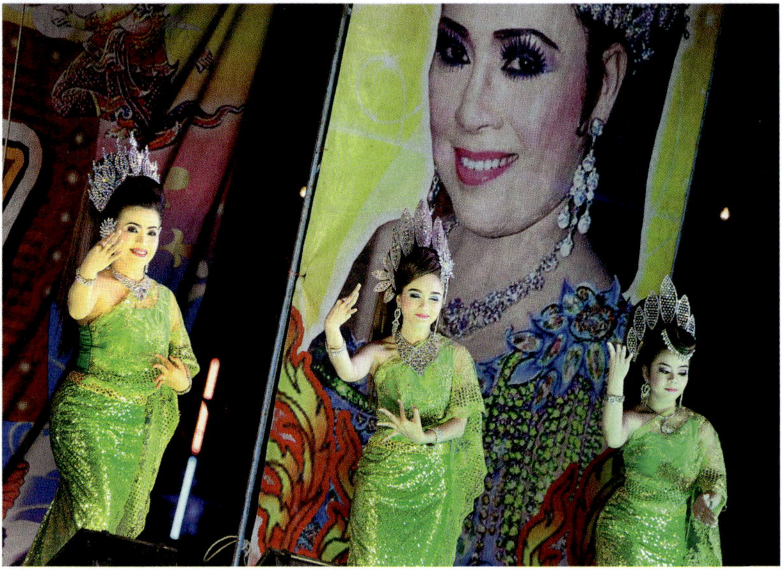

In der Königsstadt Ayutthaya halten Tanzvorführungen alte Traditionen lebendig.

**Vorangehende Doppelseite: Am Strand
von Ko Mak**
Rechts: Ob scharf oder süß-sauer:
Thai-Currys sind immer lecker.

MEHR WISSEN

Viele Mini-Türmchen schmücken den Chedi des Wat Boromathat bei Suratthani.

MEHR ERLEBEN

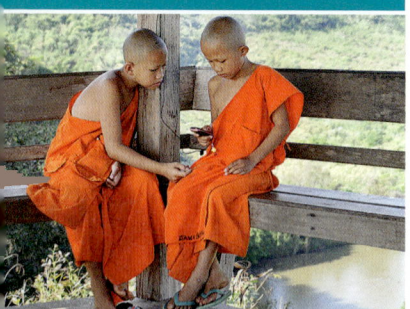

Links: Wie diese jungen Mönche bekennen sich die meisten Thai zu den Lehren Buddhas.

Nach wie vor ein beliebtes Fortbewegungsmittel:
Lkw auf der Autobahn bei Cha am

Rechts: Auf dem Rücken eines Elefanten durch
den Nationalpark Khao Sok

❶ Bangkok: Hoch hinaus – in die »Sky Bars« (S. 42)
Überblick verschaffen und tief Luft holen. Über den Dächern von Bangkok fühlt man sich wie im Siebten Himmel: unten das Häusermeer und die Betonschluchten, im 63. Stock weht eine laue Brise um die Nase, die Cocktails munden in Schwindel erregender Höhe – und die Sterne sind zum Greifen nah.

❷ Sukhothai Lichterfest: Zu Ehren der Wassergöttin (S. 217)
In der »Wiege Thailands« wird die Geschichte lebendig: zum zauberhaften Lichterfest Loi Krathong im November, wenn inmitten der UNESCO-Ruinenstadt die alten Könige und Traditionen wiederauferstehen – eine Light and Sound-Show, die man nicht verpassen sollte. Und damit Wünsche in Erfüllung gehen, lässt man Abertausende kleine Lichterballons in den Abendhimmel aufsteigen.

❸ Trekking zu den Bergstämmen (S. 242)
Eine halbe Million Menschen gehören zu den Bergstämmen im Norden: Wer einen Blick hinter die bunten Folkloretrachten werfen möchte und sich für animistische Traditionen interessiert, der packt die Wanderstiefel ein und besucht weit abge-

In der »Sky Bar« liegt dem Bangkok-Besucher die Stadt zu Füßen.

9

legene Bergdörfer im Wandel der Zeiten – zwischen Waldgeistern und Smartphone…

❹ Khao Sok Nationalpark: Unter Gibbons (S. 162)

Der älteste Urwald weltweit! Eine spektakuläre Kulisse aus Karstgebirgen, Höhlen und Wasserfällen. Hier im Süden Thailands wohnt man in Baumhäusern oder auf einem Floß auf dem vom Dschungel umrahmten See – und lauscht den Rufen der Gibbons und Nashornvögel. Mit etwas Glück lassen sich beim Wandern bunt schillernde Eisvögel und Warane blicken.

❺ Hua Hin: Wellness–Tempel (S. 104)

Das »Chiva Som International Health Resort« gehört seit Jahrzehnten zu den besten Wellnessadressen Thailands: Hier wird die Einheit von Körper, Geist und Seele wiederhergestellt – ob mit Yoga oder Kickboxen, beim Floating oder einer vierhändigen Massage. Zur Stärkung gibt es gesunde Gourmet-Küche mit Obst, Kräutern und Gemüse aus dem Garten.

❻ Khao Sam Roi Yot Nationalpark (S. 107)

Der vielfältige Nationalpark wartet mit einer hübschen Überraschung auf: Erst geht es entlang der herrlichen Steilküste, dann in die Tropfstein-Höhle: In der Tham Phraya Nakhon belohnt ein märchenhafter Anblick die Wanderung - der kleine Tempel-Pavillon zu Ehren von König Chulalongkorn steht mitten in der Höhle – im Sonnenlicht…

❼ Chiang Mai: Tempelmarathon (S. 206)

Auf in den Norden, wo selbst Tempel-Muffel staunen: Rund 100 buddhistische Gotteshäuser – eines schöner als das andere – warten auf Besuch in der

Teakholz-Kloster mit goldenen Ornamenten in Chiang Mai

Zu den beliebtesten Stränden auf Ko Samui gehört der Lamai Beach.

nordthailändischen Metropole. Tempelfans haben die Qual der Wahl. Idyllische
Oasen und richtige Juwelen sind die ur-
alten teakhölzernen Klöster im burmesisch-laotischen Stil – Meisterwerke der
»Lanna«-Architektur.

8 Krabi: Schauplatz von Legenden (S. 178)

Ein fantastisches Natur-Erlebnis, ob zu
Wasser oder an Land: Die zu Stein gewordene Märchenlandschaft aus bizarren
dschungeligen Karstbergen und Thailands
schönster Strand begeistern heute Tausende – im Kajak, beim Felsenklettern
oder beim Wandern im Nationalpark.
Allein ist man hier nicht, aber es gibt
noch viele Ausweichmöglichkeiten.

9 Ko Samui: Sundowner am Beach (S. 124)

Das Eis klimpert im Glas beim obligatorischen Cocktail zum Sonnenuntergang:
Trauminseln gibt es in Thailand wie Sand
am Meer, aber nur ein »everybodies Dar-
ling«: Auf der »Kokosinsel« im Golf von
Thailand findet jeder die passende Bleibe
– ob Hängematte oder Marmorwanne, ob
Golf-Enthusiast oder Backpacker. Auch
auf die Sportschau und Currywurst muss
hier keiner verzichten. Wie gut, dass »Big
Buddha« stets ein Auge auf die Insel hat.

10 Phang Nga Bucht und Ko Phi Phi: Film ab! (S. 170 und 186)

Das ist ja wie im Film! Die spektakuläre
Inselwelt in der Andamanensee zieht die
Massen in ihren Bann – schon lange bevor
James Bond hier Gauner und Killer jagte.
Aber nicht nur Kino-Ganoven verbergen
sich hinter den steilwandigen Inselbergen,
auch verwunschene Lagunen: die geheim-
nisvollen »hongs«. In der Maya Bay bei Ko
Phi Phi schließlich begibt man sich auf
die Spuren von Leonardo DiCaprio in die
Traumkulisse von »The Beach«.

WILLKOMMEN
in Thailand

3200 Kilometer Küste! Strände wie aus dem Bilderbuch! Dichter Dschungel mit Wasserfällen und verwunschenen Lagunen, Elefanten, Tigern und Gibbons. Ein Land der Könige: majestätisch anmutende UNESCO-Ruinen und prachtvolle Paläste aus Gold, Marmor und Elfenbein. Ein Land Buddhas: 33 000 Tempel mit farbenprächtigen Mosaikdächern, die sich in nassen Reisfeldern spiegeln. Was für ein Kontrast zu Bangkok – Boomtown und Trendmetropole: Blechmassen und Stöckelschuhe, Abgas- und Weihrauchschwaden. Thailand ist ein Sehnsuchtsland zwischen Mikrochip und Geisterhäuschen.

Der Eingang zum Wat Arun in Bangkok wird von riesigen Yak-sha-Figuren bewacht.

»Das Land der Freien«

Die Thailänder nennen ihre Heimat »das Land der Freien«. Dank weitsichtiger Herrscher sind sie in den vergangenen 800 Jahren anders als ihre südostasiatischen Nachbarn nie kolonialisiert worden und nie unter fremde Herrschaft geraten. Die Nachfahren von Königen und Fischern, von Bergstämmen, Reisbauern und Mönchen sind stolz auf ihr Land, ihre Geschichte und vor allem auf ihren nach 70 Jahren Regentschaft im Oktober 2016 verstorbenen König. Seine Majestät, Bhumibol Adulyadej, geboren 1927, wurde und wird von seinen Untertanen als Landesvater noch immer hochverehrt. Er bestieg als Rama IX. 1946 den Thron und war damit das am längsten amtierende Staatsoberhaupt der Welt.

Thailand ist heute in permanentem Wandel begriffen, manchmal prunkvoll-schillernd wie ein Märchen aus Tausendundeiner Nacht mit Dschungelbuch-Kulisse,

Von Muslimen aus Indonesien vor 200 Jahren erbaut: das Pfahldorf von Ko Panyi

dann wieder wie ein Science-Fiction-Film, der den Besucher ständig in Erstaunen versetzt. Dies gilt besonders für Bangkok, eine Stadt im Zeitraffer, in der das moderne Leben die alten Traditionen mit Lichtgeschwindigkeit überholt.

Das traditionsreiche Siam und das neue Thailand scheinen hier im pausenlosen Wettstreit miteinander zu liegen: Etwa, wenn die Marktfrau mit ihrer wippenden Schultertrage voller Eier gebeugt an der Blechkarawane im Stau vorbeischlurft – und schneller als diese ans Ziel kommt! Wenn an einem Bangkoker Schrein inmitten von Gehupe und Getöse dem Buddha in tiefer Andacht gehuldigt wird. Wenn im Morgengrauen Mönche in orangefarbenen Roben mit Bettelschalen ihre Almosenrunden drehen und die Bangkoker in uralter buddhistischer Manier Reis spenden, um damit Verdienste fürs nächste Leben zu erwerben.

Bangkok: Ein Moloch mit »Himmelszug«

Auf hohen Stelzen eilt seit 1999 der »Skytrain« auf zwei Linien durch die Hochhausschluchten und den Häuserdschungel – so wie in Fritz Langs *Metropolis*. Unter den Hochstraßen auf ihren

mächtigen, futuristischen Betonpfeilern scheint die »alte« Stadt zu kauern – und zu funktionieren: zwischen hoffnungslos überladenen Marktständen, verführerisch duftenden Suppenküchen und den 400 Klöstern Bangkoks, den »Wat«. In den Spiegelfassaden der Wolkenkratzer blitzen ihre bunten Mosaikdächer – Oasen zum Verschnaufen, wo endlich Ruhe herrscht und Glockenspiele gegen das weltliche Chaos anbimmeln. Enge Gassen führen zum »Fluss der Könige«, dem Chao Phraya. Hier steht ein Geisterhäuschen zwischen den Wellblechdächern mit knallroter Limonade und Reis als Opfergaben an den Hausgeist, dort hängen Blumengirlanden aus Jasmin und Rosen, die *puang malai*, für Buddha am Rückspiegel eines Tuk-Tuk-Dreiradtaxis.

Nicht zur Nachahmung empfohlen: Badende Kinder an einem alten Kanal in Bangkok

Kaum zu glauben, dass europäische Besucher der vorigen Jahrhunderte der Stadt noch bewundernd den Namen »Venedig des Ostens« gaben – Bangkok soll einst achtmal mehr Kanäle und Flussarme als die Lagunenstadt Venedig gehabt haben. Barken und Lastkähne transportierten Waren auf den heute meist zubetonierten »klong«-Kanälen.

Spätestens jetzt ist man neugierig – und gewappnet für die touristische Bangkok-»Dröhnung«: für das Schlangestehen vor dem Königspalast und die Fließband-Massage bei den Wat-Pho-Masseuren, für das Blitzlichtgewitter im Angesicht Brahmas am Erawan-Schrein und für das Gedränge auf dem Chatuchak-Wochenendmarkt, in Chinatown oder der Khao-San-Backpackermeile. Zum Luftholen geht es in die Tempel oder in die klimatisierten glitzernden Shopping-malls. Aber immer schön aufpassen und nicht den Neppern, Schleppern, Bauern-fängern auf den Leim gehen, etwa dem selbsternannten Englischlehrer mit ver-lockender »Edelstein-Shoppingtour« oder

Ein Wahrzeichen des modernen Bangkok: Auf der Sukhumvit Road tost bei Tag und bei Nacht der Verkehr.

dem unechten Mönch auf Bettelgang. Und wer einmal Kamikaze im Autoscooter-Stil erleben will, der steigt ein ins Tuk-Tuk – oder ins ohrenbetäubend dröhnende Longtailboat.

Abschalten unter Kokospalmen

Die meisten der rund 32 Millionen Touristen kommen wegen der zahllosen Strände und Inseln nach Thailand. Über den alabasterweißen Sand beugen sich die Kokospalmen, Fischerboote schwanken im azurblauen Wasser. Hier kann jeder nach seiner Fasson glücklich werden – beim Sonnenbaden ebenso wie in der Hängematte, beim Abtauchen in faszinierende Unterwasserwelten ebenso wie in Wellness-Oasen, beim nächtlichen Techno-Clubbing ebenso wie bei Meditationen in einem buddhistischen Kloster. Auf den abgelegenen, nicht immer einfach zu erreichenden Robinson-Inseln, wo – endlich! – keine Sehenswürdigkeiten, Tempel, Märkte oder Shoppingcenter warten, reicht zum Abschalten ein gutes Buch und das Endlos-Panorama, das sich bietet, wenn der Blick weit übers Meer wandert und erst bei der Nachbarinsel hängen bleibt. Dabei ist es völlig gleichgültig, ob man in einer windschiefen rustikalen Palmwedelhütte wie die Alt- und New-Age-Hippies vor 30 Jahren wohnt oder in einer minimalistisch-edlen Pool-Villa mit eigenem Butler. Denn die Thailänder und ihre vielen unsichtbaren Geister machen keine Unterschiede zwischen einem Backpacker und einem Honeymoonpärchen, zwischen der Großfamilie und dem internationalem Jetset. Jeder Gast wird gleich behandelt und herzlich willkommen geheißen.

Der Süden: ein Kaleidoskop aus Inseln und Stränden

Thailands geografische Form ist oft mit dem Kopf eines Elefanten verglichen worden: Im Osten wird der »Rüssel« von den Wellen des Golfs von Thailand und im Westen von der Andamanensee umspült. An der rund tausend Kilometer langen Golfküste wechseln sich Badeorte und Fischerdörfer, Palmenhaine und Gummibaumplantagen ab. Am Isthmus von Kra, wo Thailand nur ganze 13 Kilometer breit ist, wird die Landschaft immer tropischer, vor der Küste liegen Tauchreviere mit einigen reizvollen Korallenriffen, in denen Myriaden von farbenprächtig schillernden Meerestieren leben. Ko Samui, die »Kokosinsel«,

Auch auf Phuket gibt es sie noch, die stillen Traumstrände.

bietet all das, was ein Urlauberherz begehrt: kilometerlange Sandstrände und idyllische Buchten, Wasserfälle und Tempel, Luxus-Spas und bunte Souvenirmärkte, Strand-Discos, Thai-Boxen und Affenshows, Action und Faulenzen – oder beides im Wechsel! Auch auf der bergigen Nachbarinsel (Ko) Phangan, auf der jeden Monat die »Fullmoon Party« Zehntausende Jugendliche anlockt, gibt es kilometerlange Strände mit zahllosen verträumten, kleinen Buchten.

Auf der anderen Seite der Malaiischen Halbinsel liegt Phuket, Thailands größte Insel und Urlaubsziel Nr. 1. Ob Design-Liebhaber oder Sandburgen-Architekt, ob Yacht-Kapitän oder Billigflieger, ob Deutscher, Chinese oder Russe: Auf dem Multi-Kulti-Eiland findet jeder die passende Ecke – man muss nur wissen wo. Das Inselhüpfen gehört in der Andama-nensee quasi zum Pflichtprogramm: An erster Stelle steht die wundervolle Bucht Phang Nga mit ihrer Märchenwelt aus grün überwucherten Inselbergen und Lagunen, die sich hinter zerklüfteten Felswänden verstecken und nur zu bestimmten (Ge-)Zeiten im Kanu zugänglich sind. Per Speedboat geht es weiter nach Ko Phi Phi mit seiner legendär-»geheimen« Hollywoodkulisse aus »The Beach« – immer auf den Spuren Leonardo DiCaprios – heutzutage allerdings mit einigen Tausend anderen …

Der Norden: rund ums »Goldene Dreieck«

Von den ehrwürdigen UNESCO-Ruinen der siamesischen Königreiche im Landeszentrum wie Sukhothai und Ayutthaya ist es nicht weit zu den nebelverhangenen Bergwäldern und Reisterrassen

Teefelder in der Provinz Chiang Rai in Nordthailand

im Norden. Hier liegt das traditionelle Siedlungsgebiet der aus Süd-China eingewanderten Bergstämme. Mit den Flüchtlingsströmen aus den Nachbarländern ist im Laufe der Jahrhunderte eine ganz eigenständige Kultur entstanden, die mit einer bezaubernden Sakral-Architektur aufwarten kann: Wahre Augenweiden sind die burmesisch-laotischen Holztempel mit weit herabgezogenen und ornamentgeschmückten Dächern. Die Berge sind ein Paradies nicht nur für Trekkingtouristen, sondern auch für Zweiradfahrer. Am »Mae Hong Son-Loop«, mit angeblich 1864 Kurven und Kehren auf 600 Kilometern die reinste Achterbahnstrecke, warten hinter jeder Biegung andere interessante Fotomotive: Reis- und Sonnenblumenfelder, Wasserfälle und goldene Buddhas. Am Mekong, dem fünftlängsten Fluss der Erde, nähert man sich im Nordosten dem geheimnisvollen »Goldenen Dreieck« – dem jahrhundertelang weltgrößten Opiumgebiet zwischen Thailand, Laos und Myanmar, dem alten Burma.

Ob in der Stadt oder im Wald: In Thailand sind Makaken ein alltäglicher Anblick.

Von Opium und Rebellen

Rückblende ins Reich der Mitte, ins Reich der Opiumträume: Die Holländer und später die Briten hatten ab dem 17./18. Jahrhundert dafür gesorgt, dass Opium als Zahlungsmittel für die begehrten Seidenstoffe, Gewürze, Porzellan und Tee aus Fernost akzeptiert wurde, da die Chinesen keine westlichen Produkte brauchten. Die Sucht verbreitete sich epidemisch im chinesischen Kaiserreich. Im frühen 19. Jahrhundert gab es fast zwei Millionen Süchtige. Der chinesische Herrscher Tao Kuang ließ die träge machende Volksdroge verbieten und alle Opium-Lagerhallen in den Häfen zerstören. Der Konflikt mündete schließlich in den Britisch-Chinesischen Opiumkrieg (1839–42), der mit einer Niederlage des Kaiserreichs endete. In China wurde der Handel mit der Droge legalisiert und eine Opiumsteuer erhoben. Über die Provinzen Szechuan und Yunnan in Südchina und über Laos wanderten die Schlafmohnfelder mit den eifrigsten aller Opiumbauern, dem Nomadenvolk der Hmong, allmählich ins Gebiet des heutigen »Goldenen Dreiecks« und nach Thailand.

»Opium gegen Waffen« lautete die Parole in den 1960er-Jahren in der stets umkämpften Dschungelregion. Trekkingguide Aekasitd war Mitte der 1970er-Jahre als junger Rebell in der Unabhängigkeitsarmee der Kachin aus Burma. Abends am Lagerfeuer mit seinen Tourgästen erinnert er sich: »Wir haben Jade, Opium und Heroin an die Thai-Grenze gebracht und dafür M16-Gewehre aus Vietnam für unseren Befreiungskampf bekommen.« Seit den 1950er-Jahren ist der Schlafmohnanbau in Thailand offiziell verboten. Mit den von König Bhumibol eingeführten »cash crop«-Initiativen werden seit rund 40 Jahren Gemüse, Obst und Blumen in landwirtschaftlichen Alternativprojekten angebaut, auch mit Hilfe der deutschen GTZ. Die Schlafmohnfelder auf thailändischem Gebiet wurden abgebrannt, bis die Thai-Regierung und die GTZ von einem Rückgang der Opiumproduktion

Vielerorts im Land bezeugen Götter- oder Buddha-Statuen die Religiosität der Thais.

in Nordthailand um 80 bis 95 Prozent sprachen. Doch seit rund zehn Jahren scheint sich die Geschichte zu wiederholen, zumindest der steigende Drogenbedarf in China: Die UN-Drogenfahnder beobachten eine Renaissance der Heroinproduktion und neuen synthetischen Drogen (Amphetamine), vor allem im Norden des Shan-Staates in Myanmar.

Was verrät das Hühner-knochen-Orakel?

Viele Angehörige der Bergvölker, zu denen eine halbe Million Menschen zählt, praktizieren immer noch animistische Rituale, die Fremden oft exotisch und rätselhaft erscheinen. Doch der Glaube an Natur- und Waldgeister gibt Halt in einer sich rasch verändernden Umwelt: Die offenen Holztore vor den Akha-Dörfern halten die ungebetenen Gäste und Dämonen wie eh und je von einem Besuch ab. Tritt in einem Dorf der Lisu eine Krankheit auf, dann wird ein Medizinmann gerufen, der die bösen Geister in einem Ritual austreibt – in ein Körbchen mit bunten Fäden und Stofffetzen, das am Ortsrand weggeworfen wird. Ein Hühnerknochen von einem frisch geschlachteten Huhn gibt Aufschluss über die Reisernte im nächsten Jahr, das Schicksal der Tochter im fernen Bangkok oder auch die Lottozahlen. Und so können oder wollen auch die Geister in den nordthailändischen Bergen den Einbruch der Moderne nicht aufhalten. Selbst in den abgelegenen Bergdörfern um Mae Hong Son bringt der Geist der Satellitenschüssel den guten Fernsehempfang, und

Das Anzünden von Räucherstäbchen gehört in Thailand zum Alltag dazu.

beim Handeln um das definitive Souvenir aus dem Norden – ein Glücksarmband aus Früchtesamen etwa – nennt das Lisu-Mädchen in der bunten Tracht den Preis per piepsendem Smartphone.

Ein Häuschen für den Hausgeist

Auch im Rest Thailands mischt sich der Buddhismus mit Elementen aus dem älteren Brahmanismus und verschiedenen Naturreligionen. Angefangen beim Ankleben von Blattgold auf eine Buddha-Statue über das Anzünden von Öllampen und Weihrauchstäbchen bis hin zum Herausschütteln von nummerierten *siem sii*-Bambusstäbchen aus einer Büchse zwecks Weissagung oder dem Freilassen von Vögeln aus ihren Käfigen: Im Alltag sorgen viele Rituale für das Wohlwollen der himmlischen Hüter. Auch wenn 95 Prozent der Thailänder Buddhisten sind, fürchten und ehren sie die Geisterwelt. Jeden Morgen glimmen Milliarden von Räucherstäbchen und Kerzen in bunten Geisterhäuschen, davor eine Schale Reis und eine Limonade für den Bewohner, den Hausgeist *chao thi*. Der Glaube an die Macht der Geisterwelt, der *pii*, kennt keine gesellschaftlichen Schranken: Keine Bambushütte oder Hotellobby, keine Bar oder Tankstelle ohne die liebevoll verschnörkelten Miniaturschreine und Hausaltäre. Um Glück, Kraft und Macht zu erlangen, tragen viele Thai zudem gesegnete Amulette und »magische« Tätowierungen.

19

Der vielarmige Buddha des Wat Nuam Na Ram ist die jüngste Attraktion von Ko Samui.

Buddhas »Vier Edle Wahrheiten«

Doch letztendlich muss jeder Buddhist für sich selbst durch Meditation zu Weisheit und Wahrheit gelangen. Buddha zeigt den Gläubigen nur den Weg. Am Anfang vor rund 2500 Jahren stand seine Erkenntnis der »Vier Edlen Wahrheiten«: Alles Leben ist Leiden; der Ursprung des Leidens ist die Begierde; das Leiden kann durch Überwindung der Begierde beendet werden; dabei helfen die Lebensregeln und Tugenden des »Achtfachen Pfades« wie zum Beispiel ein »rechter Glaube« und »rechtes Handeln«. Grundlage ist das Karma, das Schicksalsgesetz von Ursache und Folge im Ablauf der Wiedergeburten, dem die Lebenden unterworfen sind – bis

das Nirwana erreicht ist, der Zustand der Erlösung von allen menschlichen Begierden. Buddha selbst soll der Überlieferung zufolge 500 Leben gehabt haben, bevor er ins Nirwana einging. Die rund 300 000 Mönche und Novizen in Thailand orientieren sich an 227 mehr oder weniger strengen buddhistischen Regeln, etwa dem Zölibat. Meist zur Regenzeit beginnt die »Khao Pansa«: Thailändische Jungen begeben sich für einige Wochen ins Kloster, um sich dem Studium der Schriften Buddhas zu widmen. Die Mitglieder des buddhistischen Ordens, des »sangha«, sind bei all ihrem Streben nach Erlösung alles andere als weltfremd. Manche Äbte haben einen äußerst lukrativen Kultstatus erlangt und nehmen für sich in Anspruch, Wunderheilungen bewirken oder die

Lottozahlen voraussagen zu können! Einige ihrer berühmten Kollegen liegen mumifiziert in Glassarkophagen, mit Goldpapierschnipseln, Münzen und Geldscheinen bedeckt, und empfangen so noch immer Pilger und Gläubige.

Schatten im Paradies

Mit der herrschenden Doppelmoral haben immer mehr moderne Thai ihre liebe Last. Das buddhistische Land versucht seit einigen Jahren, sein Image als Eldorado für Sextouristen aller Herren Länder loszuwerden. Aber am Geschäft mit der käuflichen Liebe wird heftig verdient, die Go-go-Bars und Massagesalons in vielen Touristenorten sind unübersehbare Aushängeschilder einer boomenden

Industrie, die scheinbar Devisen ohne Ende bringt.

Mindestens 60 000 Kinder unter 18 Jahren sollen noch immer zur Prostitution gezwungen werden, schätzen thailändische Hilfsorganisationen wie die ECPAT (End Child Prostitution in Asian Tourism). Noch in den 1990er-Jahren waren zwei Drittel aller Mädchen in Bangkoks Massagesalons und Girlie-Bars von den eigenen Eltern aus Nord- und Nordost-Thailand dorthin geschickt oder an Bordellagenten verkauft worden – um dem Teufelskreis aus Armut und Schulden zu entkommen, um endlich ein Haus, ein Mofa oder einen Fernseher anschaffen zu können. In Thailand wurden Gesetze gegen den sexuellen Missbrauch von Minderjährigen verabschiedet, mit denen Jugendliche unter 18 Jahre unter Schutz gestellt werden. Neben Gefängnisstrafen droht Kinderschändern das Outing mit Bild in der Tageszeitung – und das wird in Pattaya auch praktiziert!

Raus aus den Städten!

Wer sich durch den Betondschungel in Bangkok schlägt, durch die Schilderwälder in den Touristenorten oder das Verkehrsgetümmel in Chiang Mai, braucht etwas Fantasie, um sich vorzustellen, dass noch immer geschätzte 200 Tiger und 2700 wilde Elefanten sowie Malaienbären, Nebelparder und Königskobras in Thailand leben. Rückzugsraum für diese extrem bedrohten Wildtiere ist vor allem der schwer zugängliche Wildpark Thung Yai Naresuan nahe der burmesischen Grenze, seit 1991

Elefanten, einst als Arbeitstiere genutzt, werden heute von Touristen geritten.

Die Thais sind längst auf motorisierte Fortbewegungsmittel umgestiegen.

UNESCO-Weltnaturerbe. Das Reservat ist mit insgesamt 19 Schutzwäldern auf 24 000 Quadratkilometern die größte zusammenhängende Dschungelregion auf dem südostasiatischen Festland! Doch Thailand ist nicht Afrika, und daher sollte man bei Safari-Ausflügen in die riesigen Nationalparks wie dem Khao Yai nördlich von Bangkok oder dem Khao Sok im Süden nicht Großwild-Erlebnisse erwarten. Thailands »Big 5« sind Elefant, Wasserbüffel, Makake oder Gibbon, Walhai und Krokodil. Mit etwas Glück bekommt der Nationalpark-Besucher Nashornvögel, Bergziegen, Sambar-Wild und Warane zu Gesicht. Im Golf von Thailand oder in der Andamanensee geraten Tauchern oft die meist ungefährlichen Riffhaie, Manta-Rochen und Meeresschildkröten in den Blick.

Das Geschäft mit den rund 2500 domestizierten Elefanten ist besonders lukrativ.

Die touristischen Angebote in den zahllosen Elefanten-Camps reichen von bloßer Interaktion beim Füttern und Streicheln über Reitausflüge auf schweren Sitzbänken bis hin zu mehrtägigen Mahut-Kursen mit »Elefanten-Führerschein«.

Einige Camps nehmen sich alternder Dickhäuter an. Zwar ist die Grenze zwischen Tierpflege und Touristenbespaßung fließend. Doch die Materie ist komplexer, als manche Tierliebhaber aus dem Westen wahrhaben wollen, die mit pauschaler Kritik alle Elefanten-Einrichtungen gleichermaßen verdammen.

Die »weißen« Elefanten, die in Wirklichkeit grau sind und lediglich helle Flecken an Ohren und Rüssel sowie hellere Augen haben, gelten noch immer als heilige Tiere. Bis 1932 schmückte der weiße Elefant sogar die thailändische Flagge. Das Königshaus soll noch zehn der wertvollen Dickhäuter besitzen.

Thailand macht süchtig!

Ob nun Bratreis oder Hummer, Gourmet oder Sonnenanbeter, Wassersportler, Golfer oder Nachteule, ob man auf der Suche ist nach Abenteuern im Dschungel, nach Entspannung bei vierhändigen Massagen oder nach meditativer Ruhe im Höhlenkloster: Thailand bietet für jeden »sabai« und »sanuk«, die thailändische Version von Spaß, Genuss und Lebensfreude. Und so macht eine Thailandreise durchaus süchtig – »sawadika« (sawasdee ka) (Guten Tag und auf Wiedersehen) – bis zum nächsten Jahr ...

Steckbrief Thailand

Thailand liegt in Südostasien und wird im Westen von Myanmar (Burma), im Osten von Laos sowie Kambodscha und im Süden von Malaysia begrenzt. Seine Umrisse sind oft mit einem Elefantenkopf verglichen worden, der sich im Norden bis zu den südöstlichen Ausläufern des Himalaja ausdehnt und den Golf von Thailand umschließt. Der »Rüssel« erstreckt sich über die nördliche Hälfte der Malaiischen Halbinsel. Im Westen wird er von der Andamanensee, im Osten vom Golf von Thailand begrenzt.

Fläche: 513 115 km^2, etwa die Größe Spaniens

Küstenlänge: 3200 km

Hauptstadt: Bangkok

Amtssprache: thailändisch

Flagge:

Einwohner/Bevölkerung: In Thailand leben rund 66 Mio. Menschen, davon rund 15 Mio. im Großraum Bangkok. 75 % sind Thai, 14 % Chinesen, 2 % Burmesen und 1 % gehört den Bergstämmen an. Außerdem leben Kambodschaner, Laoten, Malaien und Inder in Thailand.

Währung: Baht (THB)

Zeitzone: MEZ + 6 Std. (Winter) – MEZ, + 5 Std. (Sommer)

Geografie: Thailand wird in vier Regionen unterteilt: Die fruchtbare Ebene des Zentrums, die vom Chao Phraya, dem mit 360 km längsten Fluss des Landes, durchflossen wird, geht im Norden in die Himalaja-Ausläufer mit dem höchsten Berg, dem Doi Inthanon (2565 m), über. Im Nordosten schließt sich ihr das weite Hochplateau des Isaan an. Die Südregion umfasst die Gebiete auf der Malaiischen Halbinsel sowie die Inseln im Golf und in der Andamanensee.

Verwaltung: Thailand ist eine konstitutionelle Monarchie, König ist seit Oktober 2017 Maha Vajiralongkorn (geb. 1952). Seit dem Putsch vom Mai 2014 wird das Land von einem Militärregime regiert. Der Leiter des Militärrats, General Prayut Chan-o-cha, wurde im August 2104 zum Ministerpräsidenten gewählt.

Wirtschaft: Obwohl immer noch rund zwei Drittel der Thailänder in der Landwirtschaft arbeiten, trägt diese nur zu rund 10 % zum BNE bei, der industrielle Sektor hingegen zu mehr als 40 %. Hauptexportgüter sind elektrische und elektronische Geräte, Automobile und ihr Zubehör sowie landwirtschaftliche Erzeugnisse wie Kautschuk und Reis. Wichtiger Devisenbringer ist der Tourismus mit rund 32 Mio. Touristen (2016; geschätzt für 2017: voraussichtlich 34 Mio.). Das Pro-Kopf-Jahreseinkommen liegt bei rund 7500 €.

Religion: 95 % der Thai sind Buddhisten, 4 % Muslime und 1 % Hindus oder Christen und andere.

Geschichte im Überblick

250–600 Das Königreich Funan hat seinen Mittelpunkt vermutlich in Zentralthailand.

6.–10. Jh. Die wahrscheinlich aus Mittelasien über Burma eingewanderten Mon gründen nach dem Zerfall Funans gegen Ende des 6. Jh. das buddhistische Dvaravati-Reich. Der Süden Thailands ist ab dem 7. Jh. ein Vasallenstaat des Srivijaya-Reiches aus dem indonesischen Archipel. Um das 10. Jh. wandern die Thai allmählich von Südchina ins heutige Thailand ein.

11.–12. Jh. Im 11. Jh. verjagen die Khmer aus dem heutigen Kambodscha die Fürsten des Dvaravati-Reiches und erobern weite Teile Zentralthailands. Während ihrer Herrschaft entstehen unzählige Sakralbauten im Khmer-Stil, bei denen hinduistische und buddhistische Elemente vermischt werden, etwa beim massivgedrungenen Prang-Turm.

13.–14. Jh. Mehrere thailändische Fürstentümer des Nordens schließen sich zusammen, besiegen die Khmer und gründen im Jahr 1238 in Sukhothai das erste (historisch belegte) Thai-Königreich. Sukhothai gilt als Geburtsstätte der thailändischen Künste und »Wiege der Thai-Kultur«.

Ab 1350 König U-Thong (auch Thibodi I.) macht Ayutthaya zu seiner Hauptstadt und lehnt sich gegen Sukhothai auf, das bald darauf annektiert wird. 1431 erobern die Thai Angkor, das Zentrum des Khmer-Reiches.

17. Jh. Blütezeit der Königsstadt Ayutthaya: Europäische Nationen errichten Handelsniederlassungen. Die missionarischen Aktivitäten, v. a. der Franzosen, die seit Anfang des 16. Jh. versuchen, den christlichen Glauben zu verbreiten, führen 1688 zu einem Aufstand der freiheitsliebenden Thai gegen die Europäer.

1767/68 Burmesische Truppen zerstören Ayutthaya und führen dadurch den Untergang des Königreichs herbei. Kunstschätze und wichtige historische Dokumente werden ein Raub der Flammen. 1768 vertreibt General Taksin die Burmesen wieder aus dem Land und lässt sich in Thonburi zum König ausrufen.

1782 General Chao Phraya (Phya) Chakri verlegt den Sitz der neuen Königsstadt nach Bangkok-Rattanakosin und begründet als Rama I. die bis heute herrschende Chakri-Dynastie.

1851–68 Rama IV. (König Mongkut) reformiert das Reich Siam mit Hilfe von westlichen Beratern und Wissenschaftlern. Dank seines diplomatischen Geschicks und seiner Auslandskontakte kann der engagierte Buddhist sein Reich vor der Kolonisierung bewahren – als einziges Land in Südostasien!

1868–1910 König Rama V. (Chulalongkorn) setzt wichtige Reformen durch, z. B. die Abschaffung der Sklaverei und die Einführung eines Schul- und Steuersystems nach englischem Vorbild. Deutsche Ingenieure sind maßgeblich am Bau der Eisenbahnstrecke nach Norden beteiligt.

1932 Erster Militärputsch: Die Macht des Königs wird durch die Einführung der konstitutionellen Monarchie drastisch beschränkt.

1939 Siam wird in Thailand umbenannt (offiziell: Prathet Thai – das »Land der Freien«).

1973–76 Der Studentenprotest in Bangkok gegen General Kittikachorn wird 1973 gewaltsam beendet. König Bhumibol ernennt einen Juraprofessor zum Premier. Doch Unruhen und Streiks sind weiter an der Tagesordnung. 1976 werden Demonstrationen erneut blutig niedergeschlagen, ein weiterer Putsch der Militärs folgt. Tausende gehen als kommunistische Rebellen in den Untergrund.

1991/92 Nach einem erneuten Staatsstreich 1991 wird General Suchinda zum Premierminister ernannt. 1992 richtet die Armee unter Demonstranten ein Blutbad mit etwa 50 Toten an (»Schwarzer Mai«).

2001 Der reichste Mann Thailands, der Milliardär Thaksin Shinawatra, gewinnt die Wahlen mit seiner Partei »Thai Rak Thai« (Thais lieben Thais).

2004 Ein Seebeben in Sumatra löst am 26. Dezember einen Tsunami aus, der allein in Thailand 5500 Menschen in den Tod reißt, vor allem in Khao Lak, Ko Phi Phi und Phuket.

2005–2006 Der 2005 wiedergewählte Ministerpräsident Thaksin wird 2006 gestürzt, seine Partei verboten.

2007–2009 Die landesweiten Massenproteste gegen die im Dezember 2007 gewählte Regierung von Ministerpräsident Samak Sundaravej führen 2008 zu blutigen Straßenschlachten und zur vorübergehenden Schließung der Flughäfen.

2010 Die seit 2006 immer wieder aufflammenden Auseinandersetzungen zwischen den regierungskritischen »Rothemden« (Thaksin-Anhänger) und den königstreuen »Gelbhemden« mit der Armee auf ihrer Seite eskalieren: Im April und Mai kommt es zu Straßenschlachten und Bombenattentaten mit mehr als 100 Toten, in Bangkok wird im Juli erneut der Ausnahmezustand verhängt.

2011 Yingluck Shinawatra, Schwester des seit 2008 im Exil lebenden Ex-Premiers Thaksin, wird erste Premierministerin Thailands.

2014 Im Mai putscht das Militär unter der Leitung von General Prayuth Chano-cha und ruft erneut das Kriegsrecht aus. Der General wird neuer Ministerpräsident.

2015 Im April wird das Kriegsrecht aufgehoben. Ein Hilfsfond mit mehr als fünf Mio. Euro soll in Not geratenen Touristen bei Terrorismus, Naturkatastrophen, Unfällen und Flugverspätungen helfen (Touristenpolizei-Tel. 1155).

2016–2017 Im Oktober 2016 verstirbt König Bhumibol. Nachfolger wird sein wenig beliebter Sohn Maha Vajiralongkorn, der nach einjähriger Staatstrauer im Oktober 2017 gekrönt wird.

BANGKOK

Map labels: National Museum of Forensic Medicine, National Museum, National Theatre, National Arts Gallery, Ri, Rai, ok Rd., Thammasat Univ., Sanam, akhang, Wat Mahathat, Na Phra That Rd., Ratchadamnoen Nai Rd., Asadang Rachini Rd., aaram, Luang, Na Phra Lan Rd., Wat Phra Kaeo (Emerald Buddha), Thanon, Kanlaya Nam, **Rattanakosin**, Rachini, Naval artermaster epartment, Maharat Rd., Royal Grand Palace, Wang Rd., Charoen, Als

1 Bangkok Altstadt Rattanakosin
In der »Stadt der Engel«

Bangkok, dessen thaländischer Name »Krung Thep« so viel wie »Engelsstadt« bedeutet, ist eine noch junge Stadt, die erst 1782 gegründet wurde und doch schon rund 10 Millionen Einwohner zählt. Nach wie vor schlägt das Herz der Riesenmetropole in Rattanakosin, dem Altstadtkern am Chao Phraya. Hier befinden sich die meisten der mehr als 400 Tempel der Stadt, hier laden der märchenhafte Königspalast und das grandiose Nationalmuseum zu einer Reise in die Geschichte ein.

Das Zentrum des alten Bangkok bildet der Sanam Luang, ein weitläufiger, ovaler und verkehrsumtoster Platz, der im Süden an den königlichen Bezirk mit dem Königspalast und dem Wat Phra Kaeo stößt. In seinem Südosten fällt der weiße Turm des Lak Muang auf. Das Heiligtum zählt zu den meistbesuchten Schreinen der Stadt. Tag und Nacht eilen hier Gläubige herbei, um dem Schutzgeist Bangkoks zu huldigen. Am anderen Ende des Sanam Luang liegt das thailändische Nationalmuseum, das eine der wertvollsten und größten Kunstsammlungen Südostasiens sein Eigen nennt.

Gleich am Eingang des Museums befindet sich die 1795 erbaute Kapelle Buddhaisawan mit einer der meistverehrten Buddha-Figuren des Königreiches, dem der Legende nach 2000-jährigen oft kopierten Phra Buddha Singh. Das Museum verfügt außerdem über eine Riesensammlung von Buddha-Statuen aus allen Ländern Asiens. In traditionellen Teak-Wohnhäusern sind Musikinstrumente, Schmuck, Keramik, Porzellan, aber

Seite 26/27: Ein Chedi des berühmten Wat Pho, der nach Einbruch der Dämmerung angestrahlt wird.
Mitte: Überall im Wat Phra Kaeo blicken einen Fabelwesen an.
Unten: Die Thai-Massage ist eine alte asiatische Heilkunst.

Im Licht der untergehenden Sonne wirkt der Wat Phra Kaeo besonders schön.

Einfach gut!

auch Waffen und religiöse Devotionalien ausgestellt, die anschaulich und auf vielfältige Weise über die Geschichte Thailands wie Südostasiens informieren. Zu den Sammlungen des Museums gehören aber auch königliche Sänften und Begräbniswagen sowie prähistorische Funde aus Thailand.

Im größten Heiligtum Thailands

Ein unbedingtes Muss für jeden Bangkok-Besucher sind sicherlich das Wat Phra Kaeo mit dem Smaragd-Buddha und der gleich dahinterliegende Königspalast – das steingewordene Symbol des einst so mächtigen Thai-Imperiums. Der Palast wurde ab 1782 errichtet und besteht aus mehr als hundert wunderschönen Gebäuden. Wohin man auch schaut, springen reich ornamentierte Fassaden und geschwungene Dächer, farbenprächtige Glas- und Porzellanmosaiken, Gold und Bronze, Seide und Elfenbein, Marmor, Perlmutt und kostbare Edelsteine ins Auge.

Das 1782–1784 erbaute Wat Phra Kaeo ist der Haupttempel der Thai, er beherbergt das wich-

MIT DEHNEN UND STRECKEN

Die Thai-Massage (»nuat phaen boran«) ist eine alte asiatische Heilkunst und nicht zu verwechseln mit den Handgriffen in den Etablissements von Patpong und Pattaya. Anders als bei der westlichen Art der Massage wird der Körper bei der Thai-Massage eher gestreckt und gedehnt und nicht bloß durchgeknetet. Auf alten Steininschriften im Wat Pho ist noch heute beschrieben, welche Druckpunkte am Körper den Energiefluss anregen und damit die Gesundheit beeinflussen. Steinfiguren demonstrieren die alten Massagetechniken. Man kann sich in die Geheimnisse der Heilkunst einführen lassen, die 30-Stunden-Kurse finden in der Nähe des Wat Pho statt.

Wat Po Thai Traditional Massage School. Tägl. 9–17 Uhr, 5-Tage-Kurs (30 Std.): 392/33–34 Maharaj Rd., Phra Nakorn, Tel. 02/622 35 33-51, www.watpomassage.com

SHOPHOUSES: DAS CHINESISCHE ERBE

Nicht verpassen

Frisch herausgeputzt mit alten chinesischen »Shophouses« präsentiert sich seit 2012 die Na Phra Lan Road in der Nähe des Königspalastes. Nostalgiker, die gerne auf den Spuren berühmter Kolonial-Autoren wie Somerset Maugham wandeln, finden hier wahre Schmuckstücke. Die unter König Chulalongkorn (Rama V., 1853–1910) im ausgehenden 19. Jahrhundert erbauten Häuser sind typisch für die beengten Lebensverhältnisse in den traditionellen Quartieren der chinesischen Einwanderer: unten der schmale Laden, darüber die Wohnung. Hübsch sind die hölzernen Fensterläden mit Lamellen in Halbbogenform und natürlich die Flügeltüren. Ornamente aus Gips und kleine vorspringende Ziegeldächer schmücken die Fassaden. Mittlerweile gehören die Bangkoker Shophouses zu den hochpreisigen Immobilien der Stadt. Sie beherbergen immer öfter ausländische Gäste. Weitere Shophouses findet man in der Tha Tian Road, der Phraeng Nara Road und der Phraeng Salpasat Road.

tigste Heiligtum des thailändischen Buddhismus: den Smaragd-Buddha.

Der Weg zu ihm führt über eine Plattform aus reinem Marmor an drei wunderschönen Turmbauten vorbei: In dem vergoldeten, glockenförmigen Chedi Phra Si Rattana von 1855 wird eine Reliquie Buddhas aufbewahrt. Der Phra Mondop, ein prachtvolles Gebäude mit Säulenumgang und einem zierlichen Spitzturm auf dem pyramidenförmigen Dach, beherbergt die Königliche Bibliothek mit heiligen Schriften des Buddhismus. Dahinter erhebt sich ein steinernes Modell des kambodschanischen Angkor Wat, das auf Wunsch König Mongkuts (Rama IV.,1804–1868) angefertigt wurde, als das Nachbarland noch ein Vasallenstaat seines Königreiches war. An dem sich anschließenden, von zwei vergoldeten Stupas eingerahmten Königlichen Pantheon von 1856 fallen das vielfach gestaffelte Dach und der mächtige »Prang«-Turm im Khmer-Baustil auf. Das Gebäude, in dem Statuen der Chakri-Könige aufbewahrt werden, kann nur am 6. April, dem Chakri-Gedenktag, besichtigt werden. Grimmige steinerne Wächter und Dämonen (»yakshas«), Affengeneräle und Löwen (»singhas«) sowie anmutige »kinnari«-Fabelwesen aus Bronze begleiten den Besucher dann auf Schritt und Tritt.

Wo der Smaragd-Buddha thront

Der »Ubosoth«, die Hauptkapelle des Wat Phra Kaeo mit dem Smaragd-Buddha, befindet sich an der rechten Seite der Marmorplattform. Die Figur im Inneren besteht aus einem einzigen Stück grüner Jade und ist lediglich 66 Zentimeter groß. Doch ist sie so heilig, dass selbst das Fotografieren in der Kapelle verboten ist! Die Statue trägt eine goldene Krone und thront in Meditationspose auf einem circa elf Meter hohen Altar. Der Smaragd-Buddha ist immer in kostbare, zur jeweiligen Jahreszeit passende Gewänder gehüllt. Der König

Rundgang in der Königsstadt

A Lak Muang. In diesem lebhaften Schrein, der wie ein kleiner Tempel aussieht, wohnt der Schutzgeist Bangkoks, zwischen 8.30 und 15.30 Uhr geben Tänzer eine Kostprobe des klassischen Thai-Tanzes und Theaters. Tägl. 6–19.30 Uhr, Sanam Luang

B National Museum. Mit archäologischen und künstlerischen Kostbarkeiten, Antiquitäten sowie Kuriosem gefülltes Museum. Auch Geschichte und Kultur des Landes werden den Besuchern nähergebracht. Das beste Museum des Landes! Ruhetag: Mo, Di und feiertags, Mi–So 9–16 Uhr, Führungen in deutscher Sprache: Mi und Do 9.30 Uhr, 4 Na Phra That Rd., Tel. 02/224 13 33, www.virtualmuseum.finearts.go.th

C Wat Phra Kaeo und Königspalast. Tägl. 8.30–16.30 Uhr (letzte Tickets: 15.30 Uhr), an buddhistischen Feiertagen geschlossen (meist ab 12 Uhr sowie Sa und So sind Teile des Königspalastes geschlossen, aber von außen zu besichtigen), mit Museum, Café. Kein Einlass mit Badelatschen, Shorts, Miniröcken, Trägerhemdchen, man bekommt am Eingang unbequeme Leihschuhe und einen mehr oder weniger hübschen Sarong verpasst. Na Phra Lan Rd., Tel. 02/623 55 00, www.palaces.thai.net

D Wat Pho (Wat Phra Chetuphon). Einer der schönsten und interessantesten Tempel Thailands, Highlights sind der berühmte 45 Meter lange liegende vergoldete Buddha mit seinen Perlmuttfüßen sowie eine Gruppe von vier mit Mosaiken geschmückten Chedis und der Ubosoth mit den sterblichen Überresten König Ramas I. In der zum Wat gehörenden »Thai Traditional Medical School« gibt es Thai-Massagen. Tägl. 8–18.30 Uhr, in solider Kleidung, 2 Sanam Chai Rd., Tel. 02/226 03 35, www.watpho.com

Gläubige im Wat Phra Kaeo im Gebet versunken

selbst kleidet ihn dreimal im Jahr in einer feier-
lichen Zeremonie neu ein. Um die Herkunft der
vermutlich über 500 Jahre alten Statue ranken
sich viele Legenden. Aufgrund ihrer in Thailand
nicht so verbreiteten Meditationspose nehmen
Historiker aber an, dass sie ursprünglich aus Indien
oder Burma stammt und nach einer jahrhunderte-
langen Irrfahrt durch Südostasien nach Bangkok
gelangte. Die Kapelle ist mit wundervollen Wandmalereien geschmückt. Sie stellen Szenen aus den
»jatakas«, den 550 Leben Buddhas, dar.

Zu Gast beim König

Ein kleines unscheinbares Tor trennt das buddhistische Heiligtum von dem riesigen Palast, in
dem bis zu ihrem Umzug in den Chitralada-Palast
im Jahr 1946 der verstorbene König Bhumibol
und seine Familie residierten. Die gesamte Anlage besteht aus drei Höfen, um die sich mehrere
Prunkgebäude, Hallen und grazile, bunt glitzernde
Pavillons gruppieren. Die vielstufigen Dächer werden von Garuda-Statuen, dem geflügelten Reittier
Vishnus und Staatssymbol Thailands, oder elegan-
ten Säulen getragen. Im Inneren der Gebäude be-

Oben: Der alte Köngispalast von
Bangkok umfasst eine Vielzahl
reich geschmückter Gebäude.
Unten: Der 46 Meter lange
Liegende Buddha im Wat Pho,
einmal von der Seite betrachtet

GUT ZU WISSEN

RICHTIG TUK-TUK FAHREN!

7000 Dreirad-Taxis knattern durch Bangkok, die
unerfahrene »Langnase« zahlt hier schon mal das
Zehnfache. Ein paar Tipps: Zuerst im Hotel nach
dem richtigen Fahrpreis fragen. Kurzstrecken
bis 1 km kosten um die 30 THB/0,70 €. Nun den
Verhandlungsspielraum ausloten, und zwar auf
Thailändisch: 10 THB = »sip Baht«, 20 = »jie sip«,
30 = »sahm sip« – das sorgt selbst beim schlitzohrigsten »Tuk-Tuk«-Piloten für Respekt! Wer
nicht verhandeln will, kommt immer billiger mit
dem Taxameter-Taxi vom Fleck.

finden sich gold- und perlmuttverzierte Throne, die Gärten sind mit zu Kugeln gestutzten Bäumchen geschmückt.

Auf einer Besichtigungstour gelangt man zuerst in die Amarinda-Vinichai-Halle, in der einst der Oberste Gerichtshof tagte. Hier steht der goldene Thron, auf dem der König während Staatsfeiern und Ordensverleihungen Platz nahm. Gleich nebenan fallen die drei Türme des Phra Chakri Maha Prasat auf. Der Palast wurde 1882 fertiggestellt und präsentiert sich als mehr oder weniger gelungener Mix aus europäischer und thailändischer Architektur. Die Marmorfassaden sind im renaissancezeitlichen Stil gehalten, die Dachkonstruktion hingegen ist typisch thailändisch. In den spitz zulaufenden zierlichen Türmen werden die Urnen der Chakri-Könige aufbewahrt. Über Jahrzehnte war der Phra Chakri Maha Prasat die Residenz der thailändischen Könige, die hier mit ihren Frauen und Kindern lebten. Heute finden hier nur noch selten Staatsempfänge statt.

Der Buddha mit Perlmuttfüßen

Etwa einen Kilometer südlich vom Königspalast liegt das Wat Pho, das gegen Ende des 18. Jahrhunderts errichtete, größte und älteste Kloster Bangkoks. Seine Hauptattraktion ist der vergoldete Buddha von 1832, die mit 45 Metern Länge größte Statue eines Liegenden Buddha in Thailand. Seine Augen und Füße sind mit Perlmutt verziert. Die 108 Tafeln an den riesigen Fußsohlen stellen buddhistische Tugenden dar. Auf dem Klostergelände gibt es noch etwa tausend weitere Buddha-Bildnisse in allen Formen und Größen, 95 kleine und große Pagoden sowie zahlreiche chinesische Steinfiguren, die auf den Schiffen aus Fernost einst als schwerer Ballast dienten und heute die Tore des Klosters bewachen.

Nicht verpassen

LECKER: GRASHÜPFER, GRILLEN & CO

Rund 200 Krabbelviecher stehen auf dem Speiseplan der Thailänder, besonders im Norden und Nordosten des Landes. Die mehrbeinigen Leckerbissen haben es von den Garküchen in die klimatisierten Shoppingpaläste und auf die Sushi-Teller geschafft. Immerhin sind sie eiweißreich. Alle gelten als Aphrodisiakum! Ausprobieren kann man die knusprigen Knabbersachen auf den Märkten, beispielsweise dem Talad Klong Toey. Man fragt oder hält Ausschau nach »Jing Reed« (Grillen), »Malaeng Da Na« (Wasserwanzen), »Rod Duan« (Bambus-Raupen) oder »Mod Daeng« (Rote Ameisen) – eine Portion für ganze 0,50 €. Und auf der Backpacker-Trubelgasse Khao San (s. Info), auf den Go-go-Meilen Patpong und Soi Cowboy gibt es abends natürlich auch leckere »deep fried scorpions« für 2 €.

Talad Klong Toey.
Tägl. 6–2 Uhr, Rama IV. Rd., MRT-Station Klong Toey

Infos und Adressen

Khun Kung Kitchen Riverside (Royal Navy Club). Trotz des noblen Namens recht einfaches Terrassenlokal am Fluss mit thailändischen Gerichten, dennoch wird ordentliche Kleidung erwartet. Mo–Fr 11–14, 17–22, Sa/So 11–20 Uhr, am Tha Chang, Tel. 02/222 00 81

Cafe de Ratchadamnoen/Phranakorn Bar & Galerie. Zwei versteckte, winzige Bars mit Thai-Küche, großer Cocktail-Auswahl, guter Musik und schöner Dachterrasse. Tägl. 18–2 Uhr, 58/2 Soi Ratchadamnoen Klang Tai Rd., Bang Rak, Tel. 02/622 02 82

Im »Inn A Day« ist jedes Zimmer individuell nach einem Motto eingerichtet.

Hemlock. Seit Jahren angesagtes Thai-Lokal auf zwei Etagen. Ruhetag: So, Mo–Fr 16–24, Sa 17–24 Uhr, 56 Phra Athit Rd., Banglampoo, Tel. 02/282 75 07

Jaywalk Cafe. Ein kleines Lokal, gut zum Ganztags-Frühstücken mit Erdbeer-Müsli, Pancakes, Croissants und frisch geröstetem Kaffee. Mo–Do 8–18, Fr–So 9–21 Uhr, 90 Phra Athit Rd., mobile 086–061 70 00

Kanom Jeen Banglumpoo. In der Suppenküche gibt's auf Plastikschemeln Currys in allen Variationen und leckeres Green Curry, der Preis ist nicht der Rede wert. Tägl. 10–19 Uhr, nahe Chakrapong Rd. in einer kleinen Gasse neben dem Einkaufszentrum Tang Hua Seng, Banglampoo; kein Tel.

Kor Panich. Leckere Desserts zum Mitnehmen. Ruhetag: So, Mo–Sa 7–19 Uhr, Tanao Rd. 431–3, Tel. 02/221 35 54, 2. Filiale in der 250/5 Samsen Rd., Tel. 02/281 78 38, tägl. 7.30–20 Uhr

Ranee's. Thai-Italo-Fusion. Eine Mischung aus Curry-Eatery, Pizzeria mit echtem Holzkohleofen und handgemachter Pasta, ruhig, familiär und preiswert. Tägl. 15–24 Uhr, 15 Trok Mayom (südliche Parallelgasse zur Khao San Rd.), Tel. 02/629 28 19

Sala Rattanakosin. Das schicke Lokal mit Dach-Bar am Fluss gegenüber vom Wat Arun bietet Frühstück, Candle-Light-Dinner (Steak, Thai-Food, Pasta) und sonntags Brunch. Tägl. 7–24 Uhr, 39 Maharat Rd., Tel. 02/622 13 88, www.salarattanakosin.com

Steve Café & Cuisine. Kleines Lokal am Fluss, am besten per Boot zu finden: Meeresfrüchte, Fisch, authentische Currys. Mo–Fr 11.30–14.30, 16.30–23, Sa–So 11.30–23 Uhr, 68 Soi Sri Ayutthaya 21, Tha Thewet, Tel. 02/281 09 15, www.stevecafeandcuisine.com

Baan Chart. Das kleine komfortable Drei-Sterne-Haus nahe der Backpackerzone trumpft mit schönen Bädern und kleinem Dachpool auf. 98 Chakra-pong Rd., Talad Yod, Tel. 02/629 01 13, www.baanchart.com

Inn A Day. Elf unterschiedlich und originell eingerichtete Zimmer zum Garten oder mit Blick aufs Wat Arun, nicht gerade preiswert, aber außergewöhnlich! 57–61 Maharat Rd., Tel. 02/221 05 77, www.innaday.com

New Siam Riverside. Günstig, zentral und freundlich: Das Backpacker-Hotel der

legendären New-Siam-Kette bietet Pool und Balkon-Zimmer zum Fluss. Die Zimmer zum Innenhof sind ruhiger. Phra Athit Rd., Tel. 02/629 35 35, www.newsiam.net

The Bhuthorn. Nur drei mit Liebe zum Detail »kolonial« eingerichtete Zimmer: Die Inhaber sind thailändische Architekten und haben ein altes Stück Bangkok mit ihrem Shophouse-Juwel wiederbelebt. 96–98 Praeng Bhuthorn Rd., Tel. 02/622 22 70, www.thebhuthorn.com

Viengtai. Mitten im trubeligen Travellerbezirk Banglampoo gelegenes Mittelklassehotel mit 209 Zimmern und zwei kleinen Pools. 42 Rambuttri Rd., Tel. 02/280 54 34, www.viengtai.co.th

AUSGEHEN

Klassischer Thai-Tanz. Die traditionellen Tanzvorstellungen in edlen Kostümen und fantasievollen Masken finden z. B. statt im Nationaltheater, Nha Phra That Rd., neben dem Nationalmuseum, Tel. 02/224 13 42, »Khon«-Tanzdrama jeden 1. und 2. So im Monat 14–17 Uhr, »Phiphat«-Musik jeden 2. Fr im Monat 19–21 Uhr, außer an Feiertagen und in den Ferien, am besten vorher anrufen. **Weitere Aufführungen:** Im Sala Rim Nam Restaurant (Mandarin Oriental Hotel,

Tel. 02/437 30 80), Sala Thai (Indra Regent Hotel, Tel. 02/208 01 55 -58), und die touristisch-bombastische Siam Niramit-Show, Tel. 02/649 92 22, www.siamniramit.com

EINKAUFEN
Khao San Road. In der wuseligen Backpacker-meile gibt's u. a. Fake-Ausweise, Raubkopien und Kulinarisches aus aller Welt. Ruhiger bummelt man in der parallelen Soi Rambuttri, ein paar Schritte nördlich liegt der Banglampoo Market.

FESTE
Königliche Pflugzeremonie. Mitte Mai gibt der König bei einer feierlich-symbolischen Handlung mit Priestern auf dem Sanam Luang den Beginn der Reis-Aussaat bekannt.

Drachenfest. Zwischen März und Mai schweben bunte »männliche« (»chula«) und »weibliche« (»pakpao«) Drachen über dem Sanam Luang.

INFORMATION
Tourist Information. Bangkok Metropolitan Tourist Office: Broschüren und Gratis-Rad-Verleih (mit Pass). Tägl. 8.30–16.30 Uhr, 17/1 Phra Athit Rd., Tel. 02/225 76 12-5, www.bangkok.com

Auf der umfangreichen Speisekarte des »Hemlock« stehen klassische Thai-Gerichte.

BUDDHA

und die guten Geister

Um es gleich vorweg zu nehmen: Der Weg ins Nirwana und dem Ende aller Wiedergeburten ist lang. Buddha selbst soll der Legende nach als Hindu-Gott oder als mythologischer Schlangenkönig gelebt und gelitten haben, aber auch als Mücke und zuletzt als nordindischer Fürstensohn. Angeblich waren es insgesamt 550 Leben bis zu seiner Erleuchtung!

Viele seiner Anhänger begeben sich in den Meditationsklöstern Thailands auf den mühsamen Weg, den achtfachen Pfad, um mit den buddhistischen Lebensregeln (etwa die rechte Gesinnung und das rechte Handeln) einen tugendhaften Lebenswandel zu führen. Buddha wacht über eine etwaige Wiedergeburt – je nach Generosität und Karma, also dem Schicksalsgesetz, eines jeden Sterblichen.

»Wenig reden, wenig essen, wenig schlafen«, empfahl Buddha vor 2500 Jahren seinen Jüngern, um auf diesem Pfad zur Erleuchtung nicht zu sehr abgelenkt zu werden. Damals war Buddha noch ein ganz normaler Mensch, auch wenn er heute fast gottgleich verehrt wird: Siddhartha Gautama hieß der indische Prinz, der im Jahr 544 v. Chr. (Beginn der thailändischen Zeitrechnung) die buddhistische Lehre begründete.

Vom Prinz zum Buddha

Der Prinz verließ als 29-jähriger den Palast des Vaters, um als Asket einen

Junge Novizen studieren die Lehren Buddhas.

Ausweg aus dem ewigen Leiden des Lebens zu suchen. Keine sechs Jahre später fand er schließlich die Wahrheit und die Erleuchtung: Er saß meditierend in einer Vollmondnacht im Mai unter einem Feigenbaum in Bodh Gaya im Osten Indiens. Unzählige Wandmalereien und Buddhastatuen in Thailands Tempeln stellen den Lebenslauf des Prinzen dar, der zum Buddha wurde. Zum Beispiel die entscheidende Szene: Der Dämon Mara forderte ihn noch ein letztes Mal heraus, indem er ihn als Schlange und mit Hilfe seiner wollüstigen Töchter verführen wollte. Siddhartha widerstand, weil er mit seiner rechten Hand die Erde berührte und somit die Göttin der Erde als seine Zeugin anrief. Fortan wanderte der »Erleuchtete« durch die Lande, predigend und segnend, bis er im hohen Alter von 80 Jahren starb.

Alles ist vergänglich, lehrte der Erleuchtete. Seine Erkenntnis verpackte er in den »Vier Edlen Wahrheiten«, die Dhammavida, ein britischer Mönch, im Wat Suan Mokkh mit folgenden Worten erklärt: »Das ganze Leben ist Leiden – geboren werden, krank werden, altern,

sterben. Das Leiden, das *dukkha*, kommt von unserem Egoismus, unserer Begierde.« Und deswegen sollte man nicht klammern, nicht haben und besitzen wollen – sondern loslassen können. Kein »ich«, kein »mein«.

Bei der Übung in Enthaltsamkeit hilft *samadhi*: die Konzentration, die Sammlung aller geistigen Energie, die bei Fortgeschrittenen zu Glücksempfindung führt. Und wer sich über die Vergänglichkeit *(anicca)* eben dieses Glücks im Klaren ist, der ist dem Ziel, dem Erwachen, eigentlich schon sehr nahe.

In Thailand folgt man dem Theravada-(Hinayana) Buddhismus (so wie in Burma/Myanmar, Kambodscha und Sri Lanka), wo die endgültige Erlösung im Nirwana angestrebt wird. Anders als der stärker vertretene Mahayana-Buddhismus beispielsweise in Vietnam und China, wo die Erlösung und Vollkommenheit noch im Diesseits gesucht wird.

Die buddhistische Sangha

Rund 300 000 Mönche und Nonnen leben unter den 66 Millionen Thai. Als Novizen gehen die thailändischen Jungen kahl geschoren und in orangefarbener Robe traditionell für einige Wochen ins Kloster – sozusagen als Übergang zum Erwachsenwerden. Im buddhistischen Orden, der *sangha*, folgen die Mönche den 227 Regeln und Geboten, sie legen etwa ein Gelübde für das Zölibat ab und dürfen Frauen nicht die Hand geben, nicht einmal Opfergaben aus ihren Händen empfangen (diese stellen Frauen auf den Boden zur Übergabe).

Buddhistische Mönche, hier im Wat Pho, sind an ihren orangenen Roben zu erkennen.

An Feiertagen versammeln sich buddhistische Mönche und Laien zur Meditation.

Sie sammeln allmorgendlich Almosen, sie sollten nicht lügen und nicht stehlen, auch Alkohol, Tanz, Musik, Parfüm, Kino und sonstige kulturelle Zerstreuungen sind tabu. Nach dem Mittagessen wird kein weiteres Essen für den Rest des Tages zu sich genommen.

Natürlich sollen Buddhisten auch nicht töten, nicht einmal eine Mücke aus Unachtsamkeit, denn das grenzenlose Mitleid oder Mitgefühl gilt für alle Lebewesen. Theoretisch dürfen *sangha*-Mitglieder weder Geld noch Schmuck annehmen. Die Praxis sieht anders aus. Manch charismatischer Abt hat heute Kultstatus, da er angeblich wunderheilen oder die Lottozahlen weissagen kann. Sie weihen teure Amulette, die vor Pistolenkugeln schützen oder sexuell attraktiver machen sollen. Ohne die buddhistische Ablasspraxis käme die gesamte Sexbranche in arge Gewissenskonflikte.

Leben mit den Geistern

95 % der Thailänder gelten als Buddhisten, bei vielen jedoch stehen die buddhistischen Rituale im Vordergrund, vermischt mit Elementen aus dem Brahmanismus, dem Ahnenkult und Animismus. Die Geister und ihre Geisterbehausungen haben unverkennbar ihren festen Platz in der thailändischen Gesellschaft. Auf jedes bebaute Grundstück muss dem *chao thi*, dem Hausgeist (auch: *Phra Phum*), ein Ersatz-Domizil errichtet werden. Es sind die fantasievollen Gebilde, die allerorten zu sehen sind, ob im Wald, am Straßenrand oder im Garten: vom einfachen Holzbrett auf einem abgesägten Palmenstamm über pittoresk geschmückte Vogelhäuschen und farbenprächtige Tempelmodelle bis hin zu regelrechten Puppenstübchen mit Gardinen, blinkenden Lichterketten und Tonfiguren.

2 Bangkok-Chinatown
Zwischen Haifischflossen und Schwalbennestern

Zwar ist vom einst verrufenen Chinatown der Opiumhöhlen und Freudenhäuser nicht mehr viel zu spüren, doch das pulsierende Basartreiben wirkt noch immer faszinierend und verführerisch – besonders am Abend, wenn die chinesischen Schriftzeichen als senkrechte Neonlichter pausenlos blinken und man sich nach Hongkong versetzt fühlt. Nicht zu vergessen: die vielen prachtvollen Tempel und Schreine.

Die chinesischstämmigen Bangkoker sind Nachfahren von Händlern, die zu Beginn des 18. Jahrhunderts nach Thailand einwanderten und zunächst in dem Dorf Buan Makok am Chao Phraya siedelten. Als der Ort ab 1782 dem Königspalast weichen musste, ließen sich seine Bewohner ein Stück weiter südöstlich auf dem Gebiet der heutigen Chinatown nieder. Bis heute gehen viele ihrer Nachkommen traditionellen Handelsgeschäften nach. Ein Streifzug durch die engen Gassen zwischen den oft chronisch verstopften Straßenzügen Charoen Krung, Yaowarat, Song Sawat und Songwat führt an Gold- und Schmuckläden, an Porzellangeschäften und vielen Marktständen vorbei. Hier und da tauchen kleine chinesische Tempel und Pagoden auf. Die Weihrauchschwaden, die aus ihnen dringen, vermischen sich mit dem Duft unzähliger Garküchen.

Konfuzius, Kuan Yin und Buddha

Die größte Sehenswürdigkeit in Chinatown ist das Wat Traimit, der Tempel des Goldbuddha, am östli-

Mitte: Das Wat Traimit zählt zu den meistbesuchten Heiligtümern in Bangkoks Chinatown.
Unten: Chinesische Reklameschilder prägen die Straßenschluchten von Chinatown.

Bangkok-Chinatown

chen Ende der Yaowarat Road. Nicht nur Konfuzius ist hier allgegenwärtig, auch Buddha ist ein ständiger Bewohner – und was für einer! Der etwa drei Meter hohe, Sitzende Buddha ist gänzlich aus Gold und soll einer der größten massiven Goldbuddhas der Welt sein. Die rund 700 Jahre alte Statue wiegt mehr als fünf Tonnen und ist im obersten Stock des Tempels zu sehen. Einst war sie zum Schutz vor Räubern unter Gips verborgen, bis dieser 1955 bei einem Umzug zerbrach. Die Bangkoker verbrennen im Wat Mini-Autos, winzige Möbel und ganze Häuschen aus Papier, um den verstorbenen Verwandten im Reich der Toten ein luxuriöses Ambiente zu ermöglichen. Manchmal erlebt der Besucher am Abend auch einen richtigen Drachentanz und eine chinesische Oper unter freiem Himmel, etwa bei den zahlreichen Festen der chinesischen Thai, zum Beispiel beim Neujahrsfest im Januar/Februar und dem »Mondfest« im September.

Immer den Gerüchen nach ...

Jetzt heißt es Luft holen und eintauchen in die Welt der seltsam duftenden Krämerläden, Apotheken und Garküchen! In der Song Sawat und Phadung Dao werden heute wie vor hundert Jahren Schwalbennester und Tigerpenisse, Kräuter, Wurzeln und chinesische Heilmedizin aus getrockneten Ingredienzien feilgeboten, denn der Glaube an die angeblich potenzsteigernde oder lebensverlängernde Wirkung dieser Substanzen hält sich wacker. In der Song Sawat und Phadung Dao befindet man sich aber auch mitten im Herzen der Seafood-Schlemmermeile Chinatowns, abends ist hier kaum ein freier Platz zu finden: Riesengarnelen und fangfrischer Fisch vom Grill, Salat aus Tintenfisch, Haifischflossen-Suppe und natürlich Tom Yam Gung, die berühmte Garnelensuppe mit den feurigen Zutaten, werden hier angeboten.

Geheimtipp

VIEL ABERGLAUBE – VIEL GLÜCK!

Auf dem Amulettmarkt beim Wat Ratchnada gibt es Abertausende glücks- und geldverheißende »Lingam«-Anhänger in Phallus-Form, »phra pim«-Amulette mit Buddhas und Hindugöttern oder Terrakotta-Medaillons berühmter Äbte, die alle möglichen Gefahren abwenden: von Impotenz über Blitzschlag und Tsunami bis hin zur Kugel eines chinesischen Triaden-Mafioso. Aber erst nach der Segnung durch einen Mönch wirkt der buddhistisch-animistische Schutzschild. Kinderwillige pilgern, ausgerüstet mit einem »Lingam«, zum Saan-Jao-Mae-Thap-Thim-Schrein. Unter einem Banyanbaum steht ein regelrechter Wald aus bunten mannshohen Riesen-Phallussen. Man gibt einen kleinen Obolus, zündet ein Räucherstäbchen und stellt seinen hölzernen Mini-Penis dazu – dann klappt's auch mit dem Kinderwunsch!

Amulettmarkt. Tägl. 9–17.30 Uhr, Mahachai Rd., südlich vom Wat Ratchanada weitere Amulettmärkte zwischen den Piers (=Tha) Maharat und (Tha) Phra Chan

Der Buddha im Wat Suthat ist stets von meditierenden Gläubigen umringt.

SKY-BARS: IM HIMMEL ÜBER BANGKOK

Nicht verpassen

Schwindel erregend und atemberaubend: Seitdem hier einige Szenen des Hollywood-Films *Hangover II* gedreht wurden, kann es in der Sky Bar »The Dome at lebua« schon mal richtig voll werden. Sie befindet sich auf der Dachterrasse des State Tower, dem zweithöchsten Gebäude der Stadt. Es wird von einer weithin sichtbaren goldenen Tempelkuppel gekrönt und beherbergt noch andere interessante Locations wie die elegante Bar Distil. In der Sky Bar sind die Sterne zum Greifen nah, zu den Jakobsmuscheln klimpert die Jazz-Band, und eine laue Brise streift die Gäste im kleinen Schwarzen und steifen Oberhemd.

The Dome at lebua.
Tägl. 17–01 Uhr, im State Tower, 1055 Silom Road, Zutritt in der Bar erst ab 20 Jahren, ohne Rucksäcke, empfohlene Reservierung für das Restaurant, Tel. 02/624 95 55, www.lebua.com

So manchen Gourmet zieht es aber auch in die überdachten, engen Gassen Sampeng Lane (auch: Soi Wanit 1) und Itsaranuphap, wo nicht nur Haushaltswaren und Kosmetika, sondern auch Lebensmittel verkauft werden, die auf den ersten Blick kaum essbar scheinen und doch zu jedem thailändisch-chinesischen Gericht gehören. An den zahlreichen Straßenständen und Suppenküchen kann man auf Schritt und Tritt und zu allen Tages- und Nachtzeiten eine Kostprobe erstehen, etwa die Nudelsuppe Kuai tiao – die Preise sind nicht der Rede wert.

Beten und schaukeln

Knapp einen Kilometer nördlich auf der Bamrung Muang Road steht das von Touristen eher wenig besuchte Wat Suthat, einer der ältesten und größten Tempel der Stadt. Er wurde zwischen 1807 und 1847 errichtet und lohnt wegen seiner sehenswerten Wandmalereien eine Besichtigung. Sie zeigen Szenen aus dem Leben Buddhas und dem hinduistischen Epos *Ramayana*. Die durch Fledermauskot beschädigten Malereien wurden 1985 mit Unterstützung der Deutschen Botschaft restauriert. Man beachte die hervorragenden

Treibenlassen durch Chinatown

Ein paar Schritte vom Expressboot-Pier (Tha) Ratchawong – und schon ist man mittendrin im Gewusel Chinatowns –, allein für diesen Bezirk sollte man einen ganzen Tag veranschlagen.

Ⓐ Wat Traimit. Der bedeutendste Tempel in Chinatown beeindruckt mit einem 700 Jahre alten Buddha aus massivem Gold. Tägl. 8–17 Uhr, mit Museum (Di–So), Traimit Rd./Ecke 661 Charoen Krung Rd., Tel. 02/623 12 27

Ⓑ Chinatown. Am besten lässt man sich treiben durch das Gassengewirr zwischen den Straßen Yaowarat, Song Sawat, Songwat und Charoen Krung.

Ⓒ Wat Suthat/Giant Swing. Der berühmte Phra Si Sakayamuni-Buddha sowie 156 Buddha-Statuen im Galeriegang und viele andere Kunstschätze verbergen sich in dem Tempel. Tägl. 9–ca. 21 Uhr (Hauptkapelle bis 16.30 Uhr), Bamrung Muang Rd., Tel. 02/221 40 26

Ⓓ Nai Muan's Rattan Shop. Rechts südöstlich vom Wat Suthat werden seit über hundert Jahren Rattanmöbel hergestellt. Tägl. 10–17 Uhr, Mahachai Rd.

Ⓔ Wat Ratchanada (auch: Ratchanadda)/Loha Prasat. Das originelle Bauwerk hinter der Statue von König Rama III. ist an den 37 metallenen Chedis in Pyramidenform zu erkennen. Tägl. 8–17 Uhr, Eintritt frei, Mahachai Rd., Tel. 02/224 88 07

Ⓕ Golden Mount/Wat Saket. Wer den Goldenen Berg über rund 300 Stufen erklimmt (ca. 10 Min.), wird mit einem wunderbaren 360-Grad-Panoramablick belohnt, im Nov. findet ein Tempelfest statt. Tägl. 7.30–17.30 Uhr, Boriphat Rd., Tel. 02/621 05 76

Ⓖ Wat Benchamabophit. Bildschöner Marmor-Tempel inmitten eines Parks mit der Phra-Buddha-Chinnarat-Statue. Tägl. ca. 6–17 Uhr, Sri Ayutthaya Rd., Tel. 02/281 25 01

Ⓗ Vimanmek Mansion/Dusit Park – Königspalast mit dem Royal Elephant National Museum. Derzeit wegen Renovierung geschlossen. 16 Ratchawithi Rd., Tel. 02/281 54 54,

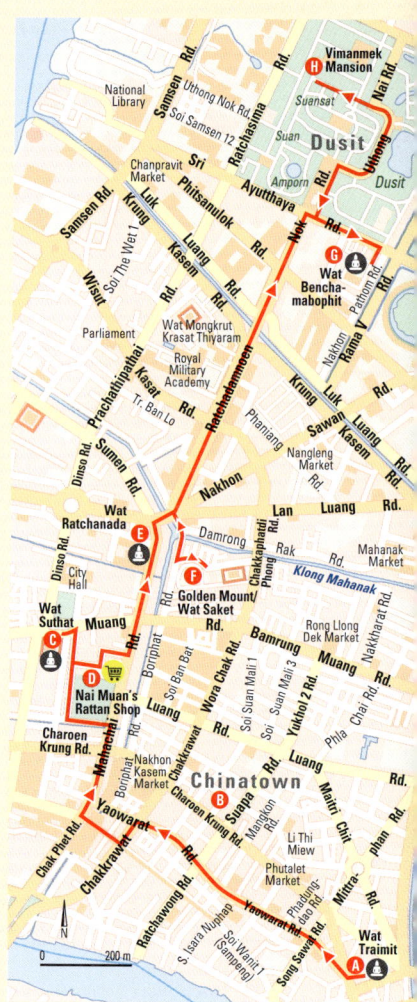

Schnitzarbeiten an den schweren Türen und Fenstern, an denen König Rama II. (1768–1824) mitgewirkt hat. Die Originale werden im Nationalmuseum aufbewahrt. Der Viharn des Tempels birgt eine der größten thailändischen Buddha-Statuen aus der Sukho-thai-Periode: Sie ist acht Meter hoch und stellt den Erleuchteten in der typischen Pose der Erdanrufung dar. Bevor man das Heiligtum betritt, sollte man nicht vergessen, die Schuhe auszuziehen. Vor dem Tempel fällt das rote Gestell der 25 Meter großen Riesenschaukel Sao Ching Cha auf, die die Thai seit dem 18. Jahrhundert für ein halsbrecherisches brahmanisches Ritual benutzt hatten, das jedoch 1932 eingestellt wurde.

Wo die Mönche shoppen gehen …

Die Bamrung Muang ist eine der interessantesten Straßen in Bangkok, sozusagen das Shoppingcenter der buddhistischen Mönche. Die Geschäfte in den chinesischen, pastellfarbenen Shophouses mit ihren windschiefen Fensterläden sind voller Kunstwerke und buddhistischer Devotionalien wie Fächer, Kerzen oder orangefarbene Roben. Riesige vergoldete Buddha-Statuen und in Plastikfolie eingeschweißte Göttinnen wie die Kuan Yin warten seelenruhig auf Käufer. Ein paar Schritte südlich in der Soi Baan Bat liegt das »Monks Bowl Village« mit einigen Werkstätten, in denen die Almosenschüsseln für den allmorgendlichen »Bettelgang« noch immer handgefertigt werden.

Wer jetzt noch die Kraft besitzt, kann den Goldenen Berg mit seinem Tempel besteigen. 318 Stufen führen auf diesen künstlichen Hügel zum goldenen Chedi des Wat Saket. Am Wegesrand hängen viele Bronzeglocken. An den Gebetsplätzen mit Grabsteinen flackern zwischen

Am Goldenen Berg reicht der Blick weit über Bangkok.

den Fotos der Verstorbenen Kerzenlichter. Der
360-Grad-Panoramablick vom Berg lässt sich am
besten frühmorgens genießen. Von hier oben hat
man eine gute Sicht auf das 1846 errichtete Wat
Ratchanada mit dem eindrucksvollen Loha Prasat
und seinen 37 kleinen metallenen Spitz-Chedis,
die sich ansteigend wie eine Pyramide um das
Heiligtum drängen – mal eine etwas andere
Tempelbauweise.

Marmortempel und Teakholzpalast

Vom Goldenen Berg ebenfalls zu sehen ist das
rund zwei Kilometer nördlich im Dusit-Distrikt
gelegene Wat Benchamabophit, das Tempelfans
über den Prachtboulevard Ratchadamoen Nok
erreichen. Der 1899 erbaute und sehr elegant
wirkende »Marmortempel« besteht aus hellem
Carrara-Marmor, ganz untypisch für thailändische
Klosterbauten. Hier wurde die Asche von König
Chulalongkorn (Rama V., 1853–1910) im Sockel des
Sitzenden Phra Buddha Chinnarat beigesetzt. Das
Original der Statue befindet sich in Phitsanulok
(s. S. 210). Im Galeriegang sind zahlreiche Bronze-
buddhas aus ganz Asien zu besichtigen. Einzigartig
ist der zwei Meter hohe »Schreitende Buddha«, ein
Meisterwerk thailändischen Kunstschaffens aus
dem ersten Königreich Sukhothai (s. S. 217).

Den größten Teakholzpalast der Welt, die Vimanmek Mansion, hat Chulalongkorn der Große
(Rama V.) 1900–1901 als königliche Herberge
errichten lassen. Das seit dem Tod des Königs im
Jahr 1910 nicht mehr bewohnte Gebäude liegt
zwischen Parlament und Regierungssitz inmitten
des weitläufigen Dusit-Parks. Es hat nicht weniger
als 81 Räume, die auf drei Etagen verteilt sind. Zu
besichtigen sind beispielsweise Schlafgemächer,
die erste Dusche Thailands und die Thronhalle.

Oben: Das Wat Ratchanada,
vom Goldenen Berg aus gesehen
Mitte: Aus kostbarem Carrara-
Marmor errichtet: das Wat Benchamabophit
Unten: Beim Bau des Viman-
mek-Palastes wurde ausschließlich Teakholz verwendet.

Infos und Adressen

ESSEN UND TRINKEN

Harmonique. Abseits des Getöses, in einer Soi zwischen dem General Post Office und dem Mandarin Oriental Hotel versteckt, liegt das gemütliche, bei Touristen beliebte Lokal in einem begrünten Innenhof – vollgestopft mit Antiquitäten, die man auch erwerben kann. Ruhetag: So, Mo–Sa 11–22 Uhr, 22 Charoen Krung Rd., Soi 34, Tel. 02/237 81 75

Next2. Zum Sonnenuntergang am Chao Phraya speist man auf der Terrasse des Shangrila Hotel in einem der besten Buffet-Lokale der Stadt. Tägl. 6.30–24 Uhr, Charoen Krung Rd., Tel. 02/236 77 77, www.shangri-la.com

Im Hotel »Old Capital Bike Inn« kann man im Himmelbett übernachten.

Seven Spoons. Das nette, kleine Bar-Restaurant in einem alten chinesischen Shophouse verwöhnt mit lauter leckeren Speisen aus aller Welt: von Gnocchi über Halloumi Kebab und Quinoa Salad bis hin zu Filet Mignon, sehr gute Cocktails. Ruhetag: Mo, Di–So 18–1 Uhr, 22–24 Chakkrapatipong Rd., Tel. 02/629 92 14, www.sevenspoonsbkk.wordpress.com

Thip Samai. An dem einfachen Straßenlokal stehen die Thai schon mal Schlange für das Pad Thai – z. B. Haw Kai Goong Sot (mit Garnelen) –, so müssen ordentliche thailändische Bratnudeln schmecken! Tägl. 17–2 Uhr, 313 Maha Chai Rd., Tel. 02/221 62 80

T & K Seafood. Die Liebhaber von frischen Meeresfrüchten schwören auf das einfache, immer volle Straßenlokal der Brüder Toy und Kid mitten im Verkehrstrubel (Aircondition im 2. Stock). Es gibt preiswerten Fisch, Garnelen, Jakobsmuscheln, Haifischflossen – bis der Blechtisch sich biegt. Schwalbennester sind teurer. Tägl. 16.30–2 Uhr, 49–51 Soi Phadung Dao Ecke Yaowarat Rd., Tel. 02/223 45 19

G. Methavalai Sorndaeng. Das elegante Lokal ist ein echter Klassiker, old fashioned mit livrierten Kellnern, vornehmen Thai-Sängerinnen und authentischer Thai-Küche. Tägl. 10.30–23 Uhr, 78/2 Radjdamnoen Klang Rd., Tel. 02/221 23 78

ÜBERNACHTEN

Baan Dinso. Das koloniale Teakholz-Hostel liegt ruhig in einer Gasse und doch mittendrin: familiäre Atmosphäre, neun kleine Zimmer, aber sonst tipptopp. 113 Trok Sin, Dinso Rd., Tel. 02/622 05 60-3, www.baandinso.com

Just Beds. Neue kleine Budget-Hotelkette mit gutem Preis-Leistungs-Verhältnis: 30 gut ausgestattete Zimmer (Wi-Fi, Safe), teils fensterlos, dafür schön ruhig. 56/6 Soi Pramote (Jesu), Surawongse Rd., Tel. 02/635 71 19, www.just-beds.com

Mandarin Oriental. Somerset Maugham und Joseph Conrad nächtigten hier am Chao Phraya in noblem Ambiente in der »Author's Suite« des preisgekrönten Hotel-Klassikers, in dem heute Stars, Prominente und Präsidenten logieren. 48 Oriental Avenue, Charoen Krung Rd., Tel. 02/659 90 00, www.mandarinoriental.com

Old Capital Bike Inn. Herrlich verkitschte, etwas enge 10-Zimmer-Herberge in einem historischen Gemäuer, viel Teak und Terrakotta, Himmelbetten und Laptops. 607 Pra Sumen Rd., Tel. 02/629 17 87, www.oldcapitalbkk.com

P&R Residence. Das preisgünstige 20-Zimmer-Hotel nahe dem Si-Phraya-Pier überzeugt durch die zentrale Lage und Komfort ohne viel Schnickschnack, aber mit WLAN. 34 Charoen Krung Rd. 30, Tel. 02/639 60 91-3, www.pandr-residence.com

Ramada Plaza Menam Riverside. 525 (behindertengerechte) Zimmer mit Blick auf den Chao Phraya oder City-Skyline, gewohnter Luxus im Fünf-Sterne-Hochhaus, mit eigenem Shuttleboat. 2074 Charoen Krung Rd., Yannawa, Tel. 02/688 10 00, www.ramadaplazamenamriverside.com

Royal Orchid Sheraton. Die Luxusherberge bietet allen erdenklichen Komfort in schönster Flusslage mit zwei Pools, Spa, Einkaufspassage und fünf Restaurants. 2 Charoen Krung Rd., Soi 30, Pier=Tha Si Phraya, Tel. 02/266 01 23, www.royalorchidsheraton.com

Shanghai Mansion. Im chinesischen Stil eingerichtetes und zentrales Boutique-Hotel, schon der wunderschönen Pfostenbetten wegen lohnt ein Aufenthalt hier. 479–481 Yaowarat Rd., Tel. 02/221 21 21, www.shanghaimansion.com

AUSGEHEN

Bamboo Bar. Die legendäre Bar im Mandarin Oriental lädt ab 21 Uhr zum Lauschen von Jazz at its best. Tägl. 11–1, Fr/Sa bis 2 Uhr, Mandarin Oriental Hotel (s. S. 46), Tel. 02/659 90 00, www.mandarinoriental.com

Brown Sugar. In der »Jazz Boutique« treten die besten Musiker auf: Jazz, Blues und Funk vom Feinsten, man kann auch gut essen. Ruhetag: Mo, Di–Do u. So 17–1, Fr/Sa bis 2 Uhr, 469 Wanchad Junction, Phra Sumen Rd., Tel. 02/282 03 96, www.brownsugarbangkok.com

EINKAUFEN

River City. In der Einkaufspassage am Fluss kann man v. a. Textilien, Schneiderwaren und Antiquitäten erstehen, von hier legen auch Dinner-Cruise-Boote ab. Tägl. 10–22 Uhr, Yota Rd., Sri Phraya-Pier, Tel. 02/231 00 77–78, www.rivercity.co.th

Pahurat Market. Zwischen Triphet, Chakphet und Phahurat Road erlebt man das etwas ruhigere »Little India« mit Turbanträgern, in Saris gekleideten Frauen, Schneidereien und bunten Shops, die kostbare Textilien, Schuhe, Schmuck oder indische Spezialitäten anbieten.

FESTE

Vegetarian Festival Chinatown (Tesagan Gin Je). Das Fest zu Ehren der neun Himmelsgötter rund um die Charoen Krung Road begeht man alljährlich Anfang Oktober mit Opfergaben im Tempel und Chinese Opera.

INFORMATION

Tourist Information. In der Bangkok Railway Station Hua Lamphong, 1 Rongmuang, Pathumwan, Fahrplan-Hotline: 16 90, www.railway.co.th

Über den Dächern von Bangkok: Sky-Bar »The Dome at lebua«

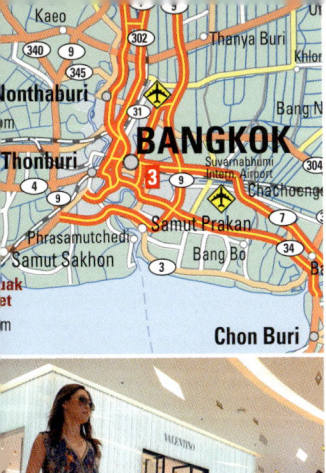

3 Bangkoks Südosten
Das Einkaufs- und Go-go-Paradies

Die Sukhumvit Road mit ihren zahllosen Nebenstraßen, den »sois«, ist schier endlos und weit entfernt von den Sehenswürdigkeiten des alten Bangkok. Auf den Bürgersteigen begegnen sich so unvereinbar scheinende Thai-Welten wie die blutjunge Prostituierte am Arm eines Touristen und der Mönch in Badelatschen und safrangelber Robe. Denn außer den vielen Go-go-Bars findet man hier auch das Welthauptquartier der buddhistischen Robenträger.

Nicht weit entfernt beginnt Bangkoks Einkaufsmeile an der Straßenecke Rama I. und Phaya Thai – ein kleines thailändisches »Metropolis«. Das Beste ist der anderthalb Kilometer lange »Skywalk« direkt unter den Skytrain-Gleisen. Hier kann man über dem tosenden Verkehr auf der Rama I. spazieren gehen. Auf diese Weise gelangt man von der Skytrain-Station Chitlom zum Haltepunkt Siam und damit bequem und ohne Stress von einem Shoppingcenter zum nächsten.

Opfergaben für Brahma

Doch vor dem Kaufrausch steht die Besinnung: Einen wunderbaren Einblick in die tiefe Religiosität der Thai vermittelt der Erawan-Schrein. Dort verharren die Gläubigen vor der mit Blumengirlanden verhangenen Statue des Hindugottes Brahma und erbitten seinen Segen – scheinbar unbeeindruckt von der zum Schneiden dicken Luft und all dem Getöse um sie herum. Sie tauchen Lotosblüten in gesegnetes Wasser, besprühen damit ihre Köpfe und verteilen Obst und Kokosnüsse an allen vier

Mitte: Bangkoks voll klimatisierte Shoppingcenter bieten Glitzer und Glamour.
Unten: Eine Oase der Ruhe im Großstadtgewimmel: der Erawan-Schrein an der Ploenchit Road

Shop till you drop

Bummeln kann man in Lifestyle- und Shoppingcentern oder auf Straßenmärkten, wo Feilschen ein unbedingtes Muss ist.

Ⓐ Erawan-Schrein (Than Tao Mahaprom). Gebete und Opfergaben an einem der bedeutendsten Hindu-Schreine der Stadt, auch Thai-Tanz-Vorführungen. Tägl. 6–23 Uhr, 494 Ratchadamri Rd., Tel. 02/252 87 50

Ⓑ Central World Plaza (vormals World Trade Center). Über 500 Läden, Kino, Spa und internationale Restaurants im 6. und 7. Stock in Bangkoks größtem Kaufhaus. Tägl. 10–22 Uhr, Rama I./Ecke Ratchadamri Rd., Tel. 02/264 70 00, www.centralworld.co.th

Ⓒ Gaysorn Plaza. Armani, Dior, Gucci, Tiffany, Vuitton, Beauty Spas, Food & Wine – was will der Lifestyle-Shopper mehr? Tägl. 10–20 Uhr, 999 Ploenchit Rd., Tel. 02/656 11 49, www.gaysorn.com

Ⓓ Pratunam Market. Jede Menge Textilien, Seide, Schmuck und Kunsthandwerk – hier muss man allerdings feilschen können, Stände: tägl. 24 Std., Shops: tägl. 10–21 Uhr, um die Ecke liegt Platinum Fashion mit 1300 Läden auf vier Etagen.Tägl. 10–22 Uhr, Petchburi Rd./Ecke Ratchaprop und Ratchathewi Rd.

Ⓔ Siam Square: Weitläufiger Shoppingkomplex mit Multiplex-Cinemas, Boutiquen, Bars, Fastfood- und Thai-Restaurants und mehr. Tägl. 10–20 Uhr, 991 Rama I. Rd., www.siam-square.com

Ⓕ Siam Center/Siam Paragon. Zwei Center in einem, mit Riesen-Aquarium und Kino. Tägl. 10–21 bzw. 10–22 Uhr, Sea Life Ocean World: in Siam Paragon B1–B2 Floor, Shows tägl. 11.30–16.30 Uhr, Cineplex im 5. St., tägl. 10.30–24 Uhr, Rama I. Rd., Tel. 02/26 58 10 00 und Tel. 02/610 80 00, www.siamcenter.co.th, www.siamparagon.co.th, www.sealifebangkok.com

Ⓖ Jim Thompson. Beste Adresse zum Einkaufen feinster Seidenstoffe – zu Festpreisen! Tägl. 9–17 Uhr, 6 Soi Kasemsan 2, Rama I. Rd., Tel. 02/216 73 68, www.jimthompsonhouse.com

Ⓗ Patpong. Das berühmt-berüchtigte Rotlichtviertel besteht aus drei Rotlichtgassen, die mit Go-go-Bars und einem Open-Air-Markt für gefälschte (überteuerte) Markenartikel Kunden aus aller Welt anlocken. Die Soi Jaruwan (auch: Soi Katoey, Silom Soi 4) ist berühmt für ihre Transsexuellen. Tägl. ab 18 Uhr

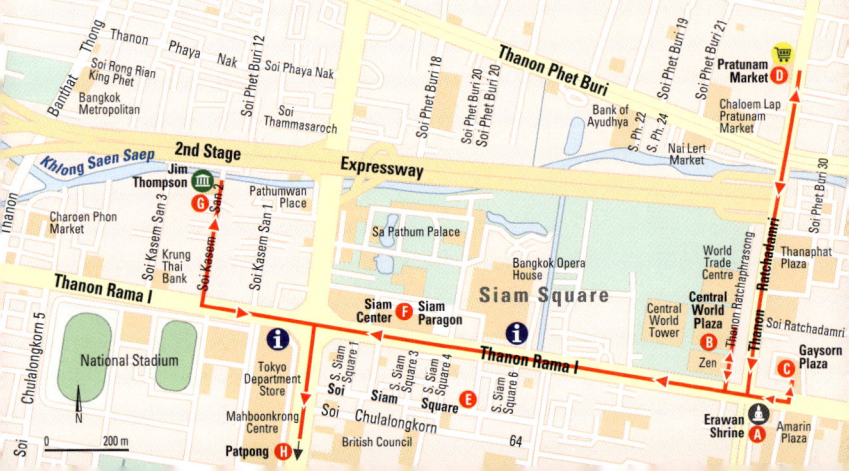

Ein Labyrinth aus Gassen mit Geschiebe und Gedränge an 15 000 Ständen: Keramik und Töpferwaren, Seide und Kleidung, Devotionalien, echte und falsche Antiquitäten sowie jede Menge Schnickschnack. Selbst rosa Küken und Wasserbüffel-Glocken werden auf dem Chatuchak-Market angeboten. Die Thai sagen: »Wer das Gesuchte hier nicht findet, der wird es nirgendwo finden!« Außerdem bringt der New Talad Rod Fai, der Train Market, die Fans von Vintage und Retro zum Stöbern zwischen alten Gleisen. Alte Telefone, Reklametafeln, Kleidung und Möbel werden hier verhökert. Manchmal spielen Live-Bands, und VW-Bus-Bars versorgen die Besucher.

Chatuchak-Markt. Sa–So 6–18 Uhr, Phahon Yothin Road (Endstation des Sky Trains), www.chatuchak.org

New Talad Rod Fai. Do–So 17–24 Uhr, Ratchadaphisek Road (MRT-Station: National Cultural Center)

Seiten des Altars. Musikanten spielen tapfer gegen das schrille Pfeifen der Verkehrspolizisten und das nicht enden wollende Gehupe an. Die Hektik Bangkoks scheint hier weit, weit weg zu sein.

Mit dem Rollkoffer zum Shoppen

Unübersehbar thront an der Ploenchit Road die Central World Plaza: Thailands bislang größtes Shopping- und »Lifestyle Center« lockt voll klimatisiert und glitzernd mit allerlei Verheißungen. Luxus-Designerwaren findet der anspruchsvolle Käufer in der Gaysorn Plaza gegenüber oder weiter südlich in der Peninsula Plaza mit Kollektionen von Modeschöpfern aus aller Welt, die allerdings auch ihren (festen!) internationalen Preis haben. Wer am liebsten rund um die Uhr und gleich mit dem Rollkoffer shoppen geht und gern feilscht, wird mit Sicherheit in den engen Gassen vom Pratunam Market und in der Platinum Mall fündig. Hier gibt es von reizvoller Unterwäsche bis zu kostbaren Abendroben Kleidung aller Art. Weiter westlich im weitläufigen Siam Square kleiden sich Bangkoker Jugendliche ein, etwa mit ausgefallenen T-Shirts von Post-Nerd oder femininen Kleidern von Slepping Pills.

Von Armani bis Vintage

An der nördlichen Straßenseite der Rama I. wartet das Siam Center (nicht zu verwechseln mit dem Siam Square) mit führenden internationalen und thailändischen Designerlabels wie Greyhound Original, anr, Kloset oder dem Wohnspezialisten Senada. Aber auch junge, weniger bekannte Thaidesigner verkaufen hier ihre neuesten Kreationen für Vintagefans und Fashionistas. Klassischen Luxus bieten Armani & Co. im edlen Siam Paragon an. Die Preise sind wie zu Hause (mindestens!), die

Bangkoks Südosten

meisten Thai können hier auch nur durchbummeln und gucken. Die vielen Leckereien im Food Court im 6. Stock sind auf jeden Fall preiswerter. Auch die angeschlossene Sea Life Bangkok Ocean World zieht die Besucher in Scharen an: Das größte Aquarium Südostasiens wird von rund 30 000 Lebewesen aus 400 verschiedenen Arten bevölkert. Besucher dürfen hier mit Haien um die Wette schwimmen oder ihnen im Glasbodenboot näher kommen. Die neueste Attraktion im Einkaufsparadies ist die gerade erst eröffnete futuristische Central Embassy Mall an der Ploenchit Road.

Wem der Sinn nach feinster Thai-Seide steht, findet im Jim Thompson House das Richtige. Das Anwesen des 1976 in Malaysia verschollenen Amerikaners ist ein sehenswerter Komplex aus heute unbezahlbaren Teakholzgebäuden im traditionellen Thai-Stil, die eine wertvolle Sammlung thailändischer Kunstgegenstände, Antiquitäten und edles Mobiliar beherbergen.

»One night in Bangkok«

Die drei berühmt-berüchtigten Vergnügungsgassen von Patpong gelten bis heute als Bangkoks Sündenpfuhl. Dennoch sind die wispernden Zuhälter (»Pingpong-Show«, »Pussy-Show«) und Bar-Schlepper mittlerweile von zahlreichen Ständen mit Nippes und billigen Markenimitaten an den Rand gedrängt worden. Wer möchte, kann sich in einigen Bars aber immer noch von langfingrigen Transsexuellen aufs Kreuz legen lassen. Dass die Barrechnungen dabei auf mysteriöse Weise in astronomische Höhen klettern können, gehört zu den Patpong-»Überraschungen« dazu. So manch einer hat schon sein ganzes »Bar«-Geld in den Go-go- und Nachtclubs im berühmt-berüchtigten Bermudadreieck zwischen Patpong, Soi Cowboy und Nana Plaza verprasst.

Infos und Adressen

ESSEN UND TRINKEN
Baan Khanitha. Seafood und alle Arten von Thai-Genüssen. Tägl. 11–23 Uhr, 36/1 Sukhumvit, Soi 23/Soi Prasanmit, Tel. 02/258 41 81, www.baan-khanitha.com

Le Du. Hippes Lokal mit modernen thaiändischen Speisen, auch für Vegetarier. Ruhetag: So, Mo–Sa 18–23 Uhr, 399/3 Silom Soi 7, Bangrak, mobile 092/919 99 69, www.ledubkk.com

ÜBERNACHTEN
The Muse – Gallery Collection. Hochhausherberge mit eigenwillig-elegantem Design-Suiten mit eigener Dachterrasse, Dachbar und Pool. 55/555 Langsuan Rd., Pathumwan, Tel. 02/630 40 00, www.hotelmusebangkok.com

Westin Grande Sukhumvit. Luxuriös und verkehrsgünstig am Schnittpunkt von U-Bahn und Skytrain. 259 Sukhumvit Rd., Soi 19, Tel. 02/207 80 00, www.westingrandesukhumvit.com

AUSGEHEN
Vertigo Grill & Moon Bar. Spektakuläre Open-Air-Bar im 61. Stock mit 360-Grad-Blick über das Lichtermeer. Tägl. 17–1 Uhr, Banyan Tree Hotel, 21/100 South Sathorn Tai Rd., Tel. 02/670 12 00, www.banyantree.com

INFORMATION
Tourism Authority of Thailand (TAT). Tägl. 8.30–16.30 Uhr, 1600 New Petchaburi Rd., Makkasan, Tel. 02/250 55 00-11, www.tourismthailand.org

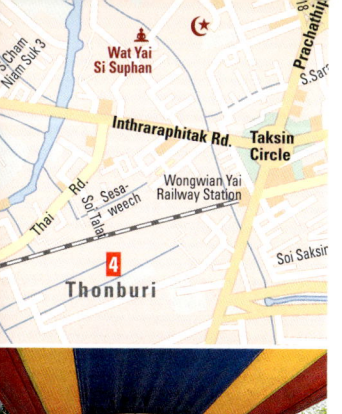

Wat Yai
Si Suphan

Inthraraphitak Rd. Taksin Circle

Wongwian Yai
Railway Station

Soi Saksin

4

Thonburi

4 Bangkok-Thonburi und Umgebung
Auf Kanälen durch den Westen Bangkoks

Schon Roger Moore alias 007 bretterte durch die Thonburi-Kanäle und über die Reisstrohhüte der Marktfrauen hinweg. Am westlichen Ufer des Chao Phraya kann man zwischen Tempeln und Märkten bummeln und die wunderschönen Barken des Königs bewundern. Mit den »langschwänzigen« Taxibooten brausen Entdecker mit 120 PS stadtauswärts – bis die Reklameplakate und Apartmentklötze endlich Palmenhainen und Tempelgiebeln weichen.

Wer einen Tag auf dem Chao Phraya und seinen »Klong«-Kanälen verbringen möchte, kann in Bangkok ein knatterndes Longtailboat chartern (Vorsicht vor Bootsschleppern mit überzogenen Preisen, Richtwert sind maximal 2000 Baht/50 € – und das für zwei bis drei Stunden pro Boot, nicht pro Passagier!) Den Klong Bangkok Yai mit der eher lächerlichen Show »Floating Market« am Wat Sai kann man dabei im wahrsten Sinn links liegen lassen. Schöner ist der Klong Bangkok Noi, auf dem es mit den höllisch lauten Booten in ein immer ländlicher werdendes Bangkok geht. Hier findet man noch vereinzelt traditionelle, hölzerne Thai-Häuser, die auf Stelzen im Wasser stehen.

Kraxeltour: der höchste Tempelturm Thailands

Jede Thonburi-Tour hat ein absolutes Highlight Bangkoks im Programm: Das nachts stimmungsvoll beleuchtete Wat Arun, der »Tempel der Morgen-

Mitte: Bangkoks Kanäle, die Klongs, lassen sich gut im Longtailboot erkunden.
Unten: Der zentrale Prang des Wat Arun ist nur über viele Treppen zu erreichen.

Das angestrahlte Wat Arun, vom Ostufer des
Chao Phraya aus gesehen

röte«, ist ein Muss für jeden Traveller.
Weithin sichtbar ragen seine fünf markanten Prangs im kambodschanischen Stil
in die Höhe. Der mittlere ist 80 Meter hoch und
ein Wahrzeichen Bangkoks, das auf zahlreichen
Emblemen und Logos wiederzufinden ist. Man
kann den höchsten Tempelturm Thailands über
halsbrecherisch schiefe und steile Stufen erklimmen und wird mit einer fantastischen Aussicht
über das alte Rattanakosin belohnt. Allerdings
sollte man beim Hinaufkraxeln einige Verschnauf-
pausen einlegen und die feinen Stuckarbeiten
betrachten. Das Dekor besteht aus Millionen von
winzigen Porzellanstückchen. Man beachte auch
die *yaksha*-Wächter und *naga*-Schlangen, die den
Prang schmücken und beschützen.

Des Königs Barken

Im Royal Barges National Museum gegenüber
vom Bahnhof Thonburi sind die prachtvollen königlichen Prozessionsbarken aufgebockt. Vom Express-
boat-Pier an der Phra-Pinklao-Brücke führt ein
idyllischer, ausgeschilderter Spaziergang durch ein
Wohnviertel und über Kanäle zu den Bootshäusern,
in denen die königlichen Barken untergebracht

Geheimtipp

MIT DEM RAD DURCH DEN MOLOCH

Auf die Idee, im Moloch
Bangkok ausgerechnet Rad-
touren anzubieten, konnte nur
ein Holländer kommen. André
Breuer hat damit mittlerweile viele
Stammgäste gewonnen. Seine
Räder rollen quasi mitten durchs
Wohnzimmer von ärmeren Vierteln,
durch Gassen aus Bretterver-
schlägen, an Geisterhäuschen und
bunter Wäsche vorbei. Der Blick
hinter die glitzernden Luxusku-
lissen der Shoppingcenter und
Hotellobbys lohnt sich. Mit dem
Longtailboat geht es schließlich rü-
ber nach Thonburi in den Park Phra
Padaeng, eine fast dschungelige
Oase mitten in Bangkok mit Seen
und Kanälen unter einem dichten
Dach aus Kokospalmen, Mango-
und Papayabäumen.

Recreational Bangkok Biking.
Halbtages-Radtouren, Zwei-
Tages-Touren im Umland,
Tel. 02/107 25 00,
www.bangkokbiking.com

FUTURISTISCHES »BAUMHAUS«

Tropisch und stadtnah, futuristisch und öko: »Aussicht mit Zimmer« heißt es in den elf verspiegelten »Baumhäusern«, die sich harmonisch in Bangkoks »grüner Lunge« Phra Padaeng eingenistet haben. Sie wollen nachts unter Sternen nächtigen? Fledermäuse, Störche und andere Vögel beobachten? Dann Mückenschutz einpacken und gleich einchecken! Open-Air-Bäder mit Glasboden und Bambusrollos gehören zum Naturgenuss ebenso wie die kühle Brise im offenen Lokal. Wer es wagt, kann auf dem »Floating Bed« im Fluss übernachten. Auf Technik müssen die Naturliebhaber nicht verzichten. Es gibt Laptop, Wi-Fi und Handys.

Bangkok Tree House. 60 Moo 1 Petch Cha Hueng Rd., Bang Namphueng (nur zu erreichen über Skytrain-Station Bang Na, 1,5 km entfernt, und Fähre nach Phra Padaeng), mobile 082-995 11 50, www.bangkoktreehouse.com

Einfach gut !

sind. Die Flotte wartet mit einigen echten Schmuckstücken auf. Die 46 Meter lange Hauptbarke, die goldene Subanahongsa, ist ein kunstvoll geschnitztes Prunkboot.

Der Bug stellt den Kopf eines heiligen Schwanes *(hongsa)* dar, dem königlichen Symbol für Macht und Weisheit. Nur sehr selten bietet sich Gelegenheit, die Barke auf dem Chao Phraya zu sehen, in den vergangenen sechs Jahrzehnten nur ganze 16 Mal, zum Beispiel bei einer aufwendigen »Royal Barge Procession« zu Ehren des Königs. 50 Ruderer, zwei Steuermänner, zwei Offiziere, ein Flaggenhalter und ein Taktsänger sind notwendig, damit das Boot übers Wasser gleiten und den König sicher transportieren kann. Rund 50 dieser wertvollen Barken mit farbigen mehrköpfigen Drachen oder Garudas am Bug nehmen an solchen Prozessionen teil. Wer einmal dazu die Chance hat, sollte sich unbedingt einen (teuren) Platz auf den Tribünen sichern.

Schlendern, shoppen, schlemmen

Je weiter man auf den Kanälen aus der Stadt hinausgleitet, desto mehr gelangt man in das ländliche Thailand. Marktfrauen paddeln hier noch mit »schwimmenden« Suppenküchen oder

»schwimmenden« Läden voller Gemüse und Haushaltswaren von Haussteg zu Haussteg. Oft sieht man sie mit den Bewohnern der Hütten plauschen. Nicht ganz so beeindruckend sind die touristischen »Schwimmenden Märkte« von Bangkok, die seit Jahrzehnten zu fast jedem Sightseeingprogramm dazugehören. Die meisten Touristengruppen zieht es in den 110 Kilometer südwestlich von Bangkok gelegenen Ort Damnoen Saduak. Mit ihren länglichen Paddelbooten rudern die Marktfrauen auf dem Hia-Kui-Kanal umher. Am frühen Morgen wird noch mit Obst, Gemüse, Blumen, Haushaltswaren und Meeresgetier gehandelt. Kunterbunte Thai-Süßigkeiten liegen unter Sonnenschirmen, und Nudelsuppen dampfen in riesigen Töpfen. Ab etwa neun Uhr, wenn die ersten Touristenbusse am Markt Hia Kui halten und die Besucher in Scharen die Videokameras und Smartphones schwenken, ändert sich die Szenerie. Die Marktfrauen packen dann Seidentücher und hübsche Strohhüte aus und bieten sie den Touristen zum Kauf an. Wem dieser Markt zu touristisch ist, sollte weiterfahren zum noch immer authentischen, etwa 10 Kilometer entfernten Tha Kha Floating Market mit seinen vielen Imbissständen. Den Mae Khlong Railway Market, ein aufregender und einzigartiger Markt in der Provinz Samut Songkhram rund 100 Kilometer südwestlich von Bangkok, kann man zusammen mit dem Schwimmenden Markt Amphawa an einem Tag besuchen.

Wer nicht so weit aus der Stadt fahren will, macht am Wochenende einen Abstecher zum Taling Chan Floating Market im Nordwesten Bangkoks, wo die Bootsfrauen in ihren schwimmenden Garküchen zu den Kunden kommen, nicht umgekehrt.

Ausflug nach Ko Kred

Es soll Bangkok-Besucher geben, die gar nicht mehr aus dem Longtailboat aussteigen wollen. Für sie sei

Oben: Der Besuch eines »schwimmenden Marktes« gehört zu jedem Klongausflug dazu.
Unten: Der »schwimmende Markt« von Damnoen Saduak ist eine Touristenattraktion.

Oben: Schon von Weitem sicht-
bar grüßt der schiefe Chedi des
Wat Mon die Gäste von Ko Kred.
Mitte: Ko Kred ist für die rötlich-
schwarzen Töpferwaren bekannt.
Unten: Auf Ko Kred stellen kleine
Familienbetriebe die beliebten
Keramiken her.

noch ein abwechslungsreicher Halbtages-Ausflug nach Ko Kred (auch: Ko Kret) in der Nachbarprovinz Nonthaburi empfohlen – eine wochentags fast verschlafene Insel im Chao Phraya rund 20 Kilometer nördlich von Bangkok. Auf dem autofreien Eiland leben vor allem burmesisch-stämmige Nachfahren der Mon, die vor rund 240 Jahren hierher geflohen waren, nachdem die Burmesen ihre Hauptstadt Hongsawadi überrannt hatten. Wie damals fabrizieren sie auch heute noch in etwa 20 kleinen Familienbetrieben rötlich-schwarze Töpferwaren wie Vasen, Krüge oder Pfannen für »kanom krok«, eine thailändische Süßigkeit.

Das Wahrzeichen der Insel ist der weithin sichtbare, schiefe und allmählich im Flusssand versinkende Chedi des mehr als 200 Jahre alten Wat Pramaiyikawat (auch: Poramai Yikawat, Wat Mon); zu dem Tempel gehört ein kleines Museum voller Töpferwaren und alter Buddha-Statuen. An den Wochenenden findet regelmäßig ein Markt statt, auf dem sich Thai mit Töpferwaren für den Haushalt eindecken und Touristen nach Souvenirs stöbern. Nicht weit entfernt bieten kleine Open-Air-Küchen Spezialitäten der regionalen Küche an.

GUT ZU WISSEN

BANGKOKS KNATTER-KULISSE

Der Chao Phraya ist die Schlagader der Stadt. Wer an Bangkoks großem Fluss wohnt oder auf einer Fluss-Veranda speist, sollte sich gleich daran gewöhnen: an das Knattern und Dröhnen, das Hupen und schrille Pfeifen der Longtail- und Expressboote, der Barken, Schlepper und Fähren. Spätestens um 23 Uhr gehen aber auch die meisten Flusskapitäne endlich schlafen. Manch ein Bangkok-Reisender vermisst den chaotischen Fluss-Radau, diese typische Bangkoker Geräuschkulisse zu Hause vielleicht sogar ein bisschen.

Infos und Adressen

SEHENSWÜRDIGKEITEN

Kwan Aman Pottery Museum. Das Museum zeigt die schönsten Töpferwaren mit Mon-Motiven. Tägl. 9–16 Uhr, Ko Kred, Nonthaburi, Tel. 02/584 50 86

Mae Klong Railway Market/Amphawa Floating Market. Tägl. 6–18 Uhr, Mae Klong, Maha Chai, Samut Songkhram (ca. 100 Kilometer südwestlich von Bangkok)

Royal Barges National Museum. Tägl. 9–17 Uhr, 80/1 Soi Rim, Arun Amarin Rd., Tel. 02/424 00 04

Taling Chan Floating Market. Nur Sa–So 8–14 Uhr, 324 Chakphra Rd., Bangkok Noi

Tha Ka Floating Market. Nur Sa–So 6/7–12 Uhr, nördlich von Samut Songkhram, (ca. 110 km südwestlich von Bangkok, nahe dem touristisch überlaufenen »Show«-Markt von Damnuen Saduak, tägl. 7–12 Uhr)

Wat Arun (Tempel der Morgenröte). Tägl. 8.30–18 Uhr (letzter Einlass: 17.30), nur in angemessener Kleidung, derzeit teils in Restauration, Fähre vom Pier (Tha) Thien, Arun Amarin Rd., Tel. 02/891 21 85

ESSEN UND TRINKEN

Supatra River House. In dem traditionellen Haus serviert man hervorragende Thai-Küche und Meeresfrüchte wie Garnelen in Tamarindensauce. Traditionelle Thai-Tanzshow Sa 19.30 Uhr. Tägl. 11.30–14.30, 17.30–23 Uhr, 266 Soi Wat Rakhang, Arun Amarin Rd., Tel. 02/411 03 05, www.supatrariverhouse.net

Yok Yor. Das Restaurant der Seafood-Kette beim Millennium Hotel serviert am Fluss Thailändisch-Chinesesisch-Japanisches, die Karte ist endlos lang, ab 19 Uhr gibt es Livemusik oder Karaoke. Tägl. 16–1.30 Uhr, 762 Ladya Rd., Tel. 02/437 11 21, www.yokyor.co.th

Am Ufer des Chao Phraya lädt das »Supatra River House« zu romantischen Diners ein.

ÜBERNACHTEN

Baan Wanglang Riverside. Wunderbares Flusshotel abseits des Trubels mit Stadt-Panorama aus gemütlichen Zimmern und von der Dachbar. 342 Soi Wat Rakhang, Prannok Rd., Tel. 02/412 72 34, www.baanwanglang.com

Millennium Hilton. Wie ein Raumschiff erhebt sich das markante Bauwerk mit 32 Etagen am Chao Phraya mit gewohntem Fünfsternekomfort. 123 Charoen Nakorn Rd., Tel. 02/442 20 00, www.bangkok.hilton.com

Praya Palazzo. Die herrlich romantische »Paladio«-Villa aus den 1920er-Jahren bezaubert mit italienischem Flair in nur 17 Zimmern und Pool direkt am Fluss. Somdej Prakinklao Soi 2, Tel. 02/883 29 98, www.prayapalazzo.com

AKTIVITÄTEN

The Thai House. Bei der Köchin Pip Fargrajang im traditionellen Thai-Haus im Grünen kann man thailändisch kochen lernen. Kurse 3800–16 650 THB (1–3 Tage mit Unterkunft), 32/4 Moo 8 Bangmuang, Bang Yai, Tel. 02/997 51 61, www.thaihouse.co.th

BANGKOKS UMGEBUNG

5 Ayutthaya mit Bang Pa-In
Auf den Spuren der siamesischen Könige

Ayutthaya, die alte Hauptstadt Thailands, blickt auf eine ruhmreiche Vergangenheit zurück. Für mehr als 400 Jahre war der heute rund 50 000 Einwohner zählende Ort das Zentrum des einst mächtigen thailändischen Königsreichs und eine der großen Metropolen Südostasiens. 1767 wurde die Stadt von Burmesen fast vollständig zerstört. Seitdem zeugen nur die über die Altstadt verstreuten Tempel- und Palastruinen von dem Glanz vergangener Tage.

Ayutthaya wurde 1351 von König U-Thong (auch: Rama Thibodi I., 1314–1369) gegründet und entwickelte sich schnell zu einem Machtzentrum in Südostasien, das selbst das alte Sukhothai unterwerfen konnte. Schon bei der Wahl des Standorts für seine Residenz bewies der Stadtgründer strategische Weitsicht: Das historische Ayutthaya liegt zwischen den drei Flüssen Chao Phraya, dem Lopburi und Pasak sowie einem Kanal geschützt wie auf einer Insel und war zudem von bis zu 20 Meter hohen, massiven Festungsmauern umgeben. Die Könige, die hier zwischen 1350 und 1767 residierten, beherrschten große Teile des heutigen Thailand und Südostasiens. Ayutthaya war eine blühende Handelsstadt, die nicht nur mit den Ländern Asiens, sondern auch mit europäischen Partnern in Verbindung stand. Um 1650 zählte sie mehr als eine Million Einwohner. Reisende berichten von der Pracht ihrer Paläste, Tempel und Häuser. Die Kunstschätze, die sie bargen, sind heute in Thailands Museen ausgestellt. Nach der

Seite 58/59: Die Tempelanlagen der ehemaligen siamesischen Königsstadt Ayutthaya
Mitte: Das Wat Phra Si Sanphet, der Tempel der Könige
Unten: Das Nationalmuseum von Ayutthaya informiert über die Geschichte des Königreichs.

Ayutthaya

Zerstörung durch die Burmesen wurde Ayutthaya nicht wieder aufgebaut. Die Ruinenstadt ist seit 1991 UNESCO-Weltkulturerbe und lockt heute alljährlich Tausende von Touristen an. Die Stadt lässt sich leicht zu Fuß, per Rad oder – wie einst die Könige – auf dem Rücken eines Elefanten erkunden.

Zuerst ins Museum

Den besten Überblick über die Entstehungsgeschichte und die Bedeutung der Königsstadt erhält man bei einem Besuch in den beiden südlich vom Rama-See gelegenen Museen, dem Historical Study Center und dem Nationalmuseum Chao Sam Phraya (auch: Phya). Ein Vergleich zwischen den Ruinen des Palastes Wang Luang von König U-Thong und einem im Studienzentrum ausgestellten Modell der ursprünglichen Anlage lässt erkennen, wie gründlich die Burmesen zu Werke gingen, als sie Ayutthaya 1767 in Schutt und Asche legten. Den Rest besorgten die Thai dann selbst: Die Ruinen wurden als Steinbruch genutzt, ein Teil des Mauerwerks fand beim Bau der neuen Hauptstadt Bangkok Verwendung. Wer heute über das mit Gras bewachsene Ruinenfeld wandert, braucht eine Menge Fantasie, um sich die große Palastanlage aus dem Jahr 1350 vorzustellen. Nur das Modell vermittelt noch ein Bild von der Pracht des hochherrschaftlichen Ensembles aus goldverzierten Empfangshallen, Terrassen und offenen Pavillons, das hier einmal stand.

Drei Chedis für drei Könige

Eines der bezauberndsten Bauwerke Ayutthayas ist sicherlich die von blühenden Frangipanibäumen umgebene Gruppe von drei Chedis am Wat Phra Si San Phet. Sie sind im Stil der ceylonesischen Glockenarchitektur erbaut, die beiden östlichen

MIT DER REISBARKE INS KÖNIGREICH

Bangkok, Mitte des 19. Jahrhunderts: Immer wenn Seine Majestät König Mongkut von der »Stadt der Engel« genug hat, zieht es ihn nach Bang Pa-In, in den 60 Kilometer entfernten Sommerpalast. Mit großer Dienerschaft und einigen seiner 39 Frauen im Gefolge besteigt der Monarch das königliche Dampfschiff und tuckert auf dem Chao Phraya gen Norden. Am Abend geht der König von Siam zwischen den zu Elefanten und Kobras gestutzten Bäumchen des Palastgartens spazieren. Anderthalb Jahrhunderte später können Bangkok-müde Touristen dem Beispiel Mongkuts folgen und auf der umgebauten Reisbarke »Mekhala« den Chao Phraya hinauffahren – eine Zwei-Tages-Tour ab Bangkok, die zuerst in diverse Klöster, dann nach Bang Pa-In führt und in Ayutthaya mit einem Rundgang endet.

Mekhala. Zu buchen bei Asian Oasis in Bangkok, Mo–Fr, mobile 088-809 70 47, www.asian-oasis.com

Das Historical Study Center von Ayutthaya zeigt auch archäologische Funde.

MIT DEM RAD DURCH DIE RUINENSTADT

Nicht verpassen

Wer zu Fuß durch den Historical Park streift, merkt es schnell: Die Sonne brennt erbarmungslos, es gibt kaum Schatten und die Entfernungen zwischen den Tempeln sind nicht zu unterschätzen – in der Altstadt kommt man schnell auf zehn Kilometer! Dabei ist Radfahren die preiswerteste Art, die Ruinenstätten im eigenen Rhythmus zu erkunden: Das Gelände ist flach und Räder bekommt man in fast allen Gästehäusern, vor allem in der Backpackermeile Naresuan Road, Soi 2, für ganze 30 bis 60 Baht (ca. 1–1,50 €) pro Tag, Fahrradschloss inklusive. Man sollte vier bis fünf Stunden für einen Tag einplanen und keinesfalls Sonnenschutz und Wasser vergessen. Wegen der fehlenden Beleuchtung von Rad und Straßen empfiehlt sich eine Rückkehr ins Gästehaus bis Sonnenuntergang. Wer unterwegs schlapp macht, nimmt eines der zahllosen sechssitzigen Tuk-Tuks, die zwischen den Tempelruinen verkehren.

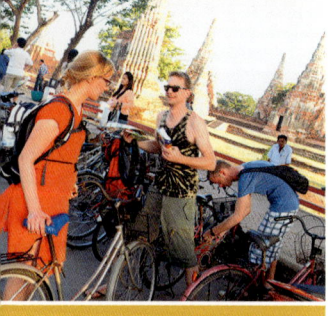

1492 auf Geheiß von König Rama Thibodi II. (1472–1529): Im Innern dieser beiden Chedis werden Urnen mit der Asche von seinem Vater und seinem Bruder aufbewahrt, die von Thibodi II. wurde im westlichen Turm der Gruppe beigesetzt. Im 16. Jahrhundert nutzten die siamesischen Herrscher das Wat als königliche Andachtsstätte, die allein dem König zugänglich war. Etwas südlich steht der weiße Viharn Phra Mongkhol Bophit, der 1767 bis auf die Grundmauern niederbrannte und ab 1956 wieder aufgebaut wurde. Die wiederhergestellte Kapelle wird von vielen Gläubigen besucht, die auf den Schreinen Lotosblüten niederlegen, Goldplättchen aufkleben und dabei Räucherstäbchen anzünden. Das Gebäude beherbergt eine der größten bronzenen Buddha-Statuen in Thailand: Die ursprünglich aus dem 15. Jahrhundert stammende, zwölf Meter hohe Figur ist bei der Zerstörung Ayutthayas ebenfalls beschädigt und mehrfach restauriert worden. Einige Hundert Meter weiter westlich erreicht man das ehemalige Wat Lokayasutharam: Mitten in den Mauerresten ruht im Freien ein weiterer enormer, circa 40 Meter langer und acht Meter hoher, Liegender Buddha aus Ziegelsteinen und Gips. Der Phra Buddha Sai Yat scheint entspannt zu lächeln und ist mit orangefarbenem Stoff bedeckt, was den Eindruck eines zufrieden Schlafenden noch verstärkt.

Der Buddha im Banyanbaum

Mehrere Anlagen der frühen Ayutthaya-Zeit sind stark vom Khmer-Baustil beeinflusst: Typisch für die Architektur dieser Epoche ist der Prang (auch: Prasat), der auffällige Ziegelsteinturm im Zentrum vieler Bauten. Er symbolisiert den heiligen Berg Meru, der im hinduistisch-buddhistischen Universum als Wohnsitz der Götter und Zentrum der Welt gilt. Die siamesischen Bauherren haben

Rundgang zwischen UNESCO–Ruinen

Im Historical Park laden 36 Tempel und Ruinenstätten zu einer Zeitreise ein. Geschichtsinteressierte können hier durchaus zwei Tage verbringen, da die Entfernungen doch ziemlich groß sind. Die meisten Bauwerke sind täglich von 8–18 Uhr zugänglich.

Ⓐ Ayutthaya Historical Study Center (AHSC). Audiovisuelle Ausstellung mit Modellen. Tägl. 9–16 Uhr, Rochana Road, Tel. 035/24 51 23-4

Ⓑ Chao Sam Phraya (auch: Phya) Nationalmuseum. Mi–So 9–16 Uhr, Ecke Si San Phet Rd. Rochana Rd., Tel. 035/24 15 87

Ⓒ Wat Phra Si San Phet. Die drei bildschönen Chedis aus dem 15. Jahrhundert bergen die Asche von drei Ayutthaya-Königen. Tägl. 8–17 Uhr, Tel. 035/24 22 84

Ⓓ Viharn Phra Mongkhol Bophit. Tempel mit riesigem Bronze-Buddha in der typischen sitzenden Pose der Erdanrufung. Tägl. 8.30–ca. 16.30 Uhr, im Südwesten vom Wat Phra Si San

Ⓔ Wat Lokayasutharam. Der Ruhende Buddha ist ein herrliches Fotomotiv, im Westen der Ruinenstadt gelegen.

Ⓕ Wat Mahathat. Das vor 600 Jahren erbaute Kloster zieht dank Buddha im Banyanbaum viele Besucher an. Ecke Chikun und Naresuan Rd.

Ⓖ Wat Ratchaburana (Ratburana). Das 600 Jahre alte Bauwerk ist mit schönen Buddha-Statuen und Wandmalereien geschmückt. Ecke Chikun und Naresuan Rd.

Ⓗ Wat Na Phramen (Na Phra Meru). Gut erhaltene Klosteranlage aus dem 15. Jahrhundert. Tägl. 8–16 Uhr, Moo 5 Tawasukree Rd.

Ⓘ Wat Chai Wattanaram. Das 1630 im Khmer-Stil erbaute Bauwerk liegt auf der anderen Flussseite.

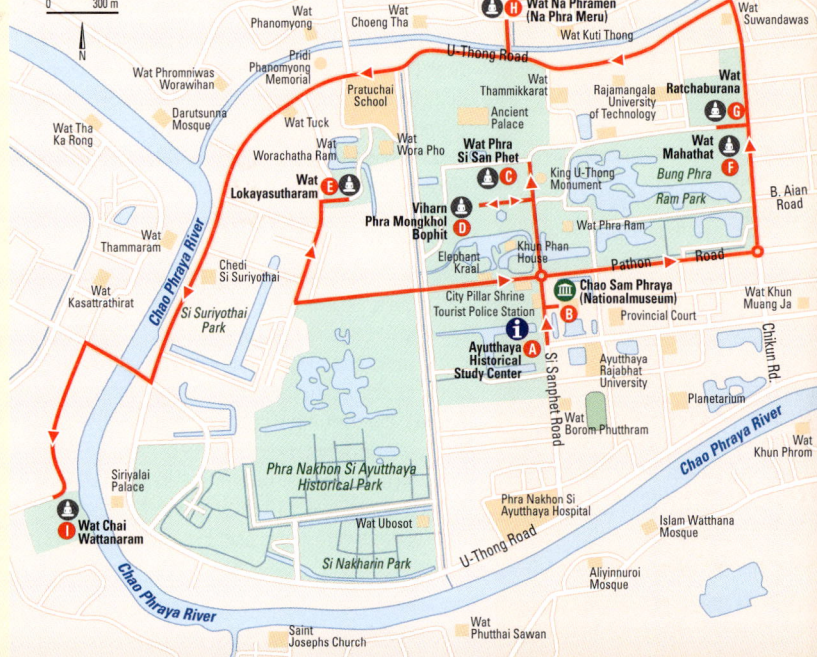

BANG PA-IN: EAST MEETS WEST

Nicht verpassen

Die königliche Sommer-
residenz Bang Pa-In, ein
märchenhaftes Anwesen am
Ufer des Chao Phraya, vereint thailändische, fernöstliche und westliche Architekturelemente. Der Land-
sitz wurde 1632 von König Prasat
Thong erbaut, versank dann aber
für lange Zeit in einen Dornröschenschlaf. Erst König Rama V. (Chulalongkorn) erweiterte die Anlage
gegen Ende des 19. Jahrhunderts.
Seitdem präsentiert sie sich als
wunderbare Mischung aus Thai-Pa-
villons, chinesischen Pagoden und
Kaisergemächern, aus Schweizer
Chalets und Palastgebäuden, für die
zweifellos Sanssouci und Versailles
Modell gestanden haben. Zur Anlage gehören außerdem ein Obser-
vatorium und Turm-Schreine.

Bang Pa-In. Tägl. 8–16.30 Uhr
(Einlass bis 15.30 Uhr), nur in
angemessener Kleidung, ca.
16 km südlich von Ayutthaya,
Tel. 035/26 10 44,
www.palaces.thai.net

den kambodschanischen Tempelturm
lediglich auf einen Sockel gestellt und
höher gebaut, etwas reichhaltiger verziert und mit steilen Treppen an jeder der
vier Seiten versehen. Bestes Beispiel für die
Khmer-Baukunst ist das Wat Mahathat im Nordosten des Phra-Nam-Parks. Die wunderschöne,
teils von Baumwurzeln überwucherte Anlage
stammt aus der Zeit um 1380–84 und ist eines der
ältesten, mehrfach erweiterten Bauwerke Ayutthayas. Der ursprünglich 46 Meter hohe Turm im
Zentrum ist von zahlreichen Chedis und Prangs
in unterschiedlichen Bauweisen umgeben. In den
Trümmern entdeckten Archäologen wertvolle
Buddha-Figuren, Reliquien und Schmuckstücke,
die vor den brandschatzenden Burmesen versteckt
worden waren. Auch der berühmte steinerne Buddhakopf wirkt – umschlungen von den Wurzeln
eines riesigen Banyanbaums – so, als wolle er sich
verstecken. Er zählt zu den meistfotografierten
Fotomotiven in Thailand. Gegenüber erhebt sich
das sehenswerte Wat Ratchaburana (auch: Ratburana), der Rest eines Klosters aus dem frühen
15. Jahrhundert mit Khmer-Prangs. Auch hier fan-
den die Archäologen ein Versteck mit Gold, Silber
und Juwelen, das die Burmesen bei ihren Plünde-
rungen übersehen hatten. Der Schatz ist heute im
Nationalmuseum Chao Sam Phraya ausgestellt.

Tempel-Stil à la Angkor

Im Norden des alten Königspalastes Wang Luang und außerhalb der Altstadt-Insel ist das kaum zerstörte Wat Na Phramen (auch: Phra Merurachikaram, Na Phra Meru) über eine Brücke zu erreichen. Etwas Außergewöhnliches birgt dieses Kloster, dessen Bauzeit auf das 15. Jahrhundert geschätzt wird: Die große sitzende Buddha-Statue aus Bronze im Innern ist mit königlichen Gewändern bekleidet. Die kleinere steinerne Abbildung des Erleuchteten im Dvaravati-Stil in der östlich gelegenen Vihara ist vermutlich über 1000 Jahre alt!

Auf der anderen Seite des Chao Phraya beeindruckt das majestätische Wat Chai Wattanaram – auf den ersten Blick erinnert es an das weltberühmte Angkor Wat im Norden Kambodschas. In der Mitte des Ziegelsteinbauwerks ragt der mächtige Prang gut erhalten in den Himmel. Er ist auf allen vier Seiten über steil ansteigende Treppen zugänglich. Das Wat ist eines der am besten restaurierten Bauwerke der einst so prächtigen Königsstadt.

GUT ZU WISSEN

VIERBEINIGE RABAUKEN

Die vielen streunenden Hunde in Ayutthaya halten sich tagsüber vornehm zurück. Am Abend, wenn Gassen und Historical Park sich leeren, übernehmen sie das Kommando. Die meisten sind harmlos, wirken aber beängstigend, wenn sie sich zu einem Rudel zusammenrotten. Nach buddhistischem Glauben werden sie von den Thai geduldet. Wer abseits von belebten Straßen wohnt, sollte nachts nicht allein unterwegs sein oder sich mit ein paar Steinen »bewaffnen«, so lässt sich die Meute schnell verjagen.

Oben: Die einsetzende Dämmerung taucht den Wat Mahathat in ein mystisches Licht.
Mitte: Der berühmte Budhha im Banyanbaum auf dem Areal des Wat Mahathat
Unten: Die Ruinen des Wat Phra Ram: grandiose Kulisse für Feste

Infos und Adressen

SEHENSWÜRDIGKEITEN

Ayutthaya Floating Market (Talad Nam Klong Srabua)/Elephant Village. Die Thai lieben solche Jahrmärkte, wo man aus Riesenpfannen schlemmen, Fische mit der Nuckelflasche füttern oder Boot fahren kann. Sehen und gesehen werden heißt es hier, es werden auch Elefanten-Ausflüge zu den Ruinen angeboten. Sa–So 10–ca. 17 Uhr, 65/12 Moo 7 Phai Ling, nahe Wat Phramen

Der Elephantstay bietet großen und kleinen Dickhäutern ein Zuhause.

ESSEN UND TRINKEN

Baan Mai Rim Nam. Schöne Flusslage, preiswerte, authentische Thai-Küche von Som Tam (Papayasalat) bis Hummer, rascher Service – was will man mehr? Tägl. 10–22 Uhr, 33 U Thong Rd., Tel. 035/21 15 16

Dinner-Bootsfahrten. Beliebt sind die abendlichen Bootsfahrten auf alten Reisbarken. Während man an den illuminierten Tempelruinen vorbeituckert, kann man die Köstlichkeiten des Buffets genießen. Angebote von verschiedenen Flusslokalen, z. B. Ayutthaya Boat & Travel, 45/2 Moo 1 Rochana Rd., Tel. 035/24 45 58, www.ayutthaya-boat.com

Malakor. Bei den Thai angesagtes rustikales Café/Lokal mit authentischem Thai-Food auf der Holzveranda und leckeren Kaffee-Variationen, man sollte aber etwas Zeit mitbringen. Tägl. 8–22 Uhr, Chikun Rd., mobile 081-712 57 79

Night Market Hua Ror (auch: Hua Raw). Ein Muss für Entdecker und Sparfüchse – auf dem Nachtmarkt am Fluss kann man sich für wenig Geld von einem Stand zum nächsten verköstigen, einfach aus den Töpfen auswählen. Tägl. 8–ca. 21 Uhr, U Thong Rd.

Ruen Thai Mai Suai. Das traditionell gebaute Open-Air-Restaurant nahe dem Wat Yai Chaimongkhon bietet am Fr und Sa Volksmusik und Tanzvorführungen (18–21 Uhr). Tägl. 11–22 Uhr, 8/2 Moo 3 Klong Suan Phu, Tel. 035/24 59 77-9

Sai Thong River Restaurant. Das große Lokal mit toller Aussicht ist beliebt bei Thai-Familien und Touristen, man speist vorwiegend frisches Seafood, am Abend mit Livemusik. Tägl. 11–22 Uhr, 45 Moo 1 U Thong Rd., Tel. 035/24 14 49

ÜBERNACHTEN

Baan Tebpitak. Beim hilfsbereiten Schweizer Lino und seiner thailändischen Frau Rita kann man sich wie zu Hause fühlen: helle Zimmer, teils mit Balkon, ein schöner Pool mit Liegen, nur 800 Meter von der Ruinenstadt. 15/19 Soi 3 Pathon Rd., mobile 83-478 31 14, www.baantebpitak.com

Bann Kun Pra. Nicht nur die großen, teils antiken Pfostenbetten und Balkons und ein schönes Lokal am Fluss mit Tempel-Panorama, auch die Lage nahe dem Bahnhof locken preisbewusste Traveller in das hölzerne Gästehaus im traditionellen Thai-Stil. 48 Moo 3 U Thong Rd., Tel. 035/24 19 78, www.bannkunpra.com

Kantary. Elegantes Apartmenthotel am Stadtrand, gut geeignet für Mietwagenfahrer, mit Wi-Fi, Dach-Pool im 16. Stock, Fitnessstudio und Sauna. 168 Moo 1 Rochana Rd., Tel. 035/33 71 77, www.kantarycollection.com

Krungsri River. Das in Bahnhofsnähe gelegene, traditionsreiche Mittelklassehotel beherbergt zumeist Reisegruppen, vor allem aus China, und überzeugt durch angemessene Preise, Pool am Fluss und herrliche Aussicht aus den oberen Etagen, chinesisches und italienisches Restaurant. 27/2 Moo 11 Rochana Rd., Tel. 035/24 43 33, www.krungsririver.com

The Old Palace Resort. Etwas abseits im Grünen gelegen: Pension mit 23 spartanischen Zimmern, das wird aber durch die nette, familiäre Bewirtung wieder gutgemacht, Radverleih, Thai-Lokal und Massagen. 1/35 Moo 5, Khlong Sra Bua, Tawasukree Rd., Tel. 035/25 17 74, www.theoldpalaceresort.com

The Sixty at Ayutthaya. Näher an den Ruinen geht nicht: Gegenüber vom Wat Mahathat wohnt man recht einfach, aber bei freundlichen (nur Thailändisch sprechenden) Gastgebern in acht großen Parkett-Zimmern mit antikem Mobiliar (ac, TV, Bad). 11/11 Moo Chikun Rd., mobile 080-108 02 24

EINKAUFEN

Bang Sai Royal Folk Arts and Crafts Center. Von der Königin ins Leben gerufenes Kunsthandwerkerdorf mit Einkaufsmöglichkeiten, jedes Jahr im Januar findet eine Messe mit Ausstellungen statt. Tägl. 9–16 Uhr, 59 Moo 4, Chang Yai, Bang Sai (ca. 36 km südwestlich von Ayutthaya, Tel. 035/36 60 92

Souvenir- und Essensmarkt. Am Parkplatz des Viharn Phra Mongkhol Bophit wartet ein großer Markt auf Kunden und Hungrige: Hübsche Hüte, Fächer und Mobiles aus Palmblättern und typische »Aranyik«-Macheten gibt es hier zu kaufen, tägl. 8–ca. 19 Uhr

AKTIVITÄTEN

Royal Elephant Kraal & Village (Phaniat Baan Chang/Elephantstay). In den königlichen

Im »Bann Kun Pra« erwartet die Gäste ein nostalgisches Ambiente.

Elefantenställen kann man heute wieder auf Elefanten steigen und sich im Tragesitz durch die Ruinenstadt schaukeln lassen oder im Elephantstay wohnen und mitarbeiten. Tägl. 8–16 Uhr, 74/1 Moo 3 Suanpik, im Nordosten des Historical Parks am Lopburi Fluss, ca. zwei Kilometer nördlich vom Palast Wang Chan Kasem (Wang Na), mobile 080-668 77 27 und 095-975 55 08, www.elephantstay.com

FESTE

Ayutthaya World Heritage Fair. Mit einer Light & Sound-Show feiert man alljährlich eine Woche im Dezember die UNESCO-Ernennung mit Folklore, Kostümen und »kämpfenden« Elefanten.

INFORMATION

TAT Ayutthaya Tourism Center. Sammeltickets, Audioguides, Broschüren und Video, Museum und Kunstausstellung. Tägl. 8.30–16 Uhr, 108/22 Moo 4 Si San Phet Rd., Tel. 035/24 60 76-7

6 Kanchanaburi
Trubel auf der »Brücke am Kwai«

Die »Todesbahn« machte die dschungelige Gegend einst berühmt: Wenn der Sonderzug Richtung burmesische Grenze über die legendäre Brücke am Kwai in Kanchanaburi ruckelt, sieht man die Bilder des gleichnamigen preisgekrönten Hollywoodstreifens mit Alec Guinness unwillkürlich vor sich. Heute herrschen zwischen Brücken-Nachbau, Weltkriegs-Museen und Soldaten-Friedhöfen jede Menge Trubel und Amüsement.

In der Gegend um Kanchanaburi wurden bei Ausgrabungen und Höhlenforschungen Reste menschlicher Zivilisation gefunden, die bis in die jüngere Steinzeit vor 4500 Jahren zurückdatiert werden konnten (s. S. 76). Rund um Kanchanaburi werden aber noch ganz andere Kostbarkeiten zutage gefördert: Die blauen Saphire aus den nahen Minen bei Bo Phloi sind in der ganzen Welt begehrt.

Im Zweiten Weltkrieg erlangte die im 18. Jahrhundert von Rama I. (1737–1809) gegründete Stadt traurige Berühmtheit: 1942/43 wurde im Dschungel die Death Railway, die »Todesbahn« von Thailand nach Birma gebaut. Die Dramen, die sich beim Bau der Strecke abspielten, bildeten die Vorlage für den berühmten Roman *Pierre Boulles* und den mit sieben Oscars ausgezeichneten Hollywoodfilm *Die Brücke am Kwai*. Bis auf die Kriegsschauplätze und die Brücke, eine Stahlkonstruktion, die von den Alliierten zunächst zerstört und 1946 von Japanern wieder aufgebaut wurde, hat die Stadt keine Sehenswürdigkeiten zu bieten.

Mitte: Die berühmte Brücke über den Kwai ist die Hauptattraktion von Kanchanaburi.
Unten: Die Brücke wird regelmäßig von Touristenzügen überquert.

Kanchanaburi

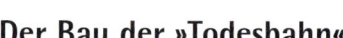

Natur und stille Ecken

Die Landschaft um Kanchanaburi ist eine der dschungeligsten und urspünglichsten in Thailand. Die Region ist ein beliebtes Ausflugsgebiet für die Einheimischen – mit vielen Naturparks, Höhlen, Wasserfällen und anderen Naturwundern. Obwohl der Grenztourismus nach Myanmar (Burma) und das Angebot an landestypischen Vergnügungen für viel Trubel sorgen, lassen sich außerhalb der zumindest an den Wochenenden lauten und überfüllten Provinzhauptstadt noch viele stille Ecken entdecken. Allein die Anreise per Bahn ist ein Erlebnis. Bei der Fahrt durch die endlosen Reisfelder im Westen Bangkoks sieht man Reiher über die grün leuchtende Kulisse schweben. Hier und da steht ein Geisterhäuschen mitten im Reisfeld. Zur Erntezeit schauen nur die Hüte der Landarbeiterinnen zwischen den hohen und jetzt goldgelben Ähren hervor. Areka-Palmen mit ihrem verwuschelten Schopf stehen kerzengerade und einsam in der Landschaft. Im Zug herrscht lautes Stimmengewirr. Frauen und Männer eilen durch die Waggons und versorgen die Fahrgäste laut schnatternd mit kleinen Snacks auf Bananenblättern und mit Eiskaffee in Plastiktüten (»gafä yen«). Aber es war nicht immer so friedlich.

Der Bau der »Todesbahn«

Ein Rückblick: September 1942. Die Japaner sind auf dem Vormarsch nach Indien. Im bereits besetzten Thailand lassen sie Hunderttausende von Kriegsgefangenen schuften und sterben, um den Bau ihrer Eisenbahn von Thailand nach Burma zu vollenden. Doch »taimen rensetsu tetsudo«, so heißt das Projekt auf Japanisch, krankt an vielen Konstruktionsfehlern. Aufgrund sprachlicher Missverständnisse werden unzählige Meilen durch unwegsames bergiges Gelände gebaut. Doch die

MITMACHEN IN DER ELEFANTEN-WELT

Noch im 19. Jahrhundert streiften rund 100 000 Elefanten durch Thailands Wälder. Heute gibt es maximal 2000 wild lebende und etwa 2700 domestizierte Dickhäuter. Rund ein Dutzend Elefanten lebt heute in Elephants World. Die 2008 von Tierarzt Dr. med. vet. Samart Prasitphol gegründete Einrichtung will alten und kranken Tieren ein »Altenheim« bieten. Für viele Touristen ist es ein Traum, den gewaltigen Tieren einmal näher zu kommen, sie zu füttern und zu baden oder auch für längere Zeit als Volontär mitzuarbeiten.

Elephants World.
Tägl. 8–17.30 Uhr, 90/9 Moo 4, Ban Nong Hoi, Wang Dong, ca. 32 km nordwestlich von Kanchanaburi 71190, Straße 3199, mobile 086-335 53 32, www.elephantsworld.org

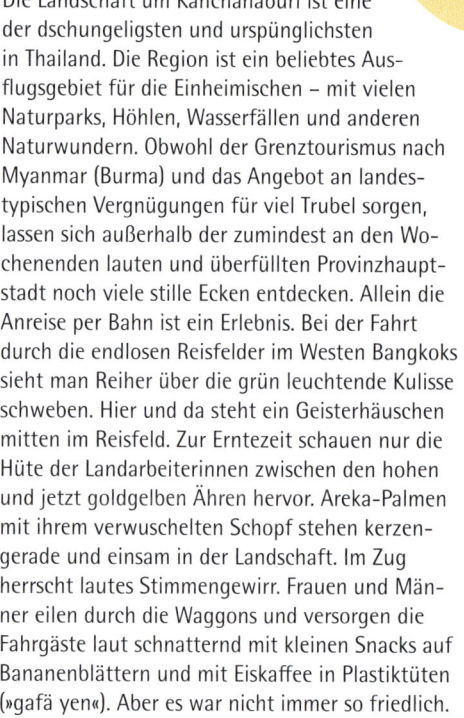

Zeit drängt, denn die Alliierten beherrschen bereits den Seeweg in der Andamanensee. 415 Kilometer müssen als Nachschubtrasse von Thailand und von Burma aus durch den Regenwald gelegt werden. Der Dschungel ist die reinste Hölle: Tod durch Tropenkrankheiten, Hunger oder Folter und Erdrutsche durch den Monsunregen sind an der Tagesordnung. Einer der Gefangenen erinnert sich: »Wir mussten mit bloßen Händen ohne Hilfe von Maschinen die Eisenbahnlinie durch Felsen und dichten Dschungel bauen. (...) Das Essen war sehr schlecht. Überall gab es Cholera und Malaria.« Am 17. Oktober 1943 treffen die beiden Trassen tatsächlich südlich von Sangkhlaburi nahe der thailändisch-burmesischen Grenze am Kilometer 262,87 zusammen. Wie haarsträubend und wacklig gebaut das Ganze war, sieht man noch heute am Wang-Po-Viadukt ca. 45 km nordwestlich von Kanchanaburi (s. S. 74).

Die Brücke am Kwai

An der heutigen Brücke über den Kwai-Fluss (sprich: kwäi) in der Stadt Kanchanaburi stammen nur die Eisenbögen noch vom Original. Das »echte« historische Bauwerk stand etwa vier Kilometer weiter südlich und wurde von den Amerikanern 1945 völlig zerstört. Heute überqueren Tausende täglich die vermeintlich geschichtsträchtige Brücke im Stadtzentrum per Fahrrad oder händchenhaltend. Wenn sich der Sonderzug nach Nam Tok pfeifend und zischend nähert, quetscht sich alles auf die hölzernen Ausweich-Plattformen.

Kanchanaburi ist eigentlich eine idyllische Provinzstadt mit wunderschönem Fluss-Panorama und einfachen spottbilligen Gästehäusern aus Bambus am Ufer. Doch an den Wochenenden kann dies für Ruhesuchende der falsche Ort sein: An der Uferpromenade, am Zusammenfluss des Kwae Noi und

Oben: Die (rekonstruierte) Brücke der »Todesbahn«
Mitte: Ein Blindgänger aus dem Zweiten Weltkrieg im JEATH-Museum
Unten: Im Hellfire Pass Museum am Drei-Pagoden-Pass ist der Eisenbahnbau dargestellt.

Kanchanaburi

Kwae Yai, dröhnen abends die Longtailboote und Disco-Dampfer, Karaoke-Bars und Videokneipen um die Wette. Nicht wenige Besucher stört der Trubel an einem Ort, der eigentlich dem stillen Gedenken von Tausenden Kriegsopfern dienen sollte.

Besuch im Kriegsmuseum

Wer sich für die Hintergründe der Kriegsereignisse interessiert, findet in der Stadt einige Gedenkstätten, Museen und Soldaten-Friedhöfe. Im kleinen JEATH-Museum auf dem Gelände des Wat Chai Chumpol sind in einer nachgebauten Baracke die unmenschlichen Bedingungen, unter denen die Zwangsarbeiter arbeiten mussten, dokumentiert. Der Museumsname steht für die Anfangsbuchstaben der beteiligten Länder Japan, England, Australien, Thailand und Holland. Rund 16 000 alliierte Gefangene und fast 100 000 asiatische Zwangsarbeiter starben während des Baus. Ironie der Geschichte: Einige Hundert Kriegsgefangene hatten zwar das Dschungelinferno überlebt, fielen aber nach Fertigstellung der Trasse den Bombardierungen durch alliierte Flugzeuge zum Opfer. Auf dem Kriegsfriedhof Donrak im Stadtzentrum verdeutlichen schier endlose Reihen von Gräbern gefallener Soldaten das grausame Geschehen. Gegenüber vom Friedhof informiert das moderne interaktive Thailand-Burma Railway Centre über die Kriegsereignisse, ein weiterer Friedhof mit Gedenkstätte (Chungkai) liegt etwas außerhalb der Stadt am anderen Ufer des Kwai-Noi-Flusses. Es gab Pläne zur Wiederinstandsetzung der berühmten Eisenbahnlinie bis zum Grenzstädtchen Sangkhlaburi. Doch nachdem im Februar 1947 ein Inspektionszug mit einer thailändischen Delegation mitsamt Minister und Bahndirektoren entgleiste und viele in den Tod riss, wurden die ambitionierten Pläne zur Wiederbelebung der »Death-Railway« für immer in die Schublade verbannt.

Infos und Adressen

SEHENSWÜRDIGKEITEN
Donrak War Cemetery (Pacha Angrit)/Thailand-Burma Railway Centre. Friedhof: tägl. 8.30–18 Uhr, Dokumentation: tägl. 9–17 Uhr, Saeng Chuto Rd., Friedhof-Tel. 035/52 03 35, Tel. (Centre) 035/51 27 21, www.tbrconline.com

ESSEN UND TRINKEN
Keeree Tara. Hier speist man auf einer Plattform direkt auf dem Fluss die originell »verpackten« Thai-Klassiker. Tägl. 11–23 Uhr, 43/1 Menam Kwai Rd. (an der Brücke), mobile 087-415 81 11

ÜBERNACHTEN
Bamboo House. Einfache Zimmer auf Flößen, klimatisierte Luxusbungalows und klimatisierte Zimmer mit Balkon im Haupthaus. 5 Vietnam Rd., mobile 098-897 44 02

Good Times. 17 Balkon-Zimmer rund um einen Pool. 265/5 Menam Kwai Rd., mobile 090-143 49 25, www.good-times-resort.com

FESTE
River Kwai Bridge Festival. Im Nov./Dez. Light & Sound-Show, Feuerwerk und Wahl der Beauty Queen »Miss Peace«

INFORMATION
TAT-Büro. Tägl. 8.30–16.30 Uhr, 14 Saeng Chuto Rd., Tel. 034/51 12 00

Züge ab Bangkok-Thonburi (7:45, 13:50 Uhr) bis nach Nam Tok; außerdem fahren zwischen 8 und 16 Uhr Touristenwaggons über die Kwai-Brücke bis nach Nam Tok (ca. zwei Stunden, ca. 70 km), Info-Tel. 034/51 12 85

7 Nationalpark Erawan
Ein kleines Paradies auf Erden

Wenn ein Elefantengott einem Wasserfall seinen Namen gibt, dann muss der schon etwas Besonderes sein. Der Erawan-Wasserfall gehört in der Tat zu den schönsten Kaskaden in Thailand: Sieben Stufen mit Badepools, am Wegesrand Schmetterlinge, freche Affen und große Echsen. Ein herrlicher Tagesausflug in den Dschungel – manche wollen gar nicht mehr weg und übernachten hier. Dann hat man das grüne Paradies ganz für sich allein!

Die Route 3199 schlängelt sich von Kanchanaburi auf und ab gen Nordwesten an Zuckerrohr-, Mais- und Tabakfeldern vorbei. Manchmal begleitet der Menam Kwae Yai, der »große Kwai«-Fluss, die Fahrt. Am Horizont ragen immergrüne Bergrücken auf. Hier und da trotten weiße Zebu-Rinder gemächlich über die Landstraße und bringen den Verkehr vorübergehend zum Stillstand. Die Straße führt an dem vor mehr als 30 Jahren angelegten gigantischen Stausee Tha Thung Na und dem Sri-Nagarind-Damm vorbei, ein Schild weist den Weg zum Erawan-Nationalpark.

Sieben Kaskaden und smaragdgrüne Pools

Der 555 Quadratkilometer große Nationalpark ist nach dem siebenstufigen Erawan-Wasserfall benannt. Der riesige Elefant Erawan tritt in der hinduistischen Mythologie als Reittier Indras, des vedischen Kriegs- und Schöpfergottes, auf. Angeblich ähnelt die Kante des Wasserfalls, aus der Ferne betrachtet, seinen drei Köpfen. Nicht nur an den Wochenenden und an Feiertagen kann es hier

Mitte: Der Erawan-Wasserfall ist ein Treffpunkt von Urlaubern aus aller Welt.
Unten: Die Tham Phra That zählt zu den spektakulärsten Höhlen in ganz Thailand.

Nationalpark Erawan

sehr voll werden! Und wer sich in den smaragd-grünen Becken Kühlung verschaffen will, macht es am besten den Thai-Ausflüglern nach – die baden züchtig in Shorts und T-Shirts. Zwei bis drei Stunden dauert die Kraxelei bis auf die höchste Stufe. Der Weg hinauf führt im Schatten von Mangobäumen über Hängebrücken, Leitern, glitschiges Felsgestein und oft mitten durchs Wasser. Je höher es hinaufgeht, desto beschwerlicher wird der Aufstieg, der als gemütlicher Spaziergang beginnt. Am besten geht man frühmorgens los. Man kann natürlich in den tiefer gelegenen Kaskaden und Pools baden, am meisten los ist auf den Stufen zwei und vier. Die Chance, am Morgen auf wilde Affen zu treffen, steigt allerdings mit jedem Meter Höhenunterschied (am besten nicht füttern!). Abends versammeln sich ein bis zwei Meter große Echsen am unteren Pool, um die Picknickabfälle der Besucher zu vertilgen.

In der Phra-That-Höhle

Ein anderes Naturwunder wartet in der zwölf Kilometer entfernten Tham Phra That. Auf der Fahrt zur Höhle eröffnen sich einige traumhafte Ausblicke über den Stausee. Am Parkplatz steht ein Führer mit Taschenlampe für die nächsten ein bis zwei Stunden bereit. Er erwartet freilich einen kleinen Obolus. Nach einer halben Stunde und etwa 600 Metern hat der geübte Wanderer den engen Eingang erreicht und muss sich hier durch die kleine Felsspalte quetschen. Im Innern weitet sich die Höhle zu einer riesigen bis zu 30 Meter hohen Halle mit schier endlos langen Tropfsteinen, an denen ein bequemer Pfad vorbeiführt. In der Höhle tummeln sich Fledermäuse und Schlangen, draußen in den Bergwäldern kann der Wanderer mit etwas Glück Sambar- und Muntiak-Hirsche, Gibbons oder Fasane erspähen. Ja, es sollen sogar noch Tiger durch die Wälder Erawans streifen…

Infos und Adressen

SEHENSWÜRDIGKEITEN
Erawan Nationalpark/Phra-That-Höhle. Tägl. 8–16.30 (Sa und So bis 17 Uhr, Phra-That-Höhle: 8–16 Uhr), Essensstände und einfache Bungalows, Moo 4 Tha Kradan, Si Sawat (66 km nordwestlich von Kanchanaburi), Höhle: Moo 3 Ban Khao Kaeng Riang, Tha Kradan, Tel. 034/57 42 22, www.dnp.go.th

ÜBERNACHTEN
Mida Resort. Komfortable Zimmer und gemütliche, klimatisierte Zelte direkt am Flussufer, Gemeinschaftsbad, großer Pool, Kajaks und Karaoke. 199 Moo 2, Ladya Sri Sawat Rd., Tel. 034/52 72 00, www.midaresortkanchanaburi.com

Raya Buri Resort. Man übernachtet entweder auf hübschen Floß-Reihenhäuschen mit herrlicher Aussicht über den Stausee oder in Luxus-Villen, teils oben am Hügel, schönes Lokal am See. 148 Tha Kradan Soi 12, Si Sawat, mobile 096-356 29 45, www.rayaburiresort.com

AKTIVITÄTEN
Wanderungen. Einige Pfade ab Hauptquartier, etwa der Khao Hin Lan Pe Nature Trail zum Wasserfall (ca. 5 km, ca. 3 Std.) und der Mong Lay Dry Evergreen Forest Trail entlang der Kaskaden (ca. 3 km, 1 Std.).

Thawichai Elephant Camp. Hier dreht sich alles um die Dickhäuter; außerdem Floßfahrten auf dem Kwai, tägl. 9–16 Uhr, 14/1 Moo 6 Chongsadao, mobile 081-823 83 81, www.twcelephantcamp.com

8 Sangkhlaburi mit Nationalpark Sai Yok und Drei-Pagoden-Pass
Unterwegs in Thailands Wildem Westen

Die Reise folgt den Kwai-Flüssen Richtung burmesische Grenze. Unterwegs hört man Kriegsgeschichten in den dschungeligen Bergen, bewundert Tropfsteine in tiefen Höhlen oder »versunkene« Tempel. Action und Entspannung wechseln sich ab: Baden unter Wasserfällen, »Rad fahren« in den Bäumen und übernachten auf schwimmenden Floß-Zimmerchen, wo man – in einer Hängematte über dem Kwai – die Seele baumeln lassen kann.

Auf der Straße 323 geht es in kurvenreichem Slalom zwischen dem Großen und dem Kleinen Kwai-Fluss Richtung Westen. Am Horizont taucht die markante Dawna-Tenasserim-Bergkette auf, die die Grenze zu Burma bildet. Die Fahrt führt durch eine reizvolle Landschaft aus Zuckerrohrpflanzungen, Baumwollplantagen und Maniokfeldern. Auf einem einstündigen Abstecher von der Hauptstraße bei Kilometer 15 geht es über einen holprigen Weg zum Wang-Po-Viadukt, einst Teil der berühmt-berüchtigten »Todesbahn«. Die etwa 500 Meter lange Trasse schmiegt sich auf hohen Stelzen eng an die steilen Felswände, der Kwae Noi fließt tief unten träge neben ihr her. Wer etwas für Abenteuerfahrten übrig hat, kann einen der Sonderzüge, die zwischen Kanchanaburi und Nam Tok verkehren, nehmen. Sie müssen diesen Schienenweg passieren und bieten dabei fantastische Aussichten über den Kwai-Fluss und die Berglandschaft, die er durchfließt.

Mitte: Blick über die dschungelige Bergwelt am Drei-Pagoden-Pass an der Grenze zu Burma
Unten: Alte Lok in Nam Tok, der Endstation der Züge, die die Kwai-Brücke passieren

Idylle am Fluss, Hölle im Dschungel

Einfach gut!

Vom Paksang Pier in Nam Tok fahren Boote zur Lawa-Höhle und zum beliebten River Kwai Jungle Rafts Hotel. Die Spritztour führt an der üppig grünenden Vegetation am Flussufer vorbei, die Höhle bezaubert mit gewaltigen Tropfsteinen. Nach einer etwa vierstündigen Bootstour erreichen die Ausflügler das Hotel mit den urigen Floß-Bungalows. Wer schwankenden Boden unter seinen Füßen nicht mag, fährt besser von Nam Tok aus weiter auf der Straße 323 in Richtung Sai-Yok-Nationalpark (auch dort gibt es Floßhütten). Auf dem Weg dorthin liegt, einige Hundert Meter hinter dem Paksang-Pier, der etwa 25 Meter hohe Wasserfall Sai Yok Noi mit seinem schönen Badepool, ein bei den Thai sehr beliebtes Picknick- und Ausflugsziel. Der »kleine« Sai-Yok-Wasserfall wird auch Namtok Kaophang genannt und führt das meiste Wasser zum Ende der Regenzeit im September und Oktober.

Zum Hellfire Pass Memorial Museum zweigt an Kilometer 66 eine Straße nach links ab: Es erinnert an die Tragödien, die sich beim Bau der berühmt-berüchtigten Todesbahn abspielten. Hier starten auch die Touren, die entlang der Reste der

ANGKOR WAT EN MINIATURE

Prasat Muang Sing wurde 875–1175 errichtet, als die Khmer-Könige noch über weite Teile Südostasiens herrschten. Die »Stadt der Löwen« am Kwai-Fluss war der westlichste Außenposten des Khmer-Imperiums und beeindruckt noch heute mit einer intakten Stadtmauer, gut erhaltenen Fundamenten und dem Laterit-Turm, der in der hinduistischen Mythologie den heiligen Berg Meru symbolisiert. Im Innern befinden sich Statuen des achtarmigen Bodhisattva Avalokiteshvara und einer Mahayana-Gottheit. Wer an der Khmer-Architektur interessiert ist, kann sich beim Umherstreifen in der wenig besuchten Tempelstätte fühlen wie Indiana Jones.

Prasat Muang Sing Historical Park. Tägl. 9–16.30 Uhr, Tambon Sing (1,5 km vom Bahnhof Tha Kilen, an der Straße 3455, ca. 50 km westlich von Kanchanaburi auf dem Weg nach Sai Yok), Tel. 034/52 84 56, -7

ACTION IN DEN BAUMWIPFELN

Einfach gut!

Wer nach dem Besuch in einer der dschungeligsten Regionen Thailands oder am »Höllenfeuer«–Pass noch Adrenalinkicks benötigt, kann die Tree Top Adventures ausprobieren: Hier kann man wie Tarzan durch den Urwald schwingen, auf Hängebrücken von Baumriese zu Baumriese balancieren oder zwischen den Baumwipfeln »Rad fahren«! Beim »Monkey Swing« muss man 30 unterschiedlich schwierige Stationen bewältigen. Außerdem kann man auf Flößen den River Kwai befahren und Elefanten reiten. Sicherheit wird in dem Kletterpark großgeschrieben: Helme, Netze, Trainingsparcours sind selbstverständlich.

Tree Top Adventure Park.
Tägl. 8–18 Uhr, Baan Thasao, Sai Yok, Tel. 081-817 51 82, www.treetopadventurepark.com

originalen Gleisanlagen durch dichten Dschungel führen. Schon nach 300 Metern, auf denen es über 300 Stufen hinabgeht, ist der spektakuläre Hellfire Pass erreicht. Vom Kwae-Noi-Aussichtspunkt kann man den von Menschenhand geschaffenen Canyon von 110 Metern Länge und 17 Metern Höhe überblicken. Hier kehren die meisten Besucher dann aber um.

Die kleinste Fledermaus der Welt

Wieder zurück auf der Hauptstraße 323, gelangt man weiter nordwärts in den Nationalpark Sai Yok (Abzweig links bei Kilometer 84) mit seinem dichten Teakholz-Wald. Das 500 Quadratkilometer große Naturschutzgebiet ist Heimat vieler Wildtiere und der nach ihrem Entdecker benannten »Khun Kitti« *(craseonycteris thonglongyai)*. Die Hummel- oder Schweinsnasenfledermaus wiegt nicht einmal zwei Gramm und ist damit nicht nur die kleinste Fledermaus, sondern das kleinste bekannte Säugetier der Welt. In den vielen Höhlen des Nationalparks stießen Archäologen außerdem auf prähistorische Knochenfunde, die belegen, dass das Gebiet bereits in der Steinzeit besiedelt war. Wer einige Tage Ruhepause einlegen möchte, kann

hier auf den idyllischen Floßbungalows am Fluss wohnen und den Nationalpark und seine Höhlen, wie etwa die Tham Daowadung, auf Wanderwegen oder bei Bootstouren durchstreifen. Der »große« Sai-Yok-Wasserfall (Namtok Sai Yok Yai), der neben einer Hängebrücke in den Kwai-Fluss plätschert, ist allerdings eher enttäuschend. Immerhin reichen seine Wassermassen aus, um thailändischen Kindern als Wasserrutschbahn zu dienen.

Geheimnisvolles »Unterwasser-Kloster«

Geradezu romantisch wirkt der riesige Vajiralong-korn-Stausee, früher Khao Laem genannt, der sich etwa 153 Kilometer nordwestlich von Kanchanaburi über eine Fläche von 388 Quadratkilometern er-streckt. Die Fischerfamilien, die hier leben, wohnen in Bambushütten, Pfahlhäusern oder sogar auf Flößen im See.

Nach der Fertigstellung des Staudamms im Jahr 1984 wurde ein riesiges Gebiet von den Wasser-massen des Kwai Noi überflutet. Mehr als 10 000 Menschen waren zuvor umgesiedelt und die dem Untergang geweihte Stadt Sangkhlaburi war an anderer Stelle neu aufgebaut worden. Nur noch eine kleine, weiße Tempelspitze erinnert an das Ereignis. Sie gehört zum Wat Saam Prasob, dem »versunkenen Tempel«, der mit dem alten Sang-khlaburi unterging und nur noch während der Trockenzeit etwas aus dem Wasser ragt. Dann bringen Mon-Fischer Touristen mit Booten zu dem Heiligtum.

Ein buntes Völkergemisch

Die Stadt Sangkhlaburi (auch: Sangkhla Buri) liegt heute malerisch am nördlichen Zipfel des Vajira-longkorn-Stausees. Unter den etwa 15 000 Ein-

Oben: Das Hellfire Pass Museum informiert über den Bau der »Todesbahn«.
Mitte: Nur daumengroß: die Hummel- oder Schweinsfledermaus
Unten: Beim Bau des Vajiralong-korn-Stausees wurden ganze Ortschaften überflutet.

wohnern sind viele burmesische Einwanderer und Flüchtlinge sowie Angehörige der Bergstämme, vorwiegend Mon und Karen. Nicht wenige Frauen und Kinder haben eine weiße, kühlende Paste aus pulverisierter Tanaka-Baumrinde im Gesicht, die sie als Sonnenschutz und Schönheitsmittel auftragen. Die größte Attraktion ist die 1983 auf etwa zehn Meter hohen Stelzen scheinbar chaotisch zusammengezimmerte Mon-Brücke (Saphan Uttamanuson) über den Songkaria-Fluss: Mit 850 Metern ist das klapprig wirkende Bauwerk die längste Holzbrücke Thailands. Im Juli 2013 trafen schwere Überschwemmungen die Brücke, die daraufhin in der Mitte einbrach und über längere Zeit restauriert wurde.

Oberhalb des Sees fällt das 1956 erbaute Wat Wangka Wiwekaram ins Auge. Thailändische, indische und burmesische Einflüsse mischen sich in der Architektur dieses sehenswerten buddhistischen Gotteshauses mit dem rätselhaft gemusterten, fast 60 Meter hohen Chedi. Riesige steinerne Löwen bewachen den Eingang. Im Tempel warten eine große Marmorstatue Buddhas, der Luang Por Khao, und ein Souvenirmarkt mit überdachten Ständen auf Besucher.

Oben: Die Mon-Brücke von Sangkhlaburi ist nach dem Bergvolk der Mon benannt.
Mitte: Bedrohlich wirkende steinerne Löwen bewachen das Wat Wangka Wiwekaram.
Unten: Der Buddha Luang Por Khao im Wat Wangka Wiwekaram

GUT ZU WISSEN

AUSFLUG NACH MYANMAR (BURMA)

Wie schön wäre ein Ausflug von Thailand nach Myanmar (Burma)! Doch die Grenzen zwischen beiden Ländern waren jahrhundertelang umkämpft. Bis heute ist die Situation unübersichtlich, es gibt keine verlässlichen Informationen! Mal dürfen Ausländer mit Tagesvisum nach Myanmar, meistens jedoch nicht – je nach politischer Lage oder auch Laune des Grenzbeamten. Der einzige seit Jahrzehnten für Ausländer täglich geöffnete Grenzübergang scheint Mae Sai (s. S. 260) zu sein.

Infos und Adressen

SEHENSWÜRDIGKEITEN

Hellfire Pass Memorial Museum. Persönliche Gegenstände der Gefangenen, ein Modell der Bahnstrecke, Audioguides und Führer. Tägl. 9–16 Uhr (das Museum kann an Feiertagen geschlossen sein, vorher anrufen), Tel. 034/531347, www.hellfire-pass.commemoration.gov.au

Nationalpark Sai Yok. Tägl. 6–18 Uhr, Moo 7, Sai Yok, Thong Pha Pum, Tel. 034/686024, www.dnp.go.th

Wang-Po-Viadukt. Bei Tham Krasae, ca. 45 km nordwestlich von Kanchanaburi (nach Abzweig auf die Route 323 bei km 15 den Schildern nach Sai Yok und Tham Krasae folgen, nicht zum Bahnhof Wang Po!)

Wat Wangka Wiwekaram. Tägl. 8–16 Uhr, Eintritt frei, nahe der Mon-Brücke, Sangkhlaburi

ESSEN UND TRINKEN

Graph Cafe. Beim netten Gastwirt bekommt man richtig guten Kaffee, Smoothies, Snacks, Pizza, Süßes und Gratis-Wi-Fi. Tägl. 10–18 Uhr, 106 Moo 1 Srisuwan Kiri Rd., Nongloo, Sangkhlaburi, mobile 081-7512365

Sridaeng (See Daeng). Schönes Lokal mit nur thailändischen Spezialitäten, es gibt auch einige Zimmer. Tägl. 6.30–22 Uhr, 134 Moo 3 Ecke Sangkhlaburi und Thetsaban Rd., Sangkhlaburi, Tel. 034/595088

ÜBERNACHTEN

Hintok River Camp @ Hellfire Pass. Romantische Naturidylle: 20 Luxus-Zelte mit eigenem Open-Air-Bad, Terrasse und Klimaanlage, Freiluft-Lokal über dem Fluss, gute Last-Minute-Angebote. 109 Moo 9 Ban Wang Khamen, Tambon Thasao, mobile 081-7543898, www.hintokrivercamp.com

River Kwai Jungle Rafts. Floßhäuschen auf dem Fluss (mit Bad, Veranda, Hängematte und Öllampe, kein Strom), alle Gäste essen gemeinsam. Baan Thasao, Sai Yok, mobile 081-7340667, Tel. in Bangkok: 02/6425497, www.riverkwaijunglerafts.com

Auf die thailändische Küche spezialisiert: Das »Sridaeng« in Sangkhlaburi

PATTAYA/ OSTKÜSTE

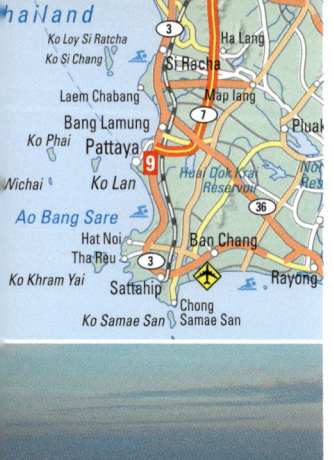

9 Pattaya
»Disneyland für Erwachsene«

»Ist der Ruf erst ruiniert …«, so weit wollten es die Tourismus-Manager in Pattaya nicht kommen lassen. Das einstige Sündenbabel bekam ein Facelifting und lockt seit einigen Jahren auch mit Luxus und Kultur auf hohem Niveau. Eine Strandpromenade und eine Fußgängerzone, Yachthafen, Golfplätze, internationale Top-Hotels und jede Menge spaßige Attraktionen locken mittlerweile sogar Familien ins »Disneyland für Erwachsene«.

Als am 29. Juni 1959 eine Handvoll amerikanischer GIs in dem Fischerdorf Pattaya ankam und billige Bambushütten am Strand mieteten, war von Nightclubs noch nicht die Rede. Dass die Soldaten unter dem Motto »Rest & Recreation« hier Erholungsurlaub vom Vietnamkrieg machten, sprach sich aber bald herum. Immer mehr Prostituierte und Nicht-Soldaten aus aller Welt wurden an die Ostküste des Golfs von Thailand gelockt. Go-go-Bars und Bordelle schossen aus dem Boden, und Pattaya entwickelte sich zu einem Zentrum des asiatischen Sex-Tourismus.

Von der Bambushütte zur Skyline

Die rasante Entwicklung vom verschlafenen Fischernest zum heutigen Vergnügungsmekka hat Spuren hinterlassen. Der Wildwuchs aus illegal gebauten Hütten und Stundenhotels, Wolkenkratzern und Apartmenttürmen, Nachtclubs und Go-go-Bars, Restaurants und Imbissstuben war spätestens Ende der 1980er–Jahre nicht mehr zu bändigen. Eine Skyline ersetzte bald den Palmenwald, und

Seite 80/81: Blick über die Bucht Bang Bao mit dem gleichnamigen Ort auf Ko Chang
Mitte: Die Skyline von Pattaya ist ein echter Hingucker geworden.
Unten: Touristen-Gaudi: Die Pattaya Crocodile Farm veranstaltet Shows mit den Tieren.

Pattaya

nicht nur die Abwasserproblematik stank zum Himmel. Zu allem Überfluss machten einheimische Mafiabanden die Straßen unsicher. Es gab Tote, auch unter den Ausländern. Anfang der 1990er-Jahre traten die Touristen verschreckt den Rückzug an.

Die thailändischen Touristikmanager hatten versäumt, langfristige Konzepte für die Zukunft Pattayas zu entwickeln. Ein Imagewechsel war dringend nötig. Pattaya sollte sich vom berühmt-berüchtigten Sexparadies zum internationalen Kongresszentrum und Familienbadeort wandeln. Und so bekam der Ort zur Jahrtausendwende ein Facelifting nach dem anderen verordnet: eine Strandpromenade mit Palmen, Blumenkübeln und Mosaikpflaster, eine Fußgängerzone, Yachthafen, Kläranlage und Strandaufschüttung – all das führte zum Erfolg. Rund sieben Millionen Urlauber aus aller Welt, heute viele Russen und Chinesen, strömen alljährlich in die Urlaubsmetropole. Ein authentisches Thailand wird man hier aber vergeblich suchen.

Spaß muss sein!

Von der Formel-1-Rennbahn und Schießanlagen über Parasailing und Bungee-Jumping bis hin zu einem in 174 Metern Höhe kreisenden Turm-Restaurant: Inzwischen haben sich neue Arten von Nervenkitzel und ungefährlichem Amüsement in Pattaya etabliert. Beim Kickboxen oder den Hahnen- und Büffelkämpfen können die Urlauber es den Thai gleichmachen und die Urlaubskasse verwetten. Das Kräftemessen zwischen Mensch und Python beziehungsweise Mensch und Krokodil gehört ebenso zum touristischen Angebot wie die Transvestiten-Shows und der internationale Marathon. Auch kleinen Urlaubsgästen hat Pattaya jede Menge (tierische) Attraktionen zu bieten:

Nicht verpassen

EIN HIMMLISCHER PLATZ

Sich mitten im Pattaya-Rummel auf einmal wie in einer mystischen Welt zu fühlen, die Gänsehaut erzeugt, voller Geister- und Götterwesen – das allein grenzt schon an ein Wunder. Das von einem thailändischen Millionär finanzierte »Heiligtum der Wahrheit«, der weltweit größte Teak-»Tempel«, ist reich mit Ornamenten und religiösen Symbolen geschmückt. Beim Bau des vollständig aus Holz bestehenden Gotteshauses ist vom Dachgiebel bis zum Fundament kein einziges Stück Metall, auch kein Nagel verwendet worden. Hier wird man stets von 1001 Augen beobachtet: All überall blicken hölzerne Buddhas, das Hindu-Dreigestirn Brahma, Shiva und Vishnu sowie zahllose Fabelwesen die Besucher an.

Sanctuary of the Truth (Prasat Satchatham). Tägl. 8–18 Uhr, Thai-Tanz: 11.30, 15.30 Uhr, 206/2 Moo 5, Soi 12 Naklua Rd., Wong Prachan Beach, Tel. 038/36 78 15, www.sanctuaryoftruth.com

MEDITATION IN DER RUHE-OASE

Kontrastprogramm: Das 1976 erbaute Wat Yannasangwararam ist dem König gewidmet und wegen der architektonischen Stilmischung einen Besuch wert. Der prachtvolle Zentralturm etwa ist im Stil der südindischen Gopurams, der weiße Chedi mit Reliquien Buddhas im Stil singhalesischer Dagobas errichtet worden. Eine steile Treppe führt über 288 Stufen auf den Hügel mit dem Schrein zu Ehren des hoch verehrten Abts Somdet Phra Yanasangworn und belohnt mit schönem Rundblick bis zur Küste. Wer will, meditiert eine Runde auf den Bänken am Lotus-See – oder lernt es hier bei den Mönchen in den täglichen Einführungskursen. Am Wochenende vergnügen sich die Thai mit Kind und Kegel auf dem weitläufigen Gelände mit Spielplatz und beim Fischefüttern.

Wat Yannasangwararam (Yansangworaram, Wat Yan). Tägl. 6–17 Uhr, Meditationskurs: tägl. 6 und 16 Uhr (kein Eintritt), nur in angemessener Kleidung, Sukhumvit Highway 3 km 161, ca. 20 km südlich von Pattaya, Tel. 038/343606 und 038/235250

Mini-Zoos mit Tiger- und Elefantenbabys, eine Schule für Affen, gigantische Wasserrutschen im Pattaya-Park, Flugsimulatoren und ein Museum mit Kuriositäten aus aller Welt. Nur von den angeblich »zahmen«, wahrscheinlich betäubten Tigern sollte man unbedingt Abstand halten – es gibt bei dieser Art Schmusereien leider immer wieder Unfälle.

»The Village«

Das berüchtigte Nachtleben konzentriert sich auf den südlichen Citybereich »The Village«, wo sich Massagesalons, Open-Air-Kneipen und rot flackernde Etablissements aneinanderreihen – fest in der Hand vom organisierten Verbrechen. Manche alleinreisenden Männer halten es einige Wochen bis Monate in Pattayas Rotlichtmilieu aus und erzählen zu Hause, sie waren »in Thailand«. Viele der thailändischen Prostituierten gehen seit Jahren ihrer Profession nach – allerdings nur selten ohne Sinnesbetäubung durch Alkohol, Drogen oder Valium. Ihren »Freunden« und Verlobten in Berlin, Wien und Stockholm, denen sie »ewige Treue« geschworen hatten, schreiben die Mädchen herzzerreißende Briefe: Mutter liegt im Krankenhaus, der Bruder hat Aids usw. – alles in professionellen Agenturen und Tipp-Schulen ausgedacht. Wahr ist, dass die meisten Prostituierten von ihren Ehemännern mit den Kindern sitzen gelassen wurden und auch noch die Familie daheim versorgen müssen – so will es die thailändische Tradition.

Thailänderin im Bikini oder Dirndl

Aber Pattaya ist auch bekannt für sein breit gefächertes Angebot an kulinarischen Genüssen aus aller Welt und ein wahres Schlaraffenland: Ob chinesische Nudelsuppe in der Suppenküche

Rundgang durch die Urlaubsmetropole

Die thailändische Vergnügungs-Hochburg bietet tausendundeine Attraktion – hier wird es nie langweilig!

Ⓐ Mini Siam. Angefangen beim Wat Phra Kaeo und dem Marmor-Palast in Bangkok über die Sydney Opera und die New Yorker Freiheitsstatue bis hin zum Eiffelturm, Schloss Neuschwanstein und dem Schiefen Turm von Pisa: Die berühmtesten Bauwerke Thailands und der Welt sind hier en miniature zu sehen. Tägl. 7–22 Uhr, tägl. Thai-Tanzshow (19–20 Uhr), 387 Moo 6 Sukhumvit Rd., Naklua, Tel. 038/72 76 66, www.minisiam.com

Ⓑ The Million Years Stone Park & Pattaya Crocodile Farm. Farbenprächtiger Park mit jahrmillionenalten Fossilien, kleinem Zoo, »streichelzahmen« Tigern und Krokodil-Show. Tägl. 8–18.30 Uhr, 22/1 Moo 1 Nongplalai, Tel. 038/24 93 47-9, www.thaistonepark.org

Ⓒ »Ripley's Believe it or not«. Das Kuriositätenmuseum beeindruckt mit Merkwürdigkeiten aus aller Welt auf Fotos und in Modellen, etwa behaarten Fischen und Schrumpfköpfen, Geistershows, Flugsimulatoren und Ballonfahrten. Tägl. 6–23 Uhr, 20/21 Moo 10 Beach Rd., 218 Royal Garden Plaza, Tel. 038/71 02 94-8, www.ripleysthailand.com

Ⓓ The Village. Das Bar-Viertel mit Massagesalons, Discos und Biergärten erstreckt sich zwischen Soi 13–16 südlich der South Pattaya Rd. und östlich der »Walking Street«.

Ⓔ Khao Phra Tamnak. Der Aussichtshügel mit Buddha ist schön zum Sonnenuntergang. King Rama IX. Park, Südende des Pattaya Beach

Ⓕ Pattaya Park und Tower. Vergnügungspark mit Wasserrutschen und Rummel, in der Mitte thront der Pattaya Park Tower mit 360-Grad-Panorama-Restaurants, danach geht es mit Gondel oder freestyle abwärts. Tägl.

9–19 Uhr, Tower: 9–1 Uhr, Aussichtsplattform im 55. Stock, 345 Jomtien Beach, Pattaya-Cliff, Tel. 038/36 41 10 20, Rest.-Tel. 038/25 12 01-8, www.pattayapark.com

Ⓖ Underwater World Pattaya. Im Aquarium östlich des Jomtien Beach kommt man Haien, Rochen, Schildkröten und bunten Fischen im 100 Meter langen Acryltunnel ganz nahe. Tägl. 9–18 Uhr, 22/22 Moo 11 Sukhumvit Rd., Tel. 038/75 68 77-8, www.underwaterworldpattaya.com

Der Yachthafen von Pattaya mit
Apartmenthäusern im Hintergrund

oder Pasta beim noblen Italiener, ob
Kaiserschmarrn oder Krokodilsteak –
ein Essen in den rund 1000 Restaurants der Stadt gehört zum abendlichen
Entdeckungsprogramm. In Pattaya können sich
Europäer fast wie zu Hause fühlen. Die Taxifahrer,
die indischen Schneider und die Polizisten sprechen Deutsch, Schwedisch oder doch zumindest
Englisch. Exotik nimmt vertraute Formen an, wenn
Weißwurst und deutsches Bier von einer thailändischen Kellnerin im Dirndl serviert werden. Die
deutschen Gastwirte in Pattaya vermissen eigentlich nur noch eines: den Schnee zu Weihnachten.

Von Nord nach Süd

Der Besucher sollte anfangs einfach mit dem
Sammeltaxi durch die drei Stadtteile fahren – vom
ruhigen Naklua übers trubelige Pattaya-Zentrum
bis zum schönen Jomtien Beach – und dann
sich einmal auf der Amüsiermeile treiben lassen
oder auf der Strandpromenade entlang des vier
Kilometer langen Pattaya Beach flanieren. Am
Südende der Strandstraße hinter dem Shopping-
und Erlebniscenter Royal Garden Plaza beginnt die
Walking Street, eine trubelige Fußgängerzone mit
Ladys und »Ladyboys« (Transvestiten), Zauberern,
Gauklern und Gaunern. Sie führt bis zum Pattaya
Pier, wo man einen Blick auf die sanft geschwungene Bucht mit der wachsenden Skyline werfen
kann. Die »soi«-Gassen landeinwärts sind mit Bars
und Discos übersät, vom üblichen Karaoke-Etab-
lissement bis hin zum Fetisch-Club mit Dominas.

Im Pattaya-Park am Pattaya-Cliff, das Pattaya-City
und Jomtien Beach trennt, kommen Wasserfreunde
auf ihre Kosten. Whirlpools, Wasserrutschen ohne
Ende und jede Menge Planschbecken gibt es hier.
Der feuchtfröhliche Spaß findet zu Füßen des
mächtigen Pattaya-Park-Towers statt, der vom

53. bis zum 55. Stock einen herrlichen Panoramablick bietet. Das dortige Restaurant dreht sich
langsam um die eigene Achse. Zum Sonnenuntergang besteigen viele Einwohner der Stadt und
Touristen den Phra-Tamnak-Hügel und genießen
zu Füßen der riesigen Buddha-Figur das farbenprächtige Ende des Tages. Gen Süden erstreckt
sich der sechs Kilometer lange und immer noch
recht ruhige Jomtien Beach. Hier kann man baden,
faulenzen und Wassersport treiben – stets mit
Blick auf die vorgelagerte Ko Larn.

Ein Abstecher ins »echte« Thailand verspricht ein
Besuch in dem etwa 50 Kilometer weiter nördlich
gelegenen Fischerort Ang Sila, der für seine Stein-
metze und Austernfischer berühmt ist. An der
Küstenstraße stehen jede Menge steinerne Wächter und Glücksbringer für die Hausgärten Spalier:
Löwen, Elefanten, Phönixe und natürlich Buddhas
in allen möglichen Posen. Am alten Seafood Market
am Hafen-Pier kann man sich mit fangfrischem
Fisch und Meeresfrüchten versorgen oder in einem
der vielen Lokale speisen. In der Altstadt konnten
sich noch einige hölzerne, rund 100 Jahre alte
»Shophouses« behaupten.

Oben: Das Nachtleben von Pattaya ist berühmt und berüchtigt.
Mitte: Pattayas »Art in Paradise«
ist das erste interaktive Kunst-
museum Thailands.
Unten: Der Botanische Garten
von Nong Nooch umfasst einen
Skulpturenpark.

Infos und Adressen

SEHENSWÜRDIGKEITEN
Khao Kheow Forest & Wildlife Park. Der beliebte Tierpark ist ein wirkliches Erlebnis: ein »Open Zoo« mit rund 8000 Tieren aus 200 Tierarten in großen Freigehegen, Tag- und Nacht-Safaris, »tierische« Shows (10–16 Uhr), Golf Club, Zimmer und Zelte sowie ein romantisches Restaurant am See. Tägl. 10–19 Uhr, 235 Moo 7, Bang Phra ca. 50 km nördlich von Pattaya, mobile 084-427 65 23, www.journeytothejungle.com

Das Hotel »Amari Garden« zählt zu den ersten Adressen in Pattaya.

ESSEN UND TRINKEN
King Seafood. Mitten im Trubel: Direkt am Meer speist man auf der riesigen Terrasse Fisch und Meeresfrüchte, die man aus den Bassins auswählen kann. Tägl. 11–24 Uhr, Walking Street, Tel. 038/42 94 59

Moonlight. Das exklusive Fine Dining Restaurant mit nur fünf Tischen verwöhnt mit europäischer Küche auf höchstem Niveau – sich nicht von der Lage im Shoppingcenter abschrecken lassen! Tä gl. 18–23 Uhr,
Abhol-Service- und Res.-Tel. 085-77 77 45, View Talay Condominium 7, 505/18 Moo 12, Thappraya Rd., Jomtien, www.moonlightpattaya.com

The Glass House. Open-Air-Strandlokal mit leckerem Seafood und Thai-Gerichten bei Sonnenuntergangs-Stimmung auf Sofas, gute Cocktails und Weine. Tägl. 11–24 Uhr, 5/22 Moo 2, Soi 10 Na Jomtien, Tel. 038/25 59 22, www.glasshouse-pattaya.com

Sketch Book Art Café & Restaurant. Oase und Galerie: In dem verwunschenen Gartenlokal kann man sich richtig wohlfühlen: Frühstück mit (Eis-) Kaffees oder Smoothies, Sandwich, Spaghetti, Steak oder Pad Thai, Wi-Fi. Tägl. 8.30–22 Uhr, Soi 12 Thappraya Rd., Jomtien, Tel. 038/25 16 25

Surf Kitchen. Populäres, immer volles und spottbilliges Strandlokal mit »Multi-Kulti«-Food von Pad Thai über Sushi und Pizza bis Gulasch und Wiener Schnitzel, Langusten und Eis. Tägl. 7–24 Uhr, 75/16 Moo 12 Jomtien Beach Rd., Tel. 038/23 17 10

ÜBERNACHTEN
Amari Garden (vormals Amari Orchid). Das Luxushotel liegt herrlich in einem weitläufigen Garten mit Strand, 226 komfortable Zimmer, vier Restaurants, etwa das angesagte Mantra-Strandlokal. Nebenan das teurere Amari Ocean (vormals Amari Tower Hotel). 240/2 Pattaya Beach Rd., Tel. 038/41 84 17, www.amari.com

Areca Lodge. In der Nähe des Nachtlebens, aber dennoch ruhig: angenehmes mehrstöckiges Mittelklasse-Hotel (auch für Familien geeignet) mit drei Gebäudekomplexen, zwei großen Pools und 216 gemütlichen Balkonzimmern, Fitnesscenter und Spielplatz. 198/21 Moo 9, Soi Diana Inn, Pattaya 2nd Road, Tel. 038/41 01 23, www.arecalodge.com

Bang Saray Village. Wem Pattaya zu trubelig ist und in der Gegend ein Stoppover braucht, sollte gen Süden ausweichen: Die bezaubernde kleine Anlage besteht aus neun gut ausge-

statteten Holz-Bungalows auf Stelzen rund um einen großen Pool im gepflegten Garten. 77/110 Moo 1 Soi Madee, Bang Saray, Sattahip 20250, ca. 16 km südlich von Pattaya, mobile 085-082 25 18, www.bangsarayvillageresort.com

Hard Rock Hotel. Familienfreundliches Hotel des Hard-Rock-Imperiums, teils Meerblick-Zimmer, aufmerksam-professioneller Service, jeden Samstag Schaum-Partys am Riesen-Pool (ab 21.30 Uhr, Kids: 17–18 Uhr) und ein ausgezeichnetes Frühstück-Buffet! 429 Moo 9, Pattaya Beach Rd., Tel. 038/42 87 55-9, http://pattaya.hardrockhotels.net

Pullman. Die Strandherberge am Ortsrand trumpft mit 353 stilvollen Zimmern, schönem Beach, zwei Pools, Kinderclub und Shuttle ins Zentrum auf. 445/3 Moo 5 Wongamart Beach, Naklua Rd. Soi 16, Tel. 038/41 19 40-8, www.accorhotels.com

Sugar Hut. Hübsche Teak-Bungalows in Garten-Oase, drei Pools, beliebt: romantisches Thai-Restaurant mit Sitzkissen, So–Di Live-Jazz. 391/18 Moo 10 Thappraya Rd. (auch: Tabphya), Jomtien, Tel. 038/25 16 86-7, www.sugar-hut.com

Thai Garden Resort. Ob mit Kindern oder als alleinreisender Mann – das traditionsreiche Hotel hat viele Stammgäste. Zimmer und Bungalows im Grünen, schöne Pool-Landschaft und Hallenbad, unter deutsch-holländischer Leitung. 179/168 Moo 5 North Pattaya Rd., Naklua, Tel. 038/37 06 14, -8, www.thaigarden.com

AUSGEHEN

Alcazar Cabaret. 110 Tänzerinnen und Sängerinnen, allesamt »Ladyboys«, in Glitzerkostümen und Federboas in fantastischer Travestie-Show, tägl. vier Shows 17–21.30 Uhr, 78/14 Pattaya 2nd Rd., Tel. 038/42 54 25, www.alcazarthailand.com

EINKAUFEN

Pattaya Night Bazar (vormals: Made in Thailand). Handeln ist auf diesem auch tagsüber geöffneten Basar Pflicht: viele »Fake«-Markenartikel und überteuerte Elektronikprodukte, bei Kleidung und Taschen kann man noch Schnäppchen finden. Tägl. 8–23 Uhr, Pattaya 2nd Rd.

Soi Bukhao Markt. Viele Thai gehen hier shoppen: Berge von Kleidung, T-Shirts und Schuhe, Modeschmuck, Haustiere, Buddhas und Kosmetik. Di und Fr 10–22 Uhr, Soi Bukhao, South Pattaya Rd., (kein Tel.)

AKTIVITÄTEN

Tauchen. Erfahrene Taucher können Wracks einiger gesunkener Schiffe erkunden, etwa die intakte »Bremen« bei Sattahip, wo sich viele Barrakudas tummeln, oder die korallenübersäte »Hardeep« bei Samae San weiter östlich (etwa zwei Stunden Bootsfahrt ab Pattaya).

INFORMATION

Tourist Information (TAT). Tägl. 8.30–16.30 Uhr, 609 Moo 10 Pratamnak Rd., im Norden vom Jomtien Strand, und TAT-Hauptsitz nahe des Rama X. Memorial Park, Tel. 038/42 76 67 und 038/42 87 50

Das »Hard Rock Hotel« bietet seinen Gästen spektakuläre Events.

10 Ko Samet mit Chanthaburi
Island Hopping im Golf von Thailand

Das Inselhüpfen im Golf könnte auf Ko Samet beginnen: So machen es die Thai, die jedes Wochenende das dreieckige Eiland bevölkern – nach nur dreieinhalb Stunden Fahrtzeit von Bangkok. Wem es hier zu langweilig wird, findet entlang der Festlandsküste jede Menge Abwechslung beim Schwimmen mit Delfinen oder auf einer Edelsteinauktion, an Wasserfällen oder in Tropfsteinhöhlen.

Seit 2011 führt eine Panoramastraße die Strände und Hafenorte an der thailändischen Ostküste entlang. Im Hafen von Ban Phe, rund 18 Kilometer östlich von Rayong, legen die Boote nach Ko Samet ab. Die 3000 Einwohner zählende Insel ist seit 1981 Teil des Meeresnationalparks Khao Laem Ya – Mu Ko Samet. Knapp 14 Quadratkilometer umfasst das Eiland, aber was für welche! Palmen säumen die 14 kleinen Buchten, das wohlig-warme Meer glitzert tiefblau. Am Wochenende sind die Strände mit Sommerfrischlern aus Bangkok und thailändischen Studenten bevölkert. Es wird Frisbee oder »takraw«-Ball gespielt. Die meisten Strände liegen zwischen von den Gezeiten rund geschliffenen Felsblöcken in malerischen Buchten wie der fast kreisrunden Ao Wongduan versteckt. Der von kleinen Bungalowhotels und Fischlokalen gesäumte Strand Sai Kaeo hingegen zieht sich schnurgerade über zwei Kilometer hin.

So herrlich die Strände sein mögen, mancherorts stehen die Bungalows dicht an dicht, Reggae- und

Mitte: Am neuen Pier von Ko Samet empfängt eine steinerne Schönheit die Gäste.
Unten: Am feinsandigen Strand Sai Kaeo sind viele fliegende Händler unterwegs.

Cocktail-Bars beschallen den Strand, die Jetskis brausen dröhnend übers Wasser, und am Wochenende werden Fantasiepreise verlangt.

Je weiter man nach Süden gelangt, desto einsamer werden die Traumstrände und desto spartanischer die Unterkünfte. Ausnahme ist das abseits gelegene Paradee Resort in Ao Kiu Na Nok, ein exklusives Sechs-Sterne-Hideaway mit Villen für Ruhesuchende. Kochkurse und organisierte Angelausflüge (Ausrüstung mitbringen!) bringen hier Abwechslung in den Strandurlaub. Es gibt Yoga- oder PADI-Tauchkurse, nächtliche Bootsausflüge mit Fischern und Fireshows am Strand.

Wasserfälle und Höhlen

Wer an der weithin abgeholzten Festlandsküste und auch auf der flachen Ko Samet mit ihren eher struppigen »Cajeput«-Bäumen den Dschungel vermisst, dem sei ein Tagesausflug zum Khao Chamao – Khao-Wong-Nationalpark im Osten der Provinz Rayong empfohlen. Das 84 Quadratkilometer große Naturschutzgebiet ist benannt nach den beiden bis zu 1000 Meter hohen Bergen, die von begehbaren Höhlen durchzogen sind: Die Tham Khao Wong besteht aus 80 Kammern mit

Nicht verpassen

MIT DELFINEN SCHMUSEN

Für Kinder ein Riesenspaß: das Schwimmen, Spielen und Schmusen mit Delfinen. Die maritimen Stars in der Oasis Sea World sind hellrosafarbene oder weiße Buckeldelfine und stupsnasige Irawaddi-Süßwasser-Delfine, die dressiert wurden. Viele der Tiere hier sind gezüchtet, einige im Irawaddi oder im Mekong in die Fischernetze geraten und »gerettet« worden. Wer mitschwimmen will, sollte 24 Stunden vorher online reservieren. Vorsicht: Die Badeanzüge und -hosen dürfen keine Reißverschlüsse oder Schnallen haben, Finger- und Fußnägel müssen kurz geschnitten sein, auch mit Schmuck oder einer Wunde wird man nicht reingelassen!

Oasis Sea World/Swim with the dolphins. Tägl. 9–18 Uhr, Shows: 9, 11, 13, 15 und 17 Uhr, 48/2 Moo 5 Pak Nam, Laem Sing, 25 km südlich von Chanthaburi, Tel. 039/49 92 22, www.swimwithdolphinsthailand.com

meterhohen Stalagmiten und Stalaktiten. Vom Besucherzentrum des Nationalparks führt ein etwa zwei Kilometer langer Weg hinauf zu den Wasserfällen Chamao und Chong Laep, die über acht Kaskaden in die Tiefe stürzen. Am schönsten rauscht es hier in der Regenzeit zwischen Mai und Oktober, dann sind die Felsen zwar sehr glitschig, aber die Pools laden zum Planschen ein.

Chanthaburis funkelnde Preziosen

Zurückgekehrt auf dem Sukhumvit Highway 3 sind es noch etwa 50 Kilometer ostwärts bis nach Chanthaburi, eine der reichsten Städte Thailands, was das Pro-Kopf-Einkommen der rund 30 000 Einwohner angeht. Die 245 Kilometer östlich von Bangkok gelegene Stadt war im 19. Jahrhundert vorübergehend von den Franzosen besetzt. Hier und da lassen sich noch Spuren der kolonialen Vergangenheit entdecken. Im Khuk Khi Kai etwa, einem ehemaligen Gefängnisturm aus Ziegelsteinen, hielten die Franzosen vor hundert Jahren ihre thailändischen Gefangenen fest. Die katholische Kathedrale, die größte in ganz Thailand, wurde um 1880 von Vietnamesen im neogotischen Stil errichtet. Die Uferstraße Sukhaphiban an der Chanthaboon Waterfront *(chun chan rim)* hingegen zeigt mit ihren wackligen Holzhäuschen auf Stelzen, Tempeln, Cafés und Wohnläden noch den charmant-morbiden thai-vietnamesischen Lebensstil. Chanthaburi ist nicht nur berühmt für seine Obstbäume, sondern auch für seine Edelsteine. Zwar sind die Minen in der Umgebung heutzutage fast gänzlich ausgebeutet, aber in den Juwelierläden und Auktionshäusern an der Si Chan Road im Südosten der Stadt kann man mit einigem Know-how noch gute *tab tim siam*, vor allem Rubine und Sternsaphire, erstehen oder die Bearbeitung der Preziosen beobachten.

Oben: Tierischer Besucher auf dem Nachtmarkt von Chanthaburi
Mitte: Ein Beispiel neogotischer Baukunst: die Kathedrale von Chanthaburi
Unten: Die Juweliere von Chanthaburi stellen funkelnde Preziosen her.

Infos und Adressen

SEHENSWÜRDIGKEITEN
Edelsteinmarkt. Fr–So 8–15 Uhr, Si Chan Rd./
Thetsaban Rd., Chanthaburi

ESSEN UND TRINKEN
Baan Ploy Samed. Die Gäste speisen auf Sitzkissen mit den Füßen im Meerwasser und
genießen frische Meeresfrüchte und leckere
Currys, während unterm Tisch die winzigen
»garra rufa«-Fische auch was zum Knabbern
haben. Tägl. 11–23 Uhr, 84 Moo 4 Ao Noi Na,
Tel. 038/64 43 55-7, www.samedresorts.com

Jep's. Riesiges Strandlokal, man sitzt schön
unter Bäumen mit Meerblick (und TV-Lein-
wand!), essen kann man hier gut, wohnen
sollte man woanders. Tägl. 8–23 Uhr,
Hat Sai Kaeo, Tel. 038/64 41 12

ÜBERNACHTEN
Ao Prao/Le Vimarn Cottages & Spa. Edle Boutique-Herberge: 31 große Bungalows in einer
idyllischen Bucht, drei Lokale, aufmerksamer
Wohlfühl-Service, nicht nur im Spa. Daneben
klettern die komfortablen Reihenhäuschen des
Ao Prao Resort den Hang hoch, kleiner Pool.
40/11 Moo 4 Ao Prao, Tel. 038/64 41 05-7,
Tel. 038/64 41 04-7, www.levimarncottage.
com, www.samedresorts.com

Khao Chamao/Khao Wong. Einfache Bungalows und Zeltplatz, vom Sukhumvit Highway
3 hinter Klaeng, bei km 274 abbiegen auf
die Straße 3377 nach Ban Nam Sai, 17 km
weiter, ca. 70 km östlich von Rayong,
Tel. 038/89 43 78 und VoIP-Tel. 038/02 05 10,
www.dnp.go.th

Samed Villa. Am schönen Strand: Die 30 eng
stehenden Steinhäuschen verteilen sich in drei
Reihen im gepflegten Garten, beliebtes Restaurant mit Thai-Food und BBQ, Schweizer Chef.
89/4 Ao Phai, Tel. 038/64 40 94,
www.samedvilla.com

Vongdeuan. Die Strandanlage überzeugt mit
hübschen achteckigen Thai-Holzhäuschen,
Stein-Bungalows, De-luxe-Zimmern und einem
Pool am Strand. 22/2 Moo 4 Ban Phe,
Tel. 038/64 41 71-3, www.vongdeuan.com

INFORMATION
Tourist Information. Reisebüro mit Karten und
Hotelvermittlung am Ko-Samet-Pier, Tel. 038/
64 41 15, Infos im Nationalpark-Büro unter
Tel. 038/65 30 34

Boote. Tägl. 8–17 Uhr Fähren (30 Min.), teurere Speedboats tägl. 24 Std., einige Resorts
holen die Gäste am Festland in Ban Phe ab

Im »Jep's« lässt es sich gut auf einem feinen Sandstrand tafeln.

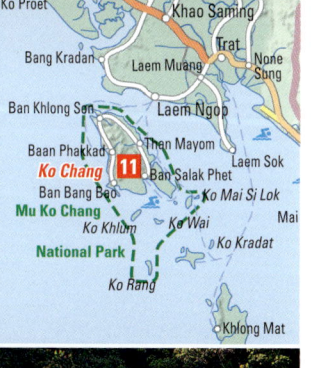

11 Ko Chang
Das reinste Dschungelbuch

Die wild-schroffe »Elefanteninsel« lässt ihr früheres Backpacker-Image im Affentempo hinter sich und tritt in die Fußstapfen Phukets: Der trubelige Hauptort Hat Sai Khao könnte auch irgendwo auf Mallorca liegen – wären da nicht die thai-üblichen Massage-Beauty-Salons, die orangegewandeten Bettelmönche und die vielen verlockenden Garküchen. Nur das Inselinnere ist noch das reinste Dschungelbuch.

In der Nähe von Trat in der gleichnamigen Provinz ganz im Osten Thailands starten die Fähren und Kutter nach Ko Chang, der mit rund 500 Quadratkilometern nach Phuket größten Insel Thailands (s. S. 140). Seit 1982 steht das rund 5000 Einwohner zählende Eiland zusammen mit 46 anderen aus dem Ko-Chang-Archipel unter Naturschutz. Hauptattraktion für Naturfreunde ist der noch immer ursprüngliche Regenwald, der gleich hinter den Stränden als undurchdringliches Dickicht aus riesigen Fruchtflügel- und Melaleuca-Bäumen, aus Pandanusgewächsen und Farnen emporwächst. Ein Muss sind die Wandertouren in den immergrünen Tropenwald, in dem Makaken und Nashornvögel, Rehwild, Pythons und Königskobras leben. Ein weiteres Highlight ist der Khao Salak Phet im Süden, die mit 744 Metern höchste Erhebung Ko Changs. Auf der Ostseite präsentiert sich das Eiland felsig und rau, von Fischern besiedelt und von Mangrovenwäldern beschützt. An der Westküste überwiegen in der Wintersaison die »farang«, die »Langnasen«, davon immer mehr aus Russland und China. Die meisten Urlauber kommen aber immer noch aus Thailand, vor allem an Wochenenden und Feiertagen.

Mitte: Bootsfahrt vor Dschungelkulisse: Kutter auf dem Weg nach Ko Chang
Unten: Die possierlichen, aber frechen Makaken haben keinerlei Scheu vor Menschen.

Die Highlights von Ko Chang

Wer in Ko Chang nur am Strand liegen bleibt, verpasst die schönsten Seiten der naturgeschützten Insel: den dichten Regenwald und die grandiosen Wasserfälle, Kajaktouren und Elefantenreiten.

Ⓐ Namtok Nang Yom/Elephant Trekking. Tägl. 8–17 Uhr (letzte Tour: 16 Uhr), 1–2 Std. Dauer, 22/4 Moo 3, Klong Son, mobile 081-919 39 59 und 089-247 31 61, auch über alle Reiseagenturen auf der Insel zu buchen.

Ⓑ Khao Chom Prasat/Jungle Trekking. Anspruchsvolle fünfstündige Tour bis auf Ko Changs »Zuckerhut«, den 626 Meter hohen Chom Prasat-Gipfel. Tägl. 8–17 Uhr, über alle Reiseagenturen auf der Insel zu buchen.

Ⓒ Namtok Klong Plu. Der schmale 30 Meter hohe Wasserfall ist leicht zugänglich von der Westküste über einen 800 Meter langen, teils ansteigenden Pfad, am besten frühmorgens (20 Min.); tägl. 8–17 Uhr

Ⓓ Bang Bao Fishing Village. In den Souvenirgassen auf Holzstelzen am Hafen-Pier kann man nach Herzenslust shoppen und schlemmen; tägl. 9–ca. 20 Uhr

Ⓔ Salak Kok/Kayaking. Kajaktour oder Wanderung durch die naturgeschützten Mangroven. Tägl. 8–17 Uhr, Salak Kok Kayak Station: mobile 081-919 39 95 und mobile 087-748 94 97

Ⓕ Salak Phet. Hier kann man unter den Thai-Fischern in Homestays wohnen: im P Noy Cafe oder im Salakphet Guesthouse am Fluss, mobile 089-713 67 86, und mobile 080-554 33 49. Ein Pfad führt zum Wasserfall Khiri Phet; tägl. 8–17 Uhr

Geheimtipp

GIPFELTREKKING IM DSCHUNGEL

Der Khao Salak Phet kann über Dschungel-pfade auf einem Tagesaus-flug erobert werden. Die Belohnung wartet auf 744 Metern Höhe mit ei-nem spektakulären 360-Grad-Pano-ramablick über ein Meer aus Grün. Wer hier oben den Sonnenunter-gang und gleich noch den Sonnen-aufgang erleben will, bucht mit Übernachtung im Zelt. Die Tour ist anstrengend: Es ist feucht-schwül, und der Weg führt über steile, stei-nige Pfade und Wasserläufe durch ein Lianen-Dschungel-Dickicht den Berg hinauf. In der Regenzeit von Mai bis Oktober kann es für Unge-übte gefährlich werden, im April wird es sehr heiß. Man begegnet kleinem und großem Wildlife wie handtellergroßen Schmetterlingen, Pythons und Königkobras sowie nachtaktiven Loris-Faulaffen.

Khao Salak Phet. Tägl. 8–17 Uhr, 4–5 Std. aufwärts, 3 Std. abwärts, nur mit Guide, z. B. bei der Salak Phet Kayak-Station: mobile 087-834 94 89, oder bei Evolution Tour, Tel. 039/55 70 78, www.evolutiontour.com

Der White Sand Beach ist einer der Traumstrände von Ko Chang.

Badenixen und Gipfelstürmer

Besonders am breiten, rund drei Kilometer langen Hat Sai Khao (auch: Kaeo) wird es im Winter richtig voll: Die einfachen Bambushütten werden immer mehr von Luxushotels verdrängt, ein paar letzte Palmhäuschen behaupten sich im Norden. Der White Sand Beach macht seinem Namen alle Ehre: weißer Pudersand und glasklares, tiefblaues Wasser ohne Ende. An der Land-straße reihen sich die Suppenküchen, Supermärkte und »Husband Day Care Center« (auch Kneipe genannt), Girlie-Bars und Beauty Salons aneinander. Abenteuerlustige mit Kondition können den steilwandigen, rund 600 Meter hohen Gipfel des Chom Prasat (auch: Jom Prasat) im Hinterland in vier bis fünf Stunden erklimmen.

Während der sommerlichen Regenzeit zwischen Juni und Oktober kann es im gebirgigen Inselin-nern oft tagelang regnen, eine üppig wuchernde, dschungelig-grüne Vegetation ist die Folge. Der Regenwald auf Ko Chang soll noch zu 70 Prozent intakt sein! Auch wenn die Immobilienprojekte dem Regenwald immer näher rücken: Es gibt noch keine Piste durchs Inselinnere. Will man es erkunden, muss man sich auf etwa zweitägigen Trekkingtouren von Westen nach Osten »durchschlagen«. Auch motorisierter Wassersport, etwa mit Jetskis, ist wegen des Nationalparks nicht erlaubt.

Klong Prao: Klein–Venedig

Das ehemalige Fischerdorf Klong Prao (Khlong Praow) besteht heute aus idyllischen kleinen Pen-sionen, Boutique-Hotels und netten Lokalen auf Stelzen im Wasser. Mit dem Kajak geht es über die Lagune zum Hat Klong Prao. Wenn man nicht selbst paddeln will, bringen die hiesigen »Gondo-

lieri« die Gäste im Kanu zu dem ruhigen, besonders bei Familien beliebten Strand.

Südlich des Hat Klong Prao folgen die kleineren Inselstrände: der gut zum Schwimmen geeignete Kai Be, die Backpacker-Enklave Tha Nam (Lonely Beach) und Bailan. Die Landstraße wird von Märkten, Shops, Tauchschulen und Immobilienplakaten gesäumt. Vom Aussichtspunkt am Hat Kai Be schaut man auf die vorgelagerten, korallenbewachsenen Winzlinge Ko Yuak, Ko Pli, Ko Man Nok und Ko Man Nai. Am frühen Abend ab 17 Uhr öffnet die »Walking Street« mit lauter Bars, Kunsthandwerkshops und Souvenirständen ihre Tore. Hinter Hat Kai Be verläuft die Straße steil durch den Dschungel bis zum entspannten Ort Bailan, wo ein Schilderwald beginnt: Herbal Sauna, Fullmoon-Party, Tattoo- Shops, Pizza.

Bunte Unterwasserwelt

Vom Pier im Dorf Bang Bao legen die Ausflugskutter ab, die Taucher und Schnorchler zu den winzigen, der Südküste Ko Changs vorgelagerten Inseln bringen. Taucher begegnen in der Unterwasserwelt Pfeilhechten und Marlinen, Delfinen, Meeresschildkröten und kleinen Haien. Ganz Wagemutige können hier die Wracks von zwei thailändischen Kriegsschiffen genauer in Augenschein nehmen: Die »Sonkhla« und die »Chonburi« sind 1941 in der Bucht Salak Phet von den Franzosen beschossen worden und gesunken. Nun liegen sie zwischen herrlichen Fischschwärmen in Multicolor.

Im Fishing-Village rund um die Pier von Bang Bao ist es besonders an den Wochenenden immer sehr voll. Hier befinden sich viele Seafood-Lokale und Bars, in denen man beim Blick auf den Leuchtturm den Tag bei einem Mojito und einem wunderbaren Sonnenuntergang ausklingen lassen kann.

Phu Talay. Open-Air-Lokal am »Klong«: Seafood, authentisch-scharfe Currys und China-Kost. Tägl. 10–22 Uhr, 4/2 Moo 4, Klong Prao, Tel. 039/55 13 00

Buddha View. Verandalokal mit Thai-Currys, Pizza und Lasagne; ein paar Zimmer gibt es auch. Tägl. 8–24 Uhr, 28 Moo 1 Bang Bao Pier, Tel. 039/55 81 57, www.thebuddhaview.com

Aana. Herberge am Fluss mit palmblattgedeckten Rundhütten und Villen, über Holzstege miteinander verbunden. Hat Klong Prao, Tel. 039/55 11 37-8, www.aanaresort.com

Centara Tropicana Beach Resort. Breiter Strand, üppiger Tropengarten, 156 Zimmer in palmblattgedeckten Doppelhäusern, zwei große Pools. 6/3 Moo 4 Hat Klong Prao, Tel. 039/55 71 22, www.centarahotelsresorts.com

The Chill. Die neue Hotelgeneration auf Ko Chang: ultramodern, cool und stylish. 19/21 Moo 4 Hat Kai Be, Tel. 039/55 25 55, www.thechillresort.com

Tourist Information (TAT). Tägl. 8.30–16.30 Uhr, 100 Moo 1, Laem Ngob-Pier bei Trat auf dem Festland, Tel. 039/59 72 59 ,-60

Boote nach Ko Chang. Tägl. 6–19.30 Uhr, 45 Min. ab Laem Ngob, Ao Thammachat und Centrepoint-Pier, ca. 20 km östlich von Trat, www.kohchangferries.com

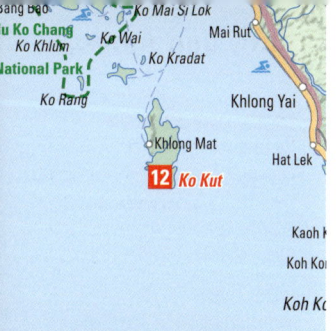

12 Ko Kut
Vom Piratennest zur Luxusenklave

Thailands viertgrößte Insel könnte fast ein Geheimtipp sein, wäre das abgelegene bergige Eiland nahe Kambodscha nicht schon auf dem Weg in die Kataloge. Selbst eine deutsch-türkische Komödie fand hier die kinogerechte Traumstrandkulisse. Aber noch herrscht auf Ko Kut Ruhe – es gibt kaum Nightlife, keine Jetskis und auch keine Banken. Fragt sich, wie lange noch …

Ko Kut (auch: Ko Kood), das rund 2500 Einwohner zählt, gibt sich bergig und wild, wie sich das gehört für ein einstiges Piratenschmugglernest an der Grenze zu Kambodscha. Immerhin sollen noch mehr als zwei Drittel des Eilands im nördlichen Golf von Thailand mit Dschungel bewachsen sein – zum Beispiel mit imposanten Banyanbäumen, den *sai yai*, oder mit oft mehr als 200 Jahre alten *makka trees* mit ihren meterhohen Brettwurzeln. Wildschweine und Makaken, Nashornvögel und Kolibris, Pythons und Kobras tummeln sich in dieser Wildnis. Mittlerweile führt allerdings eine asphaltierte Piste durch das Inselparadies, es gibt 24 Stunden Strom, und die ersten Urlaubskataloge preisen den Newcomer als gehobenes Reiseziel mit Pool-Villen an.

Luxus im Backpacker-Look

Der internationale Jetset und die High Society aus Bangkok haben ihre Wochenendzufluchten auf den rund 50 teils privaten Inseln des Ko-Chang-Archipels gefunden. Falls eine eigene Insel zu groß ist, Geld aber dennoch keine Rolle spielt, kann man aufs Soneva Kiri ausweichen – eines der besten

Mitte: Vom Schmuggler-Nest zum Touristenziel: Ban Ao Yai an der gleichnamigen Bucht
Unten: Erfrischender Spaß bei tropischer Hitze: ein Bad im Pool des Namtok Klong Chao

Infos und Adressen

Luxus-Hideaways in Thailand, das fast die gesamte Nordspitze der Insel mit Villen und einer Art Verwöhndiktatur belegt. Eine Klasse und eine Welt für sich, hier gehen sogar die Uhren anders! »No shoes no news«, lautet die Devise, hier herrschen – vom rustikalen Backpacker-Look der Pool-Villen bis in die bloßen Zehenspitzen der Manager – Understatement und eine legere Atmosphäre. Selbst auf dem Rollfeld laufen alle guten Geister barfuß. Denn selbstverständlich reist man mit der Cessna an. Und mit etwas Glück laufen einem der VIPs über den Weg, barfuß, versteht sich, und fernab jeglicher Paparazzi.

Von Schmugglern und Piraten

Die schönsten Strände Ko Kuts befinden sich allesamt an der Westküste. Der mit einem Kilometer goldgelber Sandpiste längste ist der Ao Tapao, der beliebteste ist der von Palmen und Kasuarinen gesäumte Klong Chao Beach, an dem sich weitere Luxus-Resorts angesiedelt haben. Die meisten Ausflügler zieht es ins Inselinnere an den Namtok Klong Chao: Der etwa zehn Meter hohe, zweistufige Wasserfall lockt mit einem großen smaragdgrünen Badepool (am besten gegen Ende der Regenzeit ab Oktober), über den man wie Tarzan an einer Liane gleiten kann.

Von einem Aussichtspavillon bei Ao Yai im Südosten blickt man auf ein Schwimmendes Dorf, das über Jahrzehnte seinem Ruf als verstecktes Schmugglerdorf alle Ehre machte – damit dürfte nun endgültig Schluss sein, denn seit 2009 endet die Betonpiste hier. Jede Menge Neugierige und hungrige Mäuler werden durch den Ruf des Ortes und trendige Lokale angelockt. Sie sichern dem Dorf eine neue Einkommensquelle. Die Schmuggler versorgen die Restaurants und Hotels nun mit Frischfisch.

13 Ko Mak
Das deutsche »Family Island«

Obwohl die winzige und rundum sympathische Golfinsel im Ko-Chang-Archipel schon längst kein touristischer Geheimtipp mehr ist, wird auf Ko Mak immer noch mehr Geld mit Gummibäumen und Kokospalmen als mit Urlaubern verdient. Trotz Südsee-Idylle und zwei Jahrzehnten Backpacker-Historie hält sich das Inselchen bis heute wundersamerweise mit Luxus-Herbergen zurück.

Auf Ko Mak hat eine einzige angesehene und einflussreiche Thai-Familie seit mehr als 100 Jahren das Sagen – seit der Taveetekul-Clan die Insel für seine Dienste als Steuereintreiber von König Rama V. (Chulalongkorn, 1868–1910) um 1900 geschenkt bekam. Die historischen und aktuellen Familienbande führen bis nach Deutschland und wieder nach Thailand zurück. Fast kann man behaupten: Die Insel ist fest in deutscher Hand. Viele Thai-(Honeymoon)-Pärchen aus Bangkok besuchen die Insel am Wochenende, aber auch unter deutschen und schwedischen Familien ist das Kleinod beliebt. Auffallend viele Thai-Gastgeber sprechen Deutsch, und selbst heimatliche Genüsse muss man hier nicht vermissen: Schweinshaxe und Gulasch mit Spätzle sowie Nussecken gehören zum Tagesangebot mancher Resorts.

Kindergarten und Südseestrände

Auf der flachen, nur 16 Quadratkilometer großen Insel, die nicht zum Nationalpark gehört, werden Kokospalmen und Kautschukbäume auf Plantagen angebaut, die man besuchen kann. Von den ver-

Mitte: Auf Ko Mak finden Urlauber ein immer noch authentisches Tropenparadies vor.
Unten: Die Strände von Ko Mak laden zum Sonnenbaden und zu einsamen Spaziergängen ein.

träumten Buchten bis zu den höher gelegenen Aussichtspunkten, von der Gummi-Fabrik bis zu den letzten Dschungelresten: Das Eiland in der Form eines vierblättrigen Kleeblatts lässt sich hervorragend zu Fuß erkunden. Die lateritrote Inselpiste ist je nach Jahreszeit staubig oder schlammig. An ihr befindet sich fast genau in der Inselmitte das »kommerzielle Zentrum« Ko Maks mit Tankstelle, Schnorchelbude und Tante-Emma-Laden. Keine Bank oder ATM's, keine Bars und entsprechende Mädels, stattdessen Schule und Kindergarten, Rathaus und Klinik für die 400 Insulaner.

Die meisten der rund 30 Bungalowanlagen liegen am lang gestreckten Ao Khao Beach im Süden und am Suan Yai Beach im Norden. An manch einer Hippie-Hütte im alten Stil scheinen die letzten 20 Jahre spurlos vorbeigegangen zu sein. Dröhnende Jetskis und Squad-Bikes sind bis heute verpönt. Und falls dann doch mal wieder ein langnasiger blasser »farang« mysteriöserweise eine Villa ohne Fenster baut und zehn Jacuzzis davor abgeladen werden, dann weiß der Inselrat sofort, was zu tun ist: Verbot! Schön, dass es so etwas in Thailand noch gibt … Und so bleibt es hoffentlich noch lange angenehm entspannt auf dieser »deutschen« Familien-Insel.

Kajaktouren und andere Freizeitvergnügen

Zwei Tauchschulen, Kochkurse und Internet sorgen ebenso für Abwechslung wie die Schnorchelreviere an den vorgelagerten Korallenriffen. An der Küste finden Windsurfer, in den Mangrovenwäldern Kanuten ideale Bedingungen vor. Außerdem kann man Bogenschießen üben oder mit dem Mountainbike über Land touren. Beim Tauchen im nahen Tauchrevier kann man Riffhaien und Rochen begegnen.

Infos und Adressen

ESSEN UND TRINKEN

Ko Mak Seafood. Immer volles Verandalokal mit leckerer Thai-Kost, etwa Tintenfisch mit Chili in Limonensauce. Tägl. 10.30–21.30 Uhr, Ao Nid-Pier, mobile 089-833 44 74

ÜBERNACHTEN

Ao Kao/White Sand Beach Resort. Strandherberge mit 25 Holzhütten, komfortablen Lanna-Thai-Villen und Bungalows im Waschbetondesign, familiengeeignet, man spricht Deutsch. Hat Ao Kao, mobile 083-152 65 64, www.aokaoresort.com

Good Time. 40 stilvolle klassische Thai-Häuser, mit Solarkraft. Weitläufiger, ruhiger tropischer Garten, kleiner Pool, deutsch-thailändische Besitzer, 10 Minuten Fußweg zu zwei Stränden, Tel. 039/50 10 00, www.goodtime-resort.com

Palm Beach. Acht farbenfrohe Bungalows rund um einen Pool, auch für Rollstühle geeignet. Hat Ao Kao, Tel. 039/50 10 05, mobile 084-659 74 37, http://palm-beach-resort.com

Rayang Phurin. Das Resort auf der Nachbarinsel hat neun spartanische (überteuerte) Hütten am Hang und Beach mit Kaltwasserdusche, aber Traumstrand! Strom: 18–23 Uhr. Ko Rayang Nok, mobile 086-399 38 80

INFORMATION

Boote. Mehrmals tägl. vom Festlandhafen Laem Ngob oder über Ko Chang mit der Fähre (2 Std.) oder Speedboat (1 Std.), www.kohchangboat.com

SÜDEN/ GOLF VON THAILAND

14 Hua Hin mit Cha-am und Nationalpark Khao Sam Roi Yot
Baden wie die Könige

Auf dem Weg in den thailändischen Süden rattert die Bahn gemächlich den »Elefantenrüssel« abwärts, bis die ersten Apartmenttürme an der Küste auftauchen. In Hua Hin, dem ältesten Seebad Thailands, badeten schon die Prinzen und Könige des Landes. Heute verbringt ein vornehmlich älteres Publikum in dem einst mondänen Ferienort seinen Winterurlaub.

Hua Hin, rund 188 Kilometer südlich von Bangkok gelegen, wurde im frühen 20. Jahrhundert von Prinz Chakrabongse (1883–1920) bei einem Jagdausflug entdeckt. Vom Charme des Fischerorts bezaubert, ließ der Neffe König Chulalongkorns hier eine erste Strandvilla errichten. Nach der Eröffnung des Bahnhofs im Jahr 1911 zogen sich immer mehr Aristokraten und reiche Bewohner Bangkoks an den Wochenenden hierher zurück. Ihre Kinder und Kindeskinder bauten in den 1990er–Jahren zahlreiche Wohnanlagen am Strand, die als hässliche, teils zerfallene Spekulationsruinen zumeist leer stehen. Nach dem Tsunami in der Andamanensee 2004 zog es auch viele Expats aus Europa an den Golf von Thailand. Aus dem beschaulichen Fischer- und Ferienort Hua Hin wurde ein trubeliges Ferien- und Rentnerdomizil mit rund 80000 Einwohnern.

»Fern aller Sorgen«

Von den Aufenthalten der thailändischen Königsfamilie zeugt noch heute der hübsche königliche

Seite 102/103: Der 18-armige Buddha gehört zum modernen Wat Plai Lem auf Ko Samui.
Mitte: Zeuge einer glanzvollen Epoche: der königliche Pavillon am Bahnhof von Hua Hin
Unten: Der Strand von Hua Hin ist über sechs km lang.

Hua Hin mit Cha-am

Einfach gut!

Pavillon am Bahnhof Hua Hin. Der Strand mit dem Railway Hotel ist keine zehn Minuten Fußweg entfernt. In dem viktorianischen Prachtbau von 1922, in dem heute das Centara Grand Beach Resort residiert, traf sich der Thai-Adel, 1984 wurden hier Szenen des Films *Killing Fields* über die Herrschaft der Roten Khmer in Kambodscha gedreht. 1928 ließ König Prajadhipok (Rama VII., 1893–1941), etwa drei Kilometer nördlich vom Stadtzentrum Hua Hins, einen Sommerpalast im spanisch-mediterranen Stil errichten und gab ihm den Namen »Klai Kangwon«, das heißt »Fern aller Sorgen«. In dem der Öffentlichkeit nicht zugänglichen Anwesen verbringt die Königsfamilie noch heute ihre Ferien. Etwas weiter nördlich Richtung Cha-am steht ein weiterer Sommerpalast, den König Vajiravudh (Rama VI.; 1880–1925) 1923 in Auftrag gab: Der Phra Ratchaniwet Maruekhathaiyawan (auch: Mrigadayavan), was so viel wie »Palast der Liebe und Hoffnung« bedeutet, liegt direkt am Meer. Er bezaubert durch drei zierliche hölzerne Pavillons und endlose Galeriegänge. Die schöne Anlage im klassischen Thai-Stil kann im Gegensatz zum Klai Kangwon besichtigt werden.

Mediterranes Flair

In den Altstadtgassen Hua Hins rund um das geradezu futuristisch wirkende Hilton-Hochhaus in der Naresdamri Road bummeln abends die Urlauber entlang der Boutiquen, Souvenirläden und Pizzeria-Restaurants. Nach Sonnenuntergang füllen sich die Seafoodlokale, die seit Jahrzehnten auf Pfählen im Meer den Wellen trotzen, mit einheimischen und ausländischen Urlaubern. Während in der südlichen Altstadt eine mediterrane Atmosphäre mit vielen italienischen und französischen Restaurants, Bars und Biergärten herrscht, konnte sich nördlich des Luxushotels noch ein

ABENTEUER REGENWALD

Kaeng Krachan ist mit 3000 Quadratkilometern der größte Nationalpark in Thailand: Das waldreiche Gebiet zieht sich bis ins Nachbarland Burma, wo die bis zu 1500 Meter hohen Gipfel der Tenasserim-Bergkette die Landesgrenze markieren. Die Gegend beeindruckt mit Höhlen und Flüssen, mit Grassavanne, Karen-Dörfern und Wasserfällen wie dem elfstufigen Namtok Pala-U. Rund 300 Arten bunt gefiederter Vögel, die letzten wilden Tiger, rund 200 Elefanten, Bären, Rehwild und Gibbons leben in dem tropischen Regenwald. Reisebüros bieten »Adventure Tours« mit Seil und Sturzhelm, Floßfahrten und Angelausflüge an.

Nationalpark Kaeng Krachan. Tägl. 8–17 Uhr, mit Zeltplätzen, Bungalows, Lokalen und Bootsverleih, Ban Krang u. Phanoen Thung, ca. 80 km nördlich von Hua Hin, (teils nur für Jeeps passierbar), Tel. 032/46 73 26, www.dnp.go.th

MAN GÖNNT SICH JA SONST NICHTS

Das Lokal für besondere Anlässe: Die Gäste des Let's Sea speisen romantisch auf Sofas oder in Schaukelstühlen, bei einem Aperitif oder Cocktail kann man den Sonnenuntergang genießen. Die Musik machen draußen die Meereswellen und drinnen Thai-Jazz oder Chill-Sound. Auf der Al-Fresco-Dining-Karte findet man die Klassiker aus Thai- und internationaler Küche. Ob Thai-Currys oder Fettuccine: Alle Gerichte sind originell präsentiert, manche richtige kleine Kunstwerke. Zum Schluss bis Mitternacht gönnt man sich noch die »Chill-out-Muscheln« oder eine Flasche Veuve Clicquot Brut. Der Genuss hat seinen Preis – fast wie zu Hause. Wohnen kann man hier übrigens auch ganz nett in schicken Studios.

Let's Sea. Tägl. 11–24 Uhr, 83/188 Soi Huathanon, 23 Khao Takiab, Tel. 032/53 68 88, www.letussea.com

Einfach gut!

bisschen echter Thai-Alltag behaupten, etwa im Kloster-Innenhof an der Poolsuk Road. Über den westlich gelegenen Nachtmarkt an der Petchkasem Road ziehen abends verlockende Duftschwaden, regionale Spezialitäten brutzeln auf Holzkohlegrills, an den Ständen hängen Trockenfisch und anderes Meeresgetier zum Verkauf. Fährt man die Chomsin Road etwas weiter landeinwärts, erreicht man oberhalb der Stadt das kleine Parkgelände auf dem Khao Hin Lek Fai mit gutem Überblick über Küste und Stadt. Der wenig berauschende Strand Hua Hins erstreckt sich über fast sechs Kilometer nach Süden. Unter den wenigen Palmen werden vierhändige Massagen erteilt, auf dem Ponyrücken lässt sich der zumeist flache Strand bei Ebbe gut erkunden. Auf der Khao Takiap-(Takieb)-Klippe und dem dazugehörigen Wat (bitte nicht in Strandkleidung hier hochspazieren!) schaut eine große, stehende Buddha-Statue auf die Skyline von Hua Hin und Cha-am zurück: Dabei hält der Erleuchtete in der seltenen »abhaya«-Pose beide Hände wie abwehrend von sich gestreckt, trotzt nach buddhistischem Glauben so furchtlos dem Ozean und verhindert Überschwemmungen. Diese Haltung gilt als ein Sinnbild für die Beherrschung der Leidenschaften und für den Schutz, den Buddha den Menschen gewährt.

First Class in Cha-am

Rund 25 Kilometer nördlich von Hua Hin ist Cha-am an seinen Hochhaustürmen am sieben Kilometer langen weißen Strand zu erkennen. Viele gut betuchte Bewohner Bangkoks besitzen hier Apartments oder Wochenendhäuschen. Cha-am ist wochentags ein ruhiger Badeort, denn anders als im südlichen Hua Hin hat das Amüsement an den Wochenenden hier noch eher asiatischen Charakter: Abends sitzt man bei Karaoke und Thai-Pop in den Bars, in den Restaurants stehen frische Meeresfrüchte und scharfe Thai-Gerichte auf der Speisekarte. First-Class-Herbergen der internationalen Hotelketten, eingebettet in weite Gärten direkt am Strand, sind typisch für Cha-am. Auch die drei nahe gelegenen Golfplätze locken ein finanzkräftiges Publikum.

Berge, Strände, Mangroven

Rund 50 Kilometer südlich von Hua Hin ragen inmitten weiter Marschlandschaften die bizarrzerklüfteten Spitzen des Nationalparks Khao Sam Roi Yot bis auf 605 Meter auf. Zusammen mit den zerzausten Areka-Palmen auf grün leuchtenden Reisfeldern gäben sie ein zauberhaftes Fotomotiv ab, wenn nicht die vielen Garnelenfarmen mit ihren endlosen, öden Zuchtbecken wären. Die hässlichen Anlagen verunstalten nicht nur die herrliche Kulisse, sondern stören durch den Einsatz von Antibiotika auch das ökologische Gleichgewicht. Das nur 99 Quadratkilometer große Schutzgebiet gehört zu den schönsten und abwechslungsreichsten in Thailand.

Der breite Hat Sam Phraya liegt rund fünf Kilometer hinter dem Nationalpark-Büro in Ban Bang Pu und eignet sich mit seinen kleinen Strandlokalen, die im Schatten von Kasuarinen stehen, hervorragend für eine Rast. Ein weiterer

Oben: An der Bucht von Hua Hin hält ein Buddha in »abhaya«-Pose Gefahren von der Stadt ab.
Unten: Am Fischereihafen werden fangfrische Meerestiere verkauft.

schattiger Picknickplatz befindet sich am Fuße des Khao Daeng – nahe des Nationalpark-Büros. Der markante Gipfel dieses Felsmassivs kann über einen 300 Meter langen und steilen Pfad erklommen werden. Er bietet einen schönen Panoramablick über die Inselwelt und die Kalksteinberge. Beim Aufstieg lassen sich mit etwas Glück krabbenfressende Makaken oder Goralen, eine seltene asiatische Bergziegenart, beobachten. Für Vogelliebhaber ist ein Spaziergang oder ein anderthalbstündiger Bootsausflug durch die Mangroven am Morgen oder in der Dämmerung lohnenswert.

Märchenhafter Höhlen–Schrein: Phraya Nakhon

Der Nationalpark heißt nicht ohne Grund »Der Berg mit den 300 Gipfeln«. Einer der schönsten Ausflüge beginnt ab dem herrlichen weißen (Hat) Laem-Sala-Strand, zu dem man von dem Fischerdorf Bang Pu aus entweder mit einem Boot oder zu Fuß über eine die Steilküste entlangführende Felsentreppe gelangt. Vom Laem-Sala-Strand ist die Phraya-Nakhon-Höhle über einen ein- bis zweistündigen, steilen Aufstieg durch den Wald zu erreichen. In der tropfsteingefüllten Höhle erwartet die Wanderer eine märchenhafte Belohnung: Das Dach der Höhle ist im Laufe der Jahrtausende eingestürzt, und nun recken sich Bäume und Schlingpflanzen dem blauen Himmel entgegen. In der Mitte der Höhle steht ein zierlicher Pavillon mit vierfach gestaffeltem Dach und rosaroten Spitzenvorhängen. Im Sonnenlicht scheint er fast wie in Scheinwerferlicht getaucht. Von den Räucherstäbchen ziehen aromatische Schwaden durchs Gewölbe und klettern an den Sonnenstrahlen der Höhlenöffnung entgegen. Der Schrein wurde zu Ehren König Chulalongkorns (Rama V, 1853–1910) vor rund 100 Jahren eingeweiht.

Oben: Wie von Zauberhand geschaffen wirkt die Phraya Nakhon mit ihrem Pavillon.
Mitte: Vor dem Besuch der Höhle muss man eine anstrengende Wanderung auf sich nehmen.
Unten: Am Sam Phraya Beach im Nationalpark Khao Sam Roi Yot

Infos und Adressen

SEHENSWÜRDIGKEITEN

Nationalpark Khao Sam Roi Yot. Tägl. 8–17 Uhr, Moo 2 Ban Khao Daeng, ein nördlicher Parkeingang befindet sich bei Bang Pu, Highway 4, km 286, Tel. 032/82 15 68, www.dnp.go.th

Phra Ratchaniwet Maruekhathaiyawan. Tägl. 8–16 Uhr, nur in angemessener Kleidung, 4 Petchkasem Rd. (km 216, Camp Rama VI. Military-Gelände), Tel. 032/51 11 55

Phra Nakhon Khiri Historical Park (Khao Wang). Schöner »Bergpalast« auf dem Stadthügel in Petchaburi. Tägl. 9–16 Uhr, Seilbahn, in Phetchaburi oder Phetburi, ca. 70 km nördlich von Hua Hin entfernt, Tel. 032/40 10 06

ESSEN UND TRINKEN

Baan Itsara. Thai-Lokal in alter Holzvilla über dem Meer, bei den Thai sehr beliebt, gute Weine, besser reservieren. Tägl. 11–22 Uhr, 7 Nahb Kaehat Rd., Tel. 032/53 05 74

Heaven's Kitchen. Thai-Gerichte, Steaks, Wiener Schnitzel, Schweinerippchen sowie Fassbier locken viele Stammkunden ins Lokal. Tägl. 11–23 Uhr, 1/82 Ban Takiab, Tel. 032/90 80 18, www.heaven-kitchen.com

Meekaruna/Chao Lay Seafood. Restaurantklassiker auf Stelzen am Wasser: Meeresfrüchte (Fish Cakes probieren!) und leckere Thai-Currys zu ordentlichen Preisen, behindertengerechte Toilette vorhanden. Tägl. 10–22 Uhr, 26/1 bzw. 15 Naresdamri Rd., Tel. 032/51 19 32, Chao Lay, Tel. 032/51 34 36

ÜBERNACHTEN

Baan Sabaaidee. 15 moderne Studios und Apartments liegen im Garten um den Pool (Frühstück ist möglich), Gratis-Räder, der Strand ist in der Nähe. 14/56 Petchkasem Rd., südlich vom Khao Takiab, mobile 094-440 23 99, www.baansabaaidee.com

Casa Papaya. Für Individualisten: abgelegen zwischen den großen Hotels am Cha-am-Beach; nur zwölf Bungalows mit Dachveranda, Meeresblick und Hängematte, kleiner Pool. 810/4 Petchkasem Rd., Tel. 032/47 06 78, mobile 086-607 14 31 (17–20 Uhr)

AUSGEHEN

Elephant Bar. Berühmte Cocktailbar in stilvollem Ambiente mit Live-Jazz. Tägl. 10–1 Uhr, im Centara Grand Beach Resort, 1 Damnoenkasem Rd., Tel. 032/51 20 21, www.centarahotelsresorts.com

EINKAUFEN

Nightmarket (Talad To Rung) & Chat Chai Market. Tägl. 18–23 Uhr (der etwas preiswertere Chat-Chai-Markt in der Halle hat von 5–18 Uhr geöffnet), Petchkasem Rd./Ecke Dechanuchit Rd.

INFORMATION

Tourist Information (TAT). Tägl. 8.30–16.30 Uhr, Ecke Petchkasem und Damnoenkasem Rd., Tel. 032/47 10 05-6

Die Naresdamri Road von Hua Hin ist ein Paradies für Shopper.

15 Bang Saphan und Prachuap Khiri Khan
Die schmale »Taille« Thailands

**Am »Isthmus von Kra« misst das König-
reich nur ganze 13 Kilometer. Wer auf der
schmalen Malaiischen Halbinsel südwärts
reist, passiert zur Linken endlose Strände
und Fischerhäfen, zur Rechten ist es nur
ein Tigersprung durch die dschungeligen
Tenasserim-Berge bis nach Süd-Myanmar
(Burma). An der Golfküste lässt es sich
gut ein paar Tage aushalten – an eher
unbekannten goldgelben Sandstränden
im Schatten von idyllischen Tempelbergen.**

Die Nationalstraße 4 entlang der Küste führt
südwärts durch eine schöne Landschaft voller
Kokospalmen, Pinienwälder, Bananenhainen und
weiten Rambutan- und Ananasfeldern. Kaffee,
Obst, Palmöl und Kautschuk gehören zu den
Hauptexporterzeugnissen der lang gestreckten
Provinz Prachuap Khiri Khan. Die gleichnamige
Hauptstadt der Provinz liegt nur wenige Kilometer
nördlich des »Isthmus von Kra«.

Auf dem »Spiegelberg«

Im Ortskern von Prachuap Khiri Khan, das rund
30 000 Einwohner zählt, sind noch einige verbli-
chene, historische Fassaden mit Arkadengängen
zu sehen, in der flachen Fischerbucht Ao Noi I
am Ende der Strandstraße laden kleine Open-Air-
Lokale zur Pause mit Thai-Gerichten ein. Über dem
geschäftigen Fischerstädtchen ragt der markante
weithin sichtbare »Spiegelberg« Khao Chong
Krachok auf. Eine Felsöffnung hoch oben lässt ein
bisschen Himmel durchscheinen, es sieht so aus,
als wenn ein Spiegel aufblitzt. 400 Stufen führen

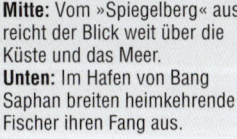

Mitte: Vom »Spiegelberg« aus
reicht der Blick weit über die
Küste und das Meer.
Unten: Im Hafen von Bang
Saphan breiten heimkehrende
Fischer ihren Fang aus.

auf den Hügel, wo im Wat Thammikaram Worawihan ein kleiner Tempelschrein und eine riesige Herde halbzahmer, aber recht aufdringlicher Makaken auf Gläubige und Besucher warten.

Strandurlaub mit den Thai

In der Nähe des weiter südlich gelegenen Fischereihafens Bang Saphan lädt der drei Kilometer lange Ban Krud Beach zu einem Badestopp ein. Am Suan Lang Beach bei Bang Saphan Yai machen auch die Thai Urlaub. Der goldgelbe Strand Ban Krud zieht sich, gesäumt von Palmenhainen und Kasuarinen, beiderseits des Aussichtspunktes auf dem Khao Thong scheinbar endlos die Küste entlang. Nur im Norden taucht am Horizont der »Spiegelberg« auf. Den besten Blick haben der meditierende Goldene Buddha im schlossartigen Wat Tang Sai auf dem Berg Ban Krud und der »Vater der Thai-Marine«, Prinz Chumphon (Abhakorn Kiartivongse 1880–1923), der im Tempel als Statue verewigt ist.

Ko Talu: Robinson & Meeresschildkröten

20 Bootsminuten von Bang Saphan liegt Ko Talu, eine private, nur 240 Hektar große Insel mit vorgelagerten Korallenriffen, in denen sich Mondsichel- und Papageifische, Anemonen und Meeresschildkröten tummeln. Sie ist fast ganz mit dichtem Dschungel bedeckt, drei weiß-blendende Strände laden zum Entspannen ein. Der Besitzer des Insel-Resorts hat nach jahrzehntelanger Dynamitfischerei, die das Korallenriff schließlich zerstört hat, 1982 ein Projekt für nachhaltige Fangmethoden eingeführt. Es wurden künstliche Riffe geschaffen und die landesweit größte, privat betriebene Farm für die Aufzucht von Karett-Meeresschildkröten eingerichtet.

I-Talay. Spezialität des Strandlokals sind das Fisch-Curry »Hor Mok Talay« und die Garnelen in Kokossauce »Choo Chee Gung«, Bungalows gibt es auch. Tägl. 12–23 Uhr, 135 Moo 9 Pongprasart, Hat Bang Saphan, mobile 089-905 85 12

Kasama. In dem amerikanisch geführten Lokal gibt es Burger, Pizza und Spaghetti, Fassbier, Wein und Cocktails. Tägl. 10–22 Uhr, 229 Moo 3 Thong Chai, Ban Krud, Tel. 032/69 55 55, www.kasamapizza.com

ÜBERNACHTEN

Baan Klang Aow. Herrlich dschungelige Anlage, große Parkett-Bungalows, vier kleine Pools – über die schmale Straße geht's zum wochentags einsamen Strand. 300 Moo 3 Hat Ban Krud, Tel. 032/69 51 23, www.baanklangaow.net

Koh Talu Island Resort. Das etwas in die Jahre gekommene Inselresort bietet Robinson-Kulisse, Stelzen-Bungalows und Villen mit Open-Air-Bädern, Kajaks und Strandbar sowie Volunteer-Aktivitäten. Ko Thalu, mobile 089-918 37 15, www.taluisland.com

Palm Gardens. Familiäre Anlage mit vier großen, spottbilligen Bungalows in Strandnähe, großer Pool im Palmengarten. Beach Rd., Bang Saphan, mobile 084-441 36 33, www.bspalmgardens.com

THAILAND
neu entdecken wie die Thai

Fischer auf der südthailändischen Insel Koh Mook

Wer die Thai richtig kennenlernen möchte, der begibt sich in ihre Tempel, Klöster oder in die gute Stube, etwa in einem Homestay. Dabei kann man in den Alltag eintauchen und gewinnt mitunter tiefere Erkenntnisse, die im Liegestuhl am Strand so nicht einfach »auftauchen«, etwa bei einem Gespräch mit Mönchen. Hier sind vier überraschende Möglichkeiten, die Thailänder und ihre Kultur ganz hautnah zu erleben.

Mit den Mönchen chatten

Nicht nur die thailändischen Jungs und Männer gehen in die Klöster, auch immer mehr Touristen. Zum »Monk Chat« laden die Klöster in Chiang Mai (zum Beispiel Wat Ram Poeng, s. S. 227). Dabei geben die Mönche bei mehrstündigen englischen Vorträgen einen Einblick in den Buddhismus und ihren Alltag, die Interessenten können Fragen stellen.

Wer es ernster meint, begibt sich in ein meist zehntägiges Meditations-»Retreat«, etwa ins Wat Suan Mokh bei Surrathani im Süden (www.suanmokkh-idh.org). Bei diesem Schnupperkurs für Anfänger müssen sich die Teilnehmer allerdings an strikte Regeln halten, etwa Alkohol- und Drogenverbot. Man darf nicht sprechen, lesen oder schreiben und trägt weiße Kleidung. Es wird gemeinsam meditiert im Rhythmus der Anapanasati-Atmung und gemeinsam gearbeitet. Es gibt keinerlei Bequemlichkeit oder gar Luxus, stattdessen Gemeinschaftsbäder mit Schöpfbecken. Geschlafen wird auf Beton ohne Matratze – nur mit einem »Holzkissen«, wie einst Buddha.

Zu Hause bei den Thai

Groß im Trend ist der »Community Based Tourism« in einfachen Homestays. Hier wird bei Familien übernachtet, ob in einem nordthailändischen Bergdorf in der Stelzenhütte oder bei einer Fischerfamilie in der südthailändischen Inselwelt, etwa auf Koh Yao Noi (s. S. 175). Man nimmt am Alltag teil, sei es beim Reispflanzen, Ernten oder Fischen.

Mit Chili und Lemongrass

Thailändisch kochen lernen kann man mittlerweile in fast jedem guten Hotel. Lassen Sie sich von einer Pionierin und herzlichen Meisterköchin im Umgang mit Chili, Zitronengras und Mörser unterweisen – in schönster Bangkok-Idylle: im traditionellen »Thai House« (s. S. 57) aus Teakholz am Kanal. Eingekauft wird natürlich zusammen auf dem Markt, wo auch die Einheimischen kaufen.

Trend: Insekten-Snack

Reinstes Bio-Food, mehrbeinig, nachhaltig und reichlich vorhanden: Manche schmecken wie Popcorn (Grashüpfer), andere wie Knusperchips. Gesund sind die Krabbeltierchen alle, weil voller Eiweiß. Und manch ein Thai schwört außerdem auf die Stimulierung der Manneskraft. Je nach Saison gibt es mal Wasserwanzen oder Bambusraupen oder auch die raren Skorpione – schön frittiert eine Delikatesse, und nicht billig. Sie glauben es nicht? Einfach auf den Straßenmärkten (s. S. 33) ausprobieren.

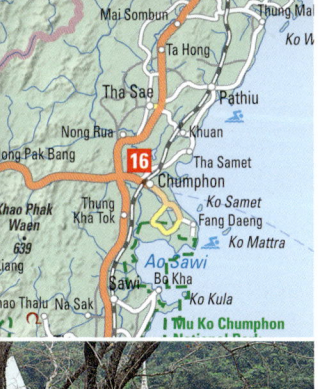

16 Chumphon
»Das Tor zum Süden«

Die Attraktionen der kleinen lebhaften Provinzstadt locken bisher vor allem Thai-Touristen an: In der Umgebung gibt es einsam-idyllische Strände, mit Tropfsteinen überfüllte Höhlen und im Regenwald versteckte Wasserfälle. Wer zum Inselhopping in den Golf will, nimmt hier das Boot Richtung Ko Tao. Mit 30 vorgelagerten Inseln und einer 200 Kilometer langen Küste hat die Gegend einen guten Ruf als Tauchrevier.

Die rund 80 000 Einwohner zählende Provinzhauptstadt Chumphon liegt ca. 460 Kilometer südlich von Bangkok, an der schmalsten Stelle der Malaiischen Halbinsel, die den Golf von Thailand von der Andamanensee im Westen trennt. Hier werden auf riesengroßen Plantagen hauptsächlich tropische Früchte wie Rambutan und Mangosteen sowie Kaffee und Palmöl angebaut. Am »Tor zum Süden«, wie die Region auch genannt wird, sind ausländische Urlauber noch in der Minderheit. Man trifft auf sie in den Fährbooten, die auf die Inseln im Golf übersetzen.

Strände und Fischerhäfen

Nicht gerade als Bilderbuchstrand, dafür umso ruhiger präsentiert sich der Hat Thung Wua Laen, der sich rund 16 Kilometer nördlich von Chumphon eine sanft geschwungene Bucht entlangzieht. Hier gibt es noch immer mehr Fischerboote und Netze als Sonnenanbeter. Keine Händler und Zöpfchenflechter, keine Massagesalons und dröhnende Motorbootscooter stören die Idylle. Der mehrere Kilometer lange Strand ist bestens ge-

Mitte: Der Prinz-Chumphon-Schrein ist dem Begründer der thailändischen Marine gewidmet. **Unten**: Ein stillgelegtes Tornadoschiff der Thai-Marine ist Ziel vieler Ausflügler.

eignet für Individualisten, die im Thailand-Urlaub mehr Ruhe als Souvenirs und Action suchen. Unter der Woche lassen sich hier noch einsame Plätzchen finden, und abends kann man die Fischerboote beobachten, wie sie mit leuchtenden Glühbirnen Tintenfische anlocken.

Auch der Hat Sai Rin rund 16 Kilometer südlich von Chumphon wirkt wochentags wie ausgestorben, macht aber zum Wochenende eine kleine Metamorphose durch: Die Imbissrestaurants und Suppenküchen an der Strandpromenade sind dann bis auf den letzten Platz besetzt, die Picknicktische und Liegestühle unter den Kasuarinen alle belegt. Aus Radios schallt Thai-Pop übers Meer, am Abend schwelen die Lagerfeuer. Die Thai-Touristen pilgern zu einem stillgelegten Tornadoschiff der Thai-Navy oder dem weißen Schrein von Admiral Prinz Chumphon (Abhakorn Kiartiwongse, 1880–1923). Der Sohn von Rama V. ist der Begründer der thailändischen Marine. Alljährlich im Dezember findet eine Feier zu seinen Ehren statt. Vom Hügel Hua Khao Chamuk Phrong hat man einen weiten Blick über die grün überwucherten Inseln vor der Küste, wo nur Schwalben zu Hause sind und ihre begehrten Nester bauen.

Höhlen-Exkursionen

Die tropische Landschaft um Chumphon ist von unzähligen Höhlen durchzogen. Die berühmtesten sind die Tham Rap Ro, die Tham Pissadan mit ihren vielen Nebenhöhlen und die riesige Fledermaus-Höhle Khao Kriep, deren Eingang man nur über 370 Stufen erreichen kann. Die meisten Höhlen liegen dank des regenreichen Klimas inmitten von dschungeligem Wald, in dem Makaken und Gibbons leben. Viele professionelle Höhlenkletterer erkunden die Region, ein Führer sollte bei den Höhlentouren stets dabei sein.

ESSEN UND TRINKEN

Nightmarket. Billig und lecker: Einen Besuch auf dem kleinen Nachtmarkt in Chumphon sollte man nicht verpassen. Tägl. 17–22 Uhr, Krumluang Chumphon Rd.

View Seafood. In dem schlichten Strandlokal genießt man Meeresfrüchte, an Wochenenden ist es meist gut besucht, es gibt auch acht Bungalows direkt am Strand. Tägl. 9–21.30 Uhr, 13/2 Moo 8 Saphli, am Hat Thung Wua Laen, Tel. 077/56 02 14

ÜBERNACHTEN

Salsa Hostel. Eine Jugendherberge der besseren Art in Bahnhofsnähe, üppiges Müsli-Frühstück, Abholservice von der Fähre, Besitzer Sood hilft bei allen Fragen. 25/42 Krommaluang Rd., Tel. 077/50 50 05, www.salsachumphon.com

Tusita. Bungalow-Resort in schönem Garten in Strandnähe, zwei Pools, gutes Lokal. 259/9 Moo 1 Paktako Tungtako, 15 km südlich von Chumphon, Tel. 077/57 91 51, www.tusitaresort.com

INFORMATION

Tourist Information (TAT). Tägl. 8.30–16.30 Uhr, 111/11–12 Thavisinkha Rd., Thatapao, Tel. 077/50 18 31-2

Der Nachtmarkt von Chumphon

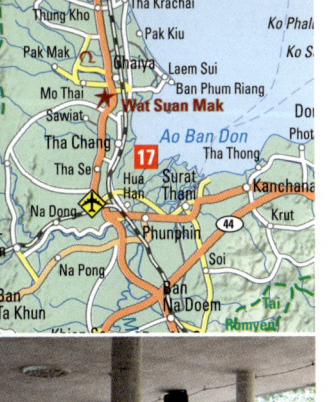

17 Chaiya mit Suratthani
Drehkreuz des Südens

Schon die zur See fahrenden Inder nutzten vor tausend Jahren den Weg quer über die Malaiische Halbinsel als Abkürzung für ihre Handelsroute von der Andamanensee ins Südchinesische Meer. Bis heute ist Suratthani das »Drehkreuz des Südens« mit Flughafen, Bahnhof und Fähren ins Inselreich des Golfs, eine üppig-grüne und wilde Gegend mit Flüssen, Hochplateaus, Bergwäldern – und den berühmten Monkey Training Schools, wo Affen das Kokosnuss-ernten lernen.

Mitte: Das Meditationszentrum des Wat Suan Mok bietet Kurse auch für Laien an.
Unten: Im Monkey Training College lernen Affen, Kokosnüsse zu pflücken.

Etwa in der Mitte des thailändischen Teils der lang gezogenen Malaiischen Halbinsel und 685 Kilometer südlich von Bangkok liegt Suratthani, die Hauptstadt der gleichnamigen Provinz. Hier lebte schon im 7. Jahrhundert ein Völkergemisch aus arabischen Kaufleuten, chinesischen Seefahrern und Schaustellern aus allen Himmelsrichtungen: Damals war Suratthani ein wichtiges Handelszentrum und im 10. Jahrhundert sogar Außenposten des indonesischen Srivijaya-Imperiums. Heute ist die Hafenstadt am Tapi-Fluss mit ihren 130 000 Einwohnern der landesgrößte Umschlagplatz für Kokosnüsse und Kautschuk, den beiden wichtigsten landwirtschaftlichen Erzeugnissen aus dem Süden. Seit mehr als hundert Jahren bilden Affen-Trainingslager in der Umgebung die als besonders intelligent geltenden ringelschwänzigen Makaken für den Ernteeinsatz aus. Im Alter von zwei Jahren beginnt das Training, zuerst am Boden an der Hand des Lehrers und an einem Gestell. Nach drei bis sechs Monaten klettern die Makaken flink auf die Palmen, suchen die reifen dunklen Kokosnüsse aus und drehen sie so lange mit Händen

und Füßen, bis die Früchte abfallen. 800 bis 1000 Kokosnüsse erntet ein gut trainierter und williger Affe am Tag, 250 Euro und mehr ist ein einjähriger männlicher Makake wert.

Eine der ältesten Städte Thailands

Chaiya, rund 54 Kilometer nördlich von Suratthani, ist heute ein ruhiger Marktflecken. Einige Historiker halten den beschaulichen Ort für die zeitweilige Festland-Hauptstadt des indonesischen Srivijaya-Reiches, das vom 7. bis zum 13. Jahrhundert auch über den tiefen Süden Siams bis zum Isthmus von Kra herrschte. Unumstritten ist, dass der Ort einen traumhaft schönen 1200 Jahre alten Tempel und ein sehenswertes Nationalmuseum besitzt. Das Wat Phra Boromathat am westlichen Stadtrand ist eines der letzten erhaltenen Relikte der Srivijaya-Epoche. Der 24 Meter hohe, weiße Chedi wurde im 8. Jahrhundert in Stufenform auf quadratischem Grundriss gebaut. Die Mini-Stupas und Fresken, die ihn schmücken, sind typisch für die indo-javanische Architektur.

Wie Buddha meditieren

Im idyllischen Waldkloster Suan Mok, etwa fünf Kilometer südwestlich von Chaiya, lehrte bis zu seinem Tod der berühmte Abt Buddhadasa Bhikku (1906–1993). Der moderne Tempel beeindruckt mit einem »Bot« in Schiffsform und vielen Skulpturen und Malereien mit buddhistisch-surrealistischen Motiven – eine wilde Mischung aus thailändischen, ägyptischen, chinesischen, japanischen und europäischen Stilen. Rund zwei Kilometer entfernt meditieren heute die Anhänger des berühmten Abtes und seiner »Anapanasati«-Lehrmethode, die die Konzentrationsfähigkeit stärken will.

SEHENSWÜRDIGKEITEN
Monkey Training College. Tägl. 8–17 Uhr, mit Show, auch einfache Homestay-Häuschen bei der Familie von Somjai Saekhow, 24 Moo 4 Thungkong, Straße 401 km 22, Tel. 077/22 73 51 und mobile (engl., dt.) 085-099 80 72, www.firstmonkeyschool.com

ESSEN UND TRINKEN
Nightmarket. Hier gibt's Thai-Delikatessen zu Spottpreisen. Tägl. 17–21.30 Uhr, Ton Pho Rd. Ecke Na Muang Rd., am Hafen (Nachtfähren-Pier), Surrathani

ÜBERNACHTEN
Chic. Ein bisschen schnörkelig, aber mit Liebe zum Detail eingerichtetes Hotel. 3/66 Ratutit Rd., Tel. 077/20 64 30

The Centrino Serviced Residence. Billige Balkon-Zimmer mit Wi-Fi, modern und freundlich. 166/76 Moo 2, Soi Si Wichai Rd. 55, Makham Tia, Surrathani, Tel. 077/20 66 55, www.thecentrino.com

INFORMATION
Tourist Information (TAT). Tägl. 8.30–16.30 Uhr, 5 Thalad Mai Rd., Surrathani, Tel. 077/28 88 18-9

Im Wat Phra Boromathat Chaiya

18 Ko Tao
Das Taucher-Eiland

Wer im Golf von Thailand schnorcheln und tauchen will, kommt am Winzling Ko Tao kaum vorbei: Nirgendwo liegen die Korallenbänke und Tauchgründe näher. Und so wurden aus Fischern, Kokospalmenfarmern und Gemüsebauern im Laufe der vergangenen drei Jahrzehnte Gastwirte und Tauchlehrer, wenigstens in der Hauptsaison. Zu den beliebten Fullmoon-Partys auf Ko Phangan ist es auch nur ein kleiner Inselsprung.

König Chulalongkorn (Rama V., 1853–1910) stattete der winzigen Insel 1899 einen Besuch ab, wovon noch immer sein Schriftzug auf einem Felsen zeugt. In den 1930er-Jahren verfrachtete man Sträflinge in Fußketten auf das thailändische »Alcatraz«. Die Hügel auf der nur 21 Quadratkilometer großen und von rund 1500 Insulanern bewohnten Insel steigen bis auf fast 400 Meter an. Steile Feldwege führen auf sie hinauf.

Schnorcheln vor dem Badelaken

Rucksackreisende entdeckten das acht Kilometer lange und drei Kilometer breite Eiland erst Mitte der 1980er-Jahre. Sie wurden von den Tauchrevieren, lauschigen Buchten und langen Sandstränden an der Westküste angelockt. An der Ostküste zeigt die bergige Insel ihr raues Gesicht. Die markanten, rund geschliffenen Granitfelsen, die allüberall an den sanft geschwungenen, von Palmen gesäumten Buchten aus dem seichten Wasser ragen, erinnern an die Seychellen. An den der Küste vorgelagerten Korallenriffen befinden

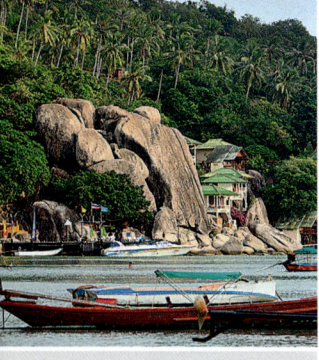

Mitte: Die abgelegene Mango Bay im Norden von Ko Tao ist ein Paradies für Schnorchler.
Unten: In den Buchten an der Ostküste von Ko Tao ragen Granitfelsen aus dem Wasser.

sich herrliche Tauchgründe, die meistens innerhalb einer Bootsstunde zu erreichen sind. Shark Island und Green Rock zählen zu den besten. Geradezu spektakulär ist Chumphon Pinnacle im Nordwesten: Hier tummeln sich Riesenzackenbarsche, Barrakudas, Rotfeuerfische, Teufelsrochen, Walhaie und manchmal sogar Meeresschildkröten. Mit etwas Glück lassen sich von November bis Februar Riffhaie blicken. Mehr als 40 internationale Tauchschulen werben um die Gunst der vorwiegend jungen Urlauber. In der Tauchsaison von November/Dezember bis Juli/August kann es voll werden an den Tauchspots.

Idyllische Buchten

Touristisches Zentrum mit Bars, Massage-Spas, Muay-Thai-Kickboxen und Yogaschulen ist der Fährhafen Mae Haad an der Westküste. Im Norden verläuft der trubelige Sairee Beach, an seiner asphaltierten »Hauptstraße« reihen sich Bungalowdörfer, Open-Air-Restaurants, Supermärkte und Tauchschulen aneinander. Nicht ganz so trubelig geht es an den Stränden und Buchten im Süden der Insel zu, etwa an der Ao Chalok Baan Kao oder an der malerischen Ao Jansom. Nur an der Ostküste gibt es sie noch, die klitzekleinen, romantischen Buchten ohne Tauchstress, den Geheimtipp mit der Hängematte unter Kokospalmen: etwa die pittoreske Schnorchelbucht Tanote, der verträumte Sai Nuan Beach oder die zauberhafte Ao Leuk. Allerdings sind diese kleinen Paradiese ebenso wie die Mango Bay an der Nordküste nur mit Geländemotorrad, Jeep, Fischerboot oder nach einem schweißtreibenden Fußmarsch zu erreichen.

Die der Nordwestküste vorgelagerte Ko Nang Yuan besteht aus drei grünen Hügeln, die nur bei Ebbe durch Sandbänke miteinander verbunden und bei Flut vom türkisblauen Meer umspült sind.

ESSEN UND TRINKEN

Yin & Yang. Winziges Lokal mit Thai-Currys zu Preisen wie vor Jahrzehnten, dafür nimmt man die Lage direkt an der (wenig befahrenen) »Hauptstraße« in Kauf. Tägl. 11–22 Uhr, Chalok Baan Khao, mobile 087-281 06 28

ÜBERNACHTEN

Charm Churee Village. Die rustikalen Bambushütten und gut ausgestatteten Cottages, teils mit Open-Air-Bädern, verteilen sich treppauf und treppab über Felsen und vier dschungelige Strände, zwei Pool-Villen, Tauchschule. 30/1 Jansom Bay, Tel. 077/45 63 39-4, www.charmchureevilla.com

Coral View. Ruhig, einfach, sehr abgelegen und über einem tollen Mini-Strand: Robinson-Hütten mit Holz und Bastmattenwänden (nur Ventilator), Kajaks und Tauchschule. Haat Sai Daeng, Tel. 077/45 60 58, www.coralviewresort.com

View Point. Die traumhaften Cottages und Pool-Villen verstecken sich im Grünen direkt über dem Meer: toller Blick, herrliche Bäder, hervorragendes (teures) Lokal. Chalok Baan Kao, Tel. 077/45 64 44, www.kohtaoviewpoint.com

Der Sairee Beach an der Westküste

19 Ko Phangan
Die »Monster Rave«-Insel

In Vollmondnächten verdreifacht und verjüngt sich auf einen Schlag die Inselbevölkerung auf Ko Phangan. Zehntausende Jugendliche entern dann das bergige Golf-Eiland – und das schon seit Jahrzehnten! Irgendwo geht immer eine Party ab: Fullmoon Party, Halfmoon Party, Shiva Moon Party. Auch der Urlaubs-Service ist jugendlich-trendy: »Cosmic Energy Massage«, »Dreadlocks Repair« und gefühlte hundert Yoga-Retreats…

Die mit einer Fläche von 170 Quadratkilometern fünftgrößte Insel Thailands besteht zu mehr als zwei Dritteln aus Bergen. Dichter Regenwald mit riesigen Baumgiganten und Palmenhaine prägen das Landschaftsbild. In den 1980er- und 1990er-Jahren war Ko Phangan das Mekka von Alt- und »New Age Hippies«: Am Hat Rin im äußersten Südostzipfel Ko Phangans trafen sich ab 1987 die Langhaarigen aus aller Welt im Adamskostüm und ließen Haschischpfeifen und Joints kreisen.

Am »Ballermann« Thailands

Doch jahrelange Mundpropaganda veränderte das Antlitz der einstigen Hippie-Enklave und die Klientel. Bungalows, Bratnudel-Lokale und Tattoo-Stuben schossen aus dem Sandboden; die Hippies sind mittlerweile heimisch geworden und leben vom Verkauf selbst gemachter Kleidung und selbst gemachten Schmucks. Die Insel ist zum Jahreswechsel fast komplett ausgebucht. Zur jeden Monat stattfindenden, durchkommerzialisierten »Fullmoon-Party« wird es am Hat Rin selbst zum Liegen zu eng. Bis zu 50 000 Jugendliche strömen

Mitte: Die nächtlichen Strandpartys am Hat Rin sind berühmt und berüchtigt.
Unten: Strandgänger am Hat Rin, der erst gegen Mittag zum Leben erwacht.

Trubel oder Entspannung – oder beides...

Die Insel bietet jede Menge Abwechslung: Trubel auf Partys, Naturgenuss auf Trekkingtouren und besinnliche Stunden bei Meditation.

A Thong Sala. Jeden Samstag ist hier Sehen und Gesehenwerden angesagt. Die Einheimischen starten das Wochenende gern mit einem Spaziergang über die »Walking Street«. In der Soi Krung Thai findet man Shops und Lokale.

B Wat Kow Tahm Meditation Center. Das auf einem Hügel gelegene Kloster bietet atemberaubende Fernsichten und zehntägige Meditationskurse in englischer Sprache. Tägl. 8–18 Uhr, 144 Moo 1 Ban Tai, mobile 083-593 35 97, www.kowtahm.com

C Wat Pho Herbal Sauna. Die Kräutersauna des Klosters bietet traditionelle Massagen und Hautbehandlungen an, Shop mit Kräutertees, Seifen, Ölen. Tägl. 15–18 Uhr, Ban Tai, Tel. 084-851 04 19

D Namtok Phaeng. Beeindruckender Wasserfall mit Badepool, Zeltplatz, Youth Hostel und zwei Imbisslokale in der Nähe. Tägl. 8–17 Uhr, Ban Madeua Whan.

E Khao Ra. Der 627-Meter-Berg mit Aussichtsplattform auf dem Gipfel! Tägl. 8–17 Uhr, Guides gibt es beim Visitor Office des Nationalparks in Ban Madeua Whan, Tel. 077/23 82 75, oder im Dorf.

F Jao Mae Kuan Yin (Wat Paa Sang Tham, Wat Sangthom). Den weitläufigen chinesichen Tempel besucht man in angemessener Kleidung, Feste finden im Januar, Mai und August statt. Tägl. 8–17 Uhr, Moo 7 Ban Chaloklam, (kein Tel.)

G Namtok Than Sadet. Der Wasserfall gilt als heilig und wird am besten per Boot vom Than Sadet Beach aus erreicht. Tägl. 8–17 Uhr

RAVE ALL NIGHT LONG

The funky place to be: Es muss nicht immer Vollmond sein, um auf Ko Phangan die ganze Nacht durchtanzen zu können. Auf dem einzigen Party-Boot der Insel schwankt jeden Sonntag der Dancefloor zu den Housebeats von internationalen DJs. Hier kann man tanzen und chillen von Sonnenuntergang bis Sonnenaufgang und das abseits der Massen. »Nur« maximal 150 Gäste bewegen sich zu den Sunset Grooves der Tech House Party oder chillen beim eisgekühlten Bier in der Hängematte – am Ende sind alle irgendwie befreundet und glücklich. Manche schwärmen von den inselbesten Mai-Tai-Cocktails bei Sonnenuntergang zur Happy Hour zwischen 17 und 19 Uhr und dem netten, immer gut gelaunten Team.

Loi Lay Floating Bar. So ab 17 Uhr, Eintritt ab 21 Uhr, Pier Ban Tai, mobile 084-454 72 40

Nicht verpassen

dann an den Strand und feiern bei »Fireshows« und wummernden Bässen die ganze Nacht durch. Seit 2014 gibt es Sicherheitspersonal, Kameraüberwachung und nach Geschlechtern getrennte Toiletten.

Abseits der »Partyzone«

An den rund 30 Stränden und Minibuchten auf Ko Phangan findet jeder das Passende. Der auch tagsüber schöne und breite Hat Rin erwacht erst gegen Mittag zum Leben – dann aber richtig mit lauten Jetskis und Sonnenbaden in Viererreihen. An der Westküste reihen sich die Strände Ban Tai, Hin Kong, Sri Thanu, Laem Son, Chao Phao, Yao West und Salad aneinander, meist flach und oft eher schlammig. Nachts tanzen in den Buchten die Lichter der »Fireshows«. Die idyllischeren Strände an der raueren Ostküste sind nur per Longtailboat oder Fußmarsch durch den Dschungel zu erreichen – so ist das Flair der Hippie-Zeit erhalten geblieben. Die nur mit einem Boot erreichbare, malerische Zwillingsbucht Tong Nai Panan an der Nordküste präsentiert sich als reinste Postkartenidylle.

Ebenfalls im Norden liegt, hinter dem 422 Meter hohen Khao Ta Luang versteckt, der Hat Khuat, der »Flaschen-Strand«, wohin man nur nach einer einstündigen Trekkingtour vom winzigen Hat Khom aus gelangt.

»Lucky Number«: Glück gehabt?

Wo immer in Thailand eine Kokosnuss serviert wird, stammt sie meist, wenn nicht aus Ko Samui, so doch aus Ko Phangan. Der Export von Kokosnüssen ist immer noch eine der Haupteinnahmequellen der rund 14 000 Insulaner. Mit etwas Glück trifft man unterwegs auf einen der

Infos und Adressen

tierischen Erntehelfer, die auf den Plantagen den Arbeitern zur Seite stehen. Die in der Affenschule von Suratthani (s. S. 116) ausgebildeten Makaken holen die Nüsse im Rekordtempo von den Bäumen.

Auf der Inselstraße gen Norden zum Fischerhafen Chaloklam passiert man beim Kilometerstein 8 den bunten, 1992 erbauten Jao-Mae-Kuan-Yin-Tempel, in dem Besucher das »siem sii«-Orakel nach ihrem Schicksal befragen können – gegen eine kleine Spende und in angemessener Bekleidung versteht sich. Dazu schüttelt man die nummerierten »Lucky Number«-Bambusstäbchen im Behälter, und mit der Nummer des am weitesten herausgerutschten Stäbchens sucht man die gedruckte Weissagung aus dem Regalschrank.

Königliche Kaskaden

Viele kulturelle Sehenswürdigkeiten hat Ko Phangan nicht zu bieten, dafür jede Menge wild-schroffe Natur. Beim Aussichtspunkt oberhalb des Phaeng-Wasserfalls im Zentrum der Insel schweift der Blick aus 300 Metern Höhe weit über die mit dichtem Regelwald bedeckten Hügelketten und das blaugrüne Meer. Bei guter Sicht taucht am Horizont sogar Ko Tao auf (s. S. 118). Im Norden erhebt sich der mit 627 Metern höchste Berg Ko Phangans, der Khao Ra. Mit seinen dschungeligen Flanken trennt er die Strände Tong Nai Pan Yai und Tong Nai Pan Noi vom Rest der Insel ab. Hat man nach einem zweistündigen Marsch durch den Dschungel den Gipfel erklommen, wird man mit einem sagenhaften Blick über die Chaloklam-Bucht belohnt. Vom Hat Sadet an der Ostküste führt ein drei Kilometer langer Wanderpfad ent-lang des »Königsflusses« zum zehnstufigen Wasser-fall Than Sadet – immer auf den Spuren von König Chulalongkorn (Rama V.), der hier seine Initialen auf einem Felsen hinterlassen hat.

ESSEN UND TRINKEN

La Plage. Romantisch-stilvolle Gartenpavillons, Thai-Küche mit einem Hauch Frankreich. Tägl. 7–23 Uhr, 69/13 Moo 4 Naiwok, Kupu Kupu Resort, Tel. 077/37 73 84, www.kupuphangan.com

Monna Lisa. Holzofen-Pizzen, hausgemachte Pasta und Risotto. Tägl. 11–23 Uhr, Hat Rin Pier, mobile 084-441 58 71

ÜBERNACHTEN

Longtail Beach. 20 saubere und spottbillige Palmblatthütten im gepflegten Palmengarten. 2/5 Moo 7 Thong Nai Pan Yai, Tel. 077/44 50 18, www.longtailbeachresort.com

Loyfa Natural Resort. Ruhige An-lage mit 40 verschiedenen großen Cottages und Pool-Villen am eige-nen Mini-Strand. 214/9 Moo 1 Hat Sri Thanu, Tel. 077/37 73 19, www.loyfanaturalresort.com

AKTIVITÄTEN

Eco Nature Tour. Tagestouren mit Elefantenreiten, Schnorcheln, Beach Hopping und Vier-Stunden-Treks auf den Khao Ra. Tägl. 9–15 Uhr, mobile 084-850 62 73 (Khun Korn) und 077/37 78 44-5

Kite- & Wakeboarding. Die erste Kite-Schule Thailands. Tägl. 10–18 Uhr, 101/7 Moo 1 Ban Tai, mobile 080-600 05 73, www.kiteboardingasia.com

INFORMATION

Phangan Info/Phangan Navigator. www.phangan.info, www.kohphanganthailand.com

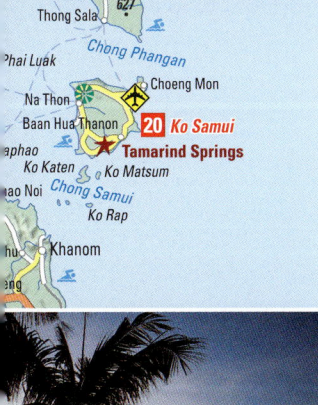

20 Ko Samui
Hängematte oder Marmorwanne

Ko Samui ist unbestreitbar die Nummer eins im Golf von Thailand. Ob man nun mit Rucksack oder Beautycase anreist, die Insel hat jedem etwas zu bieten: kilometerlange Strände und malerische Buchten unter Kokospalmen, Fischerdörfer und Souvenirmärkte, Top-Restaurants, wohltuende Luxus-Spas und Reggae-Pubs. Selbst Weltstars haben hier ihr Feriendomizil, und immer öfter wirbt die Tropeninsel mit einem modisch-neuen Schlagwort: »sophisticated«, also teuer…

Mit einer Fläche von 247 Quadratkilometern ist Ko Samui, rund 700 Kilometer südlich von Bangkok gelegen, die nach Phuket (s. S. 136) und Ko Chang (s. S. 94) größte Insel in Thailand und zugleich das größte Eiland im 102 Quadratkilometer großen Nationalpark Ko Ang Thong Marine, der aus mehr als 70 Inseln und Inselchen besteht. Rund 50 000 Menschen leben auf der Kokosinsel, im wenig besiedelten Zentrum erhebt sich der höchste Berg Samuis, der 635 Meter hohe Khao Thai Kwai, umgeben von Tropenwald und Plantagen für Obst und Kokospalmen.

Ko Samuis Hippiezeiten

Ein Rückblick: Die ersten barfüßigen Hippies sollen schon Ende der 1960er-Jahre hier gesichtet worden sein. Die Robinsons mussten noch eine 14-stündige Zugfahrt aus Bangkok in Kauf nehmen und im Festlandsnest Suratthani in die klapprige, überfüllte Fähre umsteigen. Die Wege ins Paradies sind bekanntlich mühsam, doch die berüchtigten

Mitte: Der Big Buddha Beach verdankt seinen Namen einer Statue des Erleuchteten im nahen Wat.
Unten: Im einstigen Fischerdorf Bo Phut beherrschen Touristen die Straße.

Erhaben thront der Big Buddha über dem Wat Hin Ngu und blickt auf Ko Samui.

Einfach gut!

Omelettes mit den »magic mushrooms« hatten einen verlockenden Ruf. Seit der Flughafeneröffnung 1989 kommen die Pauschalurlauber aus Europa mit dem Flieger auf die Insel. Die Touristenzahl stieg auf rund 1,5 Millionen jährlich. Seit dem Tsunami von 2004 werden es immer mehr. Viele Europäer meiden bis heute die von der Katastrophe besonders betroffenen Gebiete in der Andamanensee und machen lieber am Golf von Thailand Urlaub. Auf Ko Samui brach ein regelrechter Bauboom aus.

Heute gibt es mehr als 700 Hotels mit 20 000 Betten, zunehmend in coolen Designherbergen und in hinter hohen Mauern versteckten Poolvillen. Statt Dschungel und Palmenhainen prägen in den beliebtesten Urlaubsorten Chaweng und Lamai endlose Schilderwälder das Bild, gegen 18 Uhr geht nur noch Stop-and-go auf der rund 50 Kilometer langen, aber viel zu schmalen Inselringstraße.

Zum Großen Buddha

Beim Big Buddha kann man sich zuerst einmal einen Überblick verschaffen: Die zwölf Meter hohe, 1972 erbaute Buddha-Statue im Wat Hin Ngu im

NIRWANA CAN WAIT …

Das haben Sie sich verdient: Ein Tag im Spa gehört in Ko Samui einfach dazu. Unzählige Wellness-Oasen und Yoga-Retreats laden zum Entspannen ein. Wie wär's mit »getting stoned on Samui«? Da gibt es auf der einstigen Hippie-Insel sicher auch heute noch viele Wege, doch nur einer führt ins preisgekrönte Tamarind Retreat bei Lamai – eines der ältesten und besten in Thailand. Hier sind ultimatives Relaxen bei Hot-Stone- oder Thai-Massagen, Kräutersauna oder Badevergnügen im Naturpool unterm Dschungeldach angesagt. Entsprechend des ganzheitlichen Ansatzes muss das Smartphone beim Eintritt ins Wellnessparadies abgegeben werden.

Tamarind Springs Spa & Villas. Tägl. 10–16 Uhr, vier Stunden inkl. 2,5-Std. Massage und Dampfbad, 205/7 Thong Takian, Lamai, mobile 080-569 66 54, www.tamarindsprings.com

BEACH OASE

Die versteckte Beach Oase ist einfach, rustikal und authentisch – die Preise sind nicht der Rede wert. Wer mittags bei Puchit und seinen Angestellten vorbeikommt, kann eine Runde im türkis schimmernden Meer drehen und anschließend auf Sonnenliegen aufs Essen und abends auf den Sonnenuntergang warten. Palmen und Meerestrauben bieten schattige Plätzchen, das Meer plätschert vor sich hin. Kokosnuss, Singha-Bier oder Wein kommen gekühlt auf den Rattantisch. Die Meeresfrüchte sind frisch und lecker, das Gaeng Khiao Wahn Gai, das Grüne Hühner-Curry, schmeckt wie es schmecken sollte. Der Koch macht auch die Pizza selbst und gibt auf Wunsch Kochkurse. Die Oase kann auch für private Strandpartys oder Hochzeiten gemietet werden.

I-Talay Nasai Garden. So–Fr 10–21, Sa 13–21 Uhr, Hat Taling Ngam (nahe »Intercontinental«), mobile 081-721 36 83, www.samuibeachbar.com

äußersten Nordosten der Insel ist eine der Hauptattraktionen Ko Samuis. Auf dem Tempel-Areal sieht man, wie Gläubige bronzene Tempelglocken im Uhrzeigersinn umrunden und dagegen schlagen. Viele Skulpturen stellen Sagengestalten aus der thailändischen Mythologie dar. Wie im Kasino sind »Geburtstags«-Buddhas aufgereiht, für jeden Wochentag einer. Ein Schild empfiehlt: »Risk merit making« – »riskieren Sie eine Spende!« Also wirft der Besucher ein paar Münzen in den »Buddha-Glücks-Automaten« und hofft auf eine unfallfreie Inselrundfahrt. Nach dem Tempelbesuch geht's vorbei am Big Buddha Beach und dem ehemaligen Fischer- und Hippieort Bo Phut zum tief abfallenden Mae Nam Beach, der für jede Geldbörse und jeden Anspruch das passende Stranddomizil zwischen Palmenhainen bietet. Von Ko Phangan (s. S. 120) aus kann man den Strand mit einem Boot erreichen.

Überschaubare Insel-Metropole

In der kleinen Inselhauptstadt Nathon an der Westküste herrscht stets lebhaftes Treiben. An der Hauptstraße Thaweerat Phakdee laden mehrere Souvenirshops, Schmuck- und Secondhandbuchläden zum Schauen und Stöbern ein. Die Suppenküchen nahe der Piers sind besonders am Nachmittag gut besucht. Auf dem überdachten Markt herrscht vormittags dichtes Gedränge, Gemüse- und Obstberge aus den Gärten im Inselinnern türmen sich dann auf den Ständen. In den Parallelstraßen und Quergassen der Thaweerat Phakdee stößt der Spaziergänger noch auf einige hölzerne »Shophouses«. Der von Löwen bewachte chinesische Tempel in der Soi 4 ist besonders sehenswert. Das Meer ist an der Westküste oft zu flach zum Schwimmen, dafür kann man an den Stränden hier Sonnenuntergänge genießen.

Einmal rund um die Insel

Die Inselringstraße führt auf 51 Kilometern vorbei an Aussichtspunkten, Wasserfällen und Büffelkampf-Arenen. Den Rest der »tierischen« Attraktionen wie Affenschulen, Krokodil-Shows und Butterfly-Farmen kann man sich schenken.

Ⓐ Big Buddha. Der »Phra Yai« zieht täglich Hunderte von Besuchern und Gläubigen an. Tägl. 8–18 Uhr, Wat Hin Ngu, Ko Fan, Abzweig von der Ringstraße auf die 4171 Bangrak.

Ⓑ Namtok Hin Lat/Wat Hin Lat. 15 Meter hoher Wasserfall mit Badepool nahe dem idyllisch gelegenen Waldkloster. Tägl. 8–17 Uhr, kein Eintritt, Abzweig von der Ringstraße bei Ban Lipa Yai.

Ⓒ Namtok Namuang. Der Wasserfall liegt in einer schönen Waldlandschaft mit Badelagune, Elefantenreiten ist möglich. Tägl. 8–17 Uhr, Abzweig von der Ringstraße bei Ban Suan Thurian (ca. 10 km südlich von Nathon).

Ⓓ Wat Khunaram. Die sonnenbebrillte Mumie des 1973 verstorbenen Abts Luang Po Daeng empfängt hier die Besucher, viele Imbiss- und Souvenirstände. Tägl. 8–18 Uhr, im Süden an der Ringstraße hinter Ban Tha Po km 13.

Ⓔ Hin Ta & Hin Yai. Viel fotografierte markante Felsen in der Bucht bei Lamai, viele Thai-Restaurants, Souvenirstände und Bretterbuden-Boutiquen. Abzweig von der Ringstraße nahe km 18.

Ⓕ Lamai Cultural Hall (Natural Museum). Das kleine Heimatkundemuseum stellt allerlei Haushalts- und Landwirtschaftsgegenstände aus. Tägl. 8–16 Uhr, im Wat Lamai, Ban Lamai.

Ⓖ Beverly Hills. Ein Restaurant-Klassiker, der über der Steilküste zwischen Chaweng und Lamai thront und zum gleichnamigen Boutique-Hotel gehört. Tägl. 8–22 Uhr, 212 Moo 4, Maret, Tel. 077/42 22 32

Wie ein Phallus ragt der Felsen *Hin Ta* (Großvater) am Lamai Beach auf.

Einfach gut!

SHOPPEN, SCHMAUSEN UND CLUBBING

Die Hauptgasse im ehemaligen Fischerhafen Bo Phut verwandelt sich jeden Freitagnachmittag in eine Fußgängerzone: Die Walking Street im »Fisherman's Village« ist der beste Nightmarket auf Ko Samui: viele Souvenir- und Kunsthandwerksläden, Lokale und Bars mit gediegen angenehmer Atmosphäre – ganz ohne »Lady-Boys« und »Lady-Bars«. Man bummelt von Stand zu Stand, feilscht (unbedingt!) um hölzerne Elefanten oder hübsch geschnitzte Seifen und futtert sich an diversen Imbissen einmal durch die Thai-Küche. Die leckeren runden Reispuddings oder Pad Thai schmecken einfach köstlich! Nur wenige Schritte abseits des Trubels haben sich einige alte chinesische Shop-Houses behauptet, hinter deren Schiebegittern im Wohnladen noch die Oma fernsieht.

Nightmarket Fisherman's Village Bo Phut. Fr 17–23 Uhr, Main Rd., Bo Phut

Abseits des Trubels

Trotz des Wandels hat sich Ko Samui seine ländliche Idylle bewahrt. Schotterpisten, die man nur mit dem Jeep bewältigen kann, führen ins Inselinnere bis auf den mit 635 Metern höchsten Berg der Insel, den Thai Kwai. Von hier oben liegt Ko Samui wie ein Meer aus Palmenhainen, Kautschukplantagen und Feldern mit Kaffeesträuchern, Kaschu- oder Papayabäumen ausgebreitet. Hier und da taucht ein Bauernhaus aus dem satten Grün auf. Auch in den schläfrigen, vorwiegend muslimischen Küstenorten entlang der Ringstraße leben die älteren Insulaner noch wie ihre Vorfahren vom Fischfang und der Kokosnusswirtschaft. An der Thong-Krut-Bucht im äußersten Süden der Insel verdienen sich die Fischer ein kleines Zubrot, indem sie die Touristen zu den Nachbarinseln Tan und Matsum übersetzen.

Beach, Bars und Bundesliga

An der Ostküste lockt Lamai mit einem fast sichelförmigen, vier Kilometer langen, palmenübersäten Strand und der höchsten Konzentration an Open-Air-Bars auf Ko Samui. Bundesliga-Ergebnisse, deutsches Bier und Currywurst muss hier keiner ver-

missen, die Bardamen kümmern sich um (allein reisende) Herren aus aller Welt. Wer nicht nur die Seele
baumeln lassen, sondern auch den Geist auf eine
Zeitreise mitnehmen will, wird in der Lamai Cultural
Hall im Wat Lamai fündig: Eine engagierte Ausstellung dokumentiert mit Alltagsgegenständen die
Geschichte der Insel, etwa mit *nang talung*-Schat-
tentheaterpuppen aus Büffelleder, Tonkrügen und
landwirtschaftlichem Gerät, aber auch mit einer
2000 Jahre alten bronzenen Kriegstrommel und
antiken Waffen. Man beachte auch die antiken
Abakusse und die *chein mak*-Zahnstocher für Betel-
nusskonsumenten. Die beiden Felsformationen am
Südende von Lamai Beach, ein phallusförmiger Bro-
cken, den die Thai *Hin Ta* (Großvater) nennen, und
eine Felsenritze, die *Hin Yai* (Großmutter) getauft
wurde, sind beliebte Fotomotive.

Chaweng: Multi-Kulti-Babylon

Die schmale Ringstraße macht nun direkt an den
Klippen einige schwunghaft-gefährliche Kurven,
der Blick schweift über die Steilküste, Palmenwipfel
und das tiefblaue Meer. Chaweng mit seinem sieben
Kilometer langen Strand erstreckt sich hinter einer
Lagune über drei kleine Buchten: Allein ist man
an dem Bilderbuchstrand nicht, den lauten Trubel
muss man mögen.

Das letzte Hängematten-
Hideaway

Nördlich von Chaweng liegt die Thongson-Bucht
versteckt. Hier hält Suthipong Charoensuk, ein
echter Samuianer im Hüftsarong mit bloßem
Oberkörper, in seinem Strandlokal die Stellung. Er
ist einer der letzten Insulaner, die sich mit wind-
schiefem Stelzenhäuschen aus Palmblättern und
Bastmatten am lückenlos luxuriös zugebauten
Nordostzipfel behaupten konnten.

Oben: Fast zu schön, um wahr
zu sein: Sonnenuntergang am
Chaweng Beach
Mitte: Im Schmetterlingsgarten
von Ko Samui fliegen Hunderte
von Faltern herum.
Unten: Die Na-Muang-Wasser-
fälle im Zentrum von Ko Samui

Infos und Adressen

Das »Rocky's«: ein Boutique-Resort
der Extra-Klasse

SEHENSWÜRDIGKEITEN

Laem Sor/Khao Chedi. An einem abgelegenen
Strand im Süden erhebt sich die fotogene gol-
dene Pagode, bewacht von zwei Yak-Riesen, die
man bitte nicht im Bikini, sondern in angemes-
sener, körperbedeckender Kleidung besucht.
Am Hügel thront eine weitere Pagode, der
Khao-Chedi mit tollem Sunset-Panoramablick.
Tägl. 8–18 Uhr, kein Eintritt, Bang Khao Beach,
Abzweig von der Straße 4170 bei Ban Thongkrut

Tarnim Magic Garden. Der verstorbene
Bildhauer Nim Thongsuk erschuf den verwun-
schenen Garten mit hundert verschiedenen
Buddhas, Hindu-Göttern und Fabelwesen.
Tägl. 10–17 Uhr, nur mit Allradantrieb oder
Mofa (teils steile Piste!), Abzweig an der Ring-
straße 4169 gegenüber vom Wat Khunaram

Wat Plai Lam. Dieser etwas kitschige Disney-
Tempel mit dem dicken chinesischen Buddha
und vielen kunterbunten Figuren ist schon von
Weitem an der riesigen 18-armigen Kuan Yin
zu erkennen. Tägl. 8–18 Uhr, Ban Plai Laem,
Straße 4171, mobile 098-069 40 19

ESSEN UND TRINKEN

Angela's Bakery & Cafe. Deutsches Brot,
leckerer Kuchen und ordentliches Frühstück,
auch Snacks, Suppen und Thai-Speisen werden
hier serviert. Tägl. 7.30–16 Uhr, 64/29 Moo 1
Mae Nam, Hauptstraße, Tel. 077/42 73 96

Orgasmic. Romantisches Sunset-Strandlokal
abseits des Trubels – unbedingt probieren:
Tiger Prawns in Orangen-Currysauce und das
Tonkabohnen-Eis, gute Bar, gehobene Preise.
Tägl. 15–22 Uhr, 147/24 Moo 1, am östlichen
Ende der Bo Phut Beach Rd., mobile 098-
724 17 03, www.orgasmic-samui.com

Red Snapper. Exzellentes Essen und professionelle Cocktails, ab 20.30 Uhr fetzige Livemusik in einer dezent-schicken Bar. Tägl. 17–
23 Uhr, 155/4 Moo 2, Chaweng Beach Rd.,
Tel. 077/30 02 00-4, www.redsnappersamui.com

The Page. Fusion-Food vom Feinsten: In dem
Strandlokal stimmt alles: vom Service über die
Präsentation bis hin zu den authentisch-schar-
fen Thai-Gerichten und dem fast samtig-wei-
chen Wagyu Tenderloin Beef. Tägl. 17–22.30
Uhr, The Library, 14/1 Moo 2 Chaweng Beach,
Tel. 077/42 27 67-8, www.thelibrary.co.th

ÜBERNACHTEN

Beer House. Dass es so etwas noch gibt! Palmblattgedeckte, spartanische Backpacker-Hütten
bei Muk und Ben, keine fünf Meter vom Meer,
Klopapier und Vorhängeschloss mitbringen!
161/4 Moo 4, Lamai, Tel. 077/25 65 91,
www.beerhousebungalow.com

Buri Rasa Village. Mitten im Trubel und trotzdem familiäre Atmosphäre: wunderschönes
Hideaway mit 32 Zimmern, Pool und viel Grün
am zentralen Chaweng Beach. 11/2 Moo 2 Chaweng, Tel. 077/23 02 22, www.burirasa.com

Coral Cove Chalet. Die romantische Herberge
thront mit Bungalows und Balkon-Zimmern

über einer winzigen, ruhigen Traumbucht mit Seychellen-Felsen (Treppen!), etwas eng gebaut, aber mit großem Pool. 210 Coral Cove, Lamai, Tel. 077/44 85 00-1, www.coralcovechalet.com

Peace Resort. Eher beschaulich ist es in dem alten, aber völlig umgebauten Klassiker am Bo Phut Beach mit stilvollen Häusern im dschungeligen Garten. 178 Moo 1 Bo Phut, Tel. 077/42 53 57, www.peaceresort.com

Rocky's. Die Zimmer kosten leider keine 10 D-Mark mehr wie 1996. Das Boutique-Resort an drei winzigen Privatstränden ist eines der schönsten (Honeymoon-)Luxusresorts – dank tausend liebevoll gestalteter Details. 438/1 Moo 1 Maret, Lamai, Tel. 077/23 30 20, www.rockyresort.com

The Library. Teuer, funky und durchdesignt vom iMac, Lichtspielereien und Whirlpool in den Studios bis zum blutroten Pool und dem Frühstück im »Beach-Bett«. 14/1 Moo 2 Chaweng Beach, Tel. 077/42 27 67-8, www.thelibrary.co.th

Thongson Bay Bungalow. Stelzenhäuschen in winziger Bucht und relaxte Atmosphäre bei der Familie von Suthipong, gutes Strandlokal. 12/3 Moo 5 Bo Phut, mobile 081-891 46 40, www.thongsonbay.com

W Retreat. Coole Designherberge mit Fünf-Sterne-Pool-Villen direkt über dem Mae Nam Beach – wer sich's leisten kann … 4/1 Moo 1 Maenam, Tel. 077/91 59 99, www.starwoodhotels.com

AUSGEHEN

Ark Bar. Drei Ballermann-Beach Bars mit Dauer-Bespaßung bei Jacuzzi, BBQ oder Fire-shows, Mi und Fr Partys, auch einige Zimmer für Nachtschwärmer. Tägl. 14–2 Uhr, 159/89 Moo 2 Chaweng Beach, Tel. 077/96 13 33, www.ark-bar.com

EINKAUFEN

Fishermen Pants. Ob zum Fischen, Meditieren oder Tai Chi – kein Insel-Urlaub ohne dieses trendige Outfit! Tägl. 10–20 Uhr, 156/7 Moo 4 Lamai Beach Rd., mobile 089-798 09 96, www.fishermenpants.com

AKTIVITÄTEN

Ang Thong Marine Nationalpark. Auf einem Tagesausflug geht es per Boot oder Kajak zum Schnorcheln in die zauberhaft-bizzare Inselwelt des 250 km² großen Nationalparks, auf Ko Wua Talap und Ko Mae Ko einfache NP-Bungalows (Tel. 02/562 07 60) und Zelte (Tel. 077/28 65 88 und 077/28 60 25), www.dnp.go.th

INFORMATION

Tourist Information (TAT). Tägl. 8.30–16.30 Uhr, 370/3 Moo 3 Chonvithee Rd., Nathon, Tel. 077/42 05 04-24, www.kosamui.com

Auf Ko Samui werden Liebhaber zeitgenössischer Kunst fündig.

21 Nakhon Si Thammarat
Schmuck und »Schattenspieler«

Ein Ausflug in den tiefen Süden führt in eine der geschichtsträchtigsten Städte Thailands, wo heute noch ein jahrhundertealtes Stadttor, das ehrwürdige Wat Phra Mahathat und uralte Hinduschreine zu bewundern sind – nur den Zahn Buddhas bekommt man nicht zu Gesicht. Nakhon ist nicht nur das Zentrum der Gold- und Silberschmiede, auch das Schattentheater hat hier bedeutende Puppenmeister hervorgebracht.

Der Name Nakhon Si Thammarat bedeutet »schöne Stadt des Königs der vier edlen Wahrheiten«, benannt nach den Lehren Buddhas. Vor 1700 Jahren war der Ort ein Zentrum des Buddhismus, der sich damals von Ceylon aus über Südostasien ausbreitete. Zahlreiche Reliquien Buddhas wie Zahn- und Schlüsselbeinsplitter gelangten auf dem Seeweg im 3./4. Jahrhundert nach Nakhon. Im 7. Jahrhundert war die Stadt Zentrum des Fürstentums Tambralinga. Unter dem Namen Ligor spielte sie im indonesischen Srivijaya-Reich eine bedeutende Rolle als Hafenstadt. Im Laufe der Jahrhunderte versandete der Hafen aber, und so liegt die 100 000-Einwohner-Stadt heute rund zehn Kilometer landeinwärts. In einem Schrein beim Rathaus wird der Phra Buddha Singh aus dem Jahr 157 verehrt. Auch im Nationalmuseum in Bangkok (s. S. 28) und in Chiang Mai (s. S. 226) befinden sich solche Buddha-Figuren.

Altstadtbummel

In den Kunsthandwerksläden und Werkstätten entlang der Ratchadamnoen Road und in den

Mitte: Das Wat Phra Mahathat ist einer der ältesten Tempel Thailands.
Unten: Das Shadow Puppetry Museum von Nakhon Si Thammarat hält eine alte Tradition lebendig.

Nakhon Si Thammarat

Souvenirshops in der Tha Chang Road kann man den »Niello«-Schmuck bewundern, bei dem die ins Gold oder Silber eingeritzten Hindu- oder Thai-Symbole mit einer schwarzen Legierung ausgefüllt werden. Hier erhebt sich auch unübersehbar das Wat Phra Mahathat Woramaha Wiharn mit einem 77 Meter hohen Chedi in der ceylonesischen Glockenform, bekrönt von einer massiven Goldspitze. Die zweitgrößte Pagode Thailands wurde vermutlich im 8. oder sogar 5. Jahrhundert erbaut und birgt eine kostbare Zahnreliquie Buddhas. Ein Wandelgang mit 121 Buddha-Statuen in Meditationspose und mehr als 100 kleinere Chedis umgeben Innenhof und Garten des Tempelkomplexes. Zu den religiösen Vollmondfesten im Februar/März und April/Mai strömen Tausende von weiß gekleideten Pilgern in das Heiligtum, umkreisen den Chedi und behängen ihn mit orangefarbenen Tüchern.

»Nang talung«-Schattenspiele

Das aus Malaysia und Indonesien stammende mehr als 2000 Jahre alte Schattenspiel »Nang Talung« war früher auch im Süden Thailands als Freizeit-Vergnügen beliebt – bis Wanderkino, dann Video, TV und schließlich Smartphone und Tablets diese alte Volkskunst ersetzt haben. Nur noch an religiösen Feiertagen, etwa im Februar/März und im September/Oktober, kommen die *nang talung*-Figuren zum Einsatz und erzählen die alten Sagen aus dem *Ramakien* (Ramayana)-Heldenepos. Die Schattenspielfiguren werden bis heute in alter Manier mit getrockneter, durchscheinender Büffelhaut hergestellt. Das Shadow Puppetry Museum in einem schönen alten Holzhaus in der Si Thammasok Road ist die ehemalige Wirkungsstätte des bekannten Puppenspielmeisters Suchart Subsin (1938–2015), der schon vor der Königsfamilie spielen durfte.

Infos und Adressen

SEHENSWÜRDIGKEITEN

Nationalpark Khao Luang. Tägl. 8–17 Uhr, Elefantenritte, Rafting und Übernachtung in Bungalows möglich, festes Schuhwerk empfohlen, Guides in Ban Khiriwong, Moo 4 Ban Ron, Khao Kaeoca. 30 km westlich von Nakhon, Tel. 075/30 04 94

Nationalmuseum. »Niello«-Kunsthandwerk, Keramiken, Kostüme und Kutschen sind in einem der besten Museen Thailands zu bewundern. Ruhetage: Mo und Di, Mi–So 9–16 Uhr, südliche Ratchadamnoen Rd., (kein Tel.)

Shadow Puppetry Museum. Tägl. 7–17 Uhr, mit Aufführungen, 110/18 Soi 3, 6 Si Thammasok Rd., Tel. 075/34 63 94

ESSEN UND TRINKEN

Krua Talay. Seafood vom Feinsten nahe Kukwang Markt. 1204/29–30 Pak Nakhon Rd., Tel. 075/34 67 24

ÜBERNACHTEN

Grand Park. Das zentral gelegene Hotel überzeugt nicht nur Geschäftsleute mit 164 ordentlichen Wi-Fi-Zimmern, freundlichem Service und guten Preisen (im 1. Stock Karaokebar). 1204/79 Pak Nakhon Rd., Tel. 075/31 76 66-75, www.grandparknakhon.com

INFORMATION

Tourist Information (TAT). Sanam Na Muang, Ratchadamnoen Rd., Tel. 075/34 65 15-6

ANDAMANEN-SEE NORD

22 Phukets Strände/ Westen
Thailands Urlaubsinsel Nr. 1

Ein britischer Reisender schwärmte einst von Phuket: »Es ist ein Gebiet, in dem es von wilden Elefanten, Rhinozerossen, Tigern und Reptilien wimmelt.« Das ist hundert Jahre her. Die einst mit dichtem Regenwald bedeckte Insel ist zu einem Urlaubsparadies für Menschen aus aller Welt geworden. An den hellsandigen Traumstränden sind zahlreiche Ferienanlagen und Hotels entstanden. Jährlich vier bis fünf Millionen Besucher zieht es hierher.

Phuket, mit einer Fläche von rund 500 Quadratkilometern die größte Insel Thailands, ragt, nur durch eine schmale Meerenge vom Festland getrennt, mit dem Khao Phra bis zu einer Höhe von 450 Metern aus der Andamanensee. Die Insel wurde vermutlich bereits vor fast 2000 Jahren von den Chao Le, »Seezigeunern« aus Indonesien, besiedelt. Um 900 n. Chr. gingen indische und arabische Seefahrer, die Handel mit den Ländern Südost- und Ostasiens trieben, hier vor Anker. Die ersten Europäer, die auf Phuket landeten, waren Portugiesen, die 1597 eine Handelsniederlassung gründeten. Die reichen Zinnvorkommen lockten im 19. Jahrhundert immer mehr Chinesen an und machten aus Phuket eine der wohlhabendsten Regionen Thailands. Heute bilden Tourismus und Plantagenwirtschaft die Haupteinkommensquellen der rund 500 000 Insulaner.

Mit oder ohne Sonnenschirm ...

Der Name Phuket stammt vom malaiischen Wort »bukit«, was so viel wie Hügel heißt – manch steiler Abschnitt der westlichen Küstenstraße ist

Seite 134/135: Ein Junge im Fischerdorf von Ko Panyi, das auf Pfählen errichtet wurde **Mitte:** Unter einem Sonnenschirm lässt es sich auch bei tropischer Hitze aushalten. **Unten:** In Patong herrscht 24 Stunden am Tag Trubel.

tatsächlich die reinste Achterbahn. Die Ostküste wird von ökologisch wichtigen Mangrovenwäldern, schlickigen Buchten sowie Tiefsee- und Yachthäfen bestimmt, auf den Kautschukplantagen des Hinterlands stehen die Gummibäume zu Abertausenden Spalier.

Patong: nichts für Ruhesuchende

In Patong ist garantiert immer etwas los: Der populäre Hauptstrand unterscheidet sich kaum von südeuropäischen Ferienzentren – wären da nicht die Suppenküchen auf Rädern, der eine oder andere Mönch in safrangelber Robe und die am nördlichen Kalim Beach mit viel Chili und Mekhong-Whisky picknickenden Thai. An der fast vier Kilometer langen Sandpiste herrschen rund um die Uhr Trubel und Amüsement. Jetskis dröhnen und Parasailer steigen in die Luft. Auch die Innenstadt Patongs mit ihren drei parallel verlaufenden Hauptstraßen scheint nie zu schlafen. Selbst wer auf Sushi oder Kebab, »Grillstube«, Currywurst oder andere Heimatkost nicht verzichten mag, wird hier satt. Ebenso vielfältig ist die Palette der möglichen Aktivitäten: Ob Kanu, Wakeboard oder Mountainbike, ob Unterricht in deutschen Tauchschulen oder in Kickboxstadien, ob Transvestitenshow, Bungeejumping oder Segeltörns – hier kann man alles buchen. Was den Hamburgern ihre Reeperbahn, ist den Patong-Liebhabern ihre Soi Bangla zwischen Beach Road und Rat-U-Thit Road – ein knapp 500 Meter langer Schilderwald aus Nachtclubs, Massagesalons, Bars, Discos, Ramsch und Nepp. Ab dem späten Nachmittag flackern die Neonlichter, die Bässe wummern und die Touristen schieben sich im Gänsemarsch durch die Gassen, bedrängt von Transvestiten auf Plateauschuhen. In den Table-Dance-Bars lassen gelangweilte

Einfach gut !

HERBERGE MIT INDUSTRIE-AMBIENTE

Designfans werden das The Slate (vormals Indigo Pearl) lieben! Das hippe Industrie-Design mit rustikalem Chic ist eine Reminiszenz an die alten Zeiten der Zinn-Minen auf der Andamaneninsel – inklusive »rostiger« Nägel. In der Luxus-Enklave mischen sich ultramoderner Minimalismus und Fünf-Sterne-Verwöhnkunst. Das weitläufige Gelände im abgelegenen Nordwesten der Insel bietet Balkon-Suiten, 40 Pool-Pavillons und extravagante Villen mit bis zu 2500 Quadratmetern! Der Service ist top, ob in den sieben exquisiten Restaurants, im preisgekrönten »Coqoon«-Spa (im originellen Baumhaus) oder an den drei Pools. Nur zum Strand muss man durch eine kleine, manchmal recht trubelige Strandgasse – zehn Meter, auf denen der thailändische Bär steppt – auch das muss man mögen …

The Slate. Pool Pavillons. Hat Nai Yang, Tel. 76/32 70 06, www.theslatephuket.com

ZU HAUSE BEI DEN GIBBONS

Nicht verpassen

Das Rehabilitationszentrum am Bang Pae Wasserfall wurde 1992 ins Leben gerufen, um (Weißhand-)Gibbons, die zuvor als exotische Haustiere in Käfigen oder an Ketten gefangen gehalten wurden, auf das Leben in freier Wildbahn im Dschungel vorzubereiten. Ein gefährliches Unterfangen für die Tierschützer, die sich gegen eine Lobby aus nicht gerade zimperlichen Wilderern und neureichen Thai durchsetzen mussten. Ein Gibbonbaby bringt den Wilderern mehr als 300 US-Dollar Erlös im Land und ein Vielfaches mehr in Übersee! Die Mutter wird dabei immer getötet. Man kann Patenschaften übernehmen und als ehrenamtlicher Helfer mitarbeiten.

Gibbon Rehabilitation Project. Fr–Mi 9–16.30, Do 9–15 Uhr, hier Spende erwünscht, 104/3 Moo 3 Paklock, Thalang, Tel. 076/26 04 92, www.gibbonproject.org

Go-go-Girls und -Boys die Hüften kreisen, die Schlepper nerven mit »Pussy«- und »Pingpong«-Shows.

Ein Strände-Kaleidoskop

Etwas weniger trubelig und bei Familien wie Rentnern beliebt sind die Strände Karon und Kata südlich von Patong, die beide von grünen Hügeln eingerahmt werden. Der Hat Karon erstreckt sich schnurgerade, aber weithin schattenlos rund zwei Kilometer die Küste entlang. Die parallel verlaufende Strandstraße wird von ausufernden Souvenirbasars, Tauchschulen und Lokalen gesäumt. Am Hat Kata Yai rollen die Wellen in breiter Front an den Strand – ideal für Surfer und Strandläufer. Im Süden liegt das Dorf Kata mit vielen Bars, Souvenirshops und Imbissständen in engen Gassen. Die kleinere Kata-Noi-Bucht mit der vorgelagerten Insel Pu wird vom Kata Thani Hotel dominiert.

Im Norden von Patong verschandelten über Jahrzehnte stillgelegte Zinnminen die Landschaft. Das Gelände wurde in den 1980er-Jahren mit Milliardenaufwand von Schadstoffen befreit und rekultiviert: Ein 18-Loch-Golfplatz zieht nun zahlungskräftige Gäste aus aller Welt an. An der lang gestreckten Bucht, die sich vom vergleichsweise ruhigen Hat Kamala (mit Tsunami-Denkmal) bis zum kleinen Hat Pansea mit schön geschliffenen Felsblöcken erstreckt, wurden viele Luxusferienanlagen errichtet. Auch der fünf Kilometer lange Hat Bang Tao ein Stück weiter nördlich ist ein Treffpunkt der Reichen und Schönen. Hier haben sich führende First-Class-Resorts wie Angsana, Banyan Tree oder Outrigger angesiedelt. Im Küstenort Bang Tao steht die größte Moschee von Phuket – rund ein Fünftel der Inselbewohner sind Muslime. Weit im Norden beeindrucken die kilometerlangen und naturgeschützten Hat Mai

Phukets wildes Innenleben

Eine Inselrundfahrt führt abseits der Strände in echten Dschungel mit Gibbons und Schlangen, zu plätschernden Kaskaden und in ehrwürdige Klöster.

Ⓐ Naturschutzgebiet Khao Phra Taeo. Ein letzter Dschungelrest mit bis zu acht Kilometer langen Wanderwegen, zwei Wasserfällen, Gibbon-Schutzprojekt, Elefantencamp in Paklock (über die 4027), Ausstellung und Restaurant. Tägl. 8–17 Uhr, Thalang (kein Tel.), mit Cable Jungle-Canopy, ca. 20 km nördl. von Phuket-City, über die 402, www.cablejunglephuket.com

Ⓑ Wat Phra Nang Sang. Der älteste Tempel Phukets erzählt mit bunten Wandgemälden die Insel-Historie. Tägl. 6–17 Uhr, Ban Na Nai, Thepkasattri Rd., Thalang; kein Tel.

Ⓒ Wat Phra Thong. Der Tempel lohnt einen Besuch wegen seiner legendären Buddha-Statue. Tägl. 8–17.30 Uhr, nördliche Thepkasattri Road (ausgeschildert); kein Tel.

Ⓓ Namtok Kathu. Der mehrstufige Wasserfall in der Nähe des gleichnamigen Dorfes ist Ziel vieler Wochenendausflügler, viele Essensstände, Elefantenreiten möglich. Tägl. 8–17 Uhr, Kathu, Abzweig von der 4029

Ⓔ Wat Chalong. Der beliebteste, trubeligste und größte Tempel der Insel mit 20 m hohem Gold-Chedi und einer Reliquie Buddhas, zwischen Suppenküchen und Souvenirständen. Tägl. 6–17 Uhr, nur in angemessener Kleidung, West Chao Fa Rd., Tel. 076/28 03 43

Ⓕ Big Buddha. Die größte Buddha-Statue der Insel misst 45 Meter und ist mit weißem Marmor bedeckt, mit Nakkerd Seaview Restaurant. Tägl. 6–17 Uhr, Eintritt frei, nur in angemessener Kleidung, Khao Nak Kerd, 1 Soi Yodsane, (Abzweig von der East Chao Fa Rd.) Chalong, Tel. 076/23 91 90, www.mingmongkolphuket.com

Ⓖ Phuket Aquarium. Seepferdchen, Fische und Haie hautnah im 10 m langen Unterwasser-Tunnel, außerdem Wal-Skelett, Meeresschildkröten-Zuchtstation und Tsunami-Ausstellung. Tägl. 8.30–16.30 Uhr, 51 Moo 8 Sakdidet Rd. (ca. 9 km südl. von Phuket-City), Tel. 076/39 11 26, www.phuketaquarium.org

Ⓗ Laem Phromthep (auch: Laem Chao). Aussichtspunkt mit Restaurant und Leuchtturm und kleiner maritimer Ausstellung. Rawai Rd. (18 km südwestlich von Phuket-City)

139

Khao und Hat Nai Yang. Hier legen Meeresschildkröten zwischen November und
Februar ihre Eier ab.

Action und Oase im Dschungel

Einen Rest des tropischen Regenwalds, der Phuket
einst fast vollständig bedeckte, findet man im
Nordosten der Insel. Das 20 Quadratkilometer
große Naturschutzgebiet Khao Phra Taeo (Thaew)
wird von Wasseradern durchzogen. Hier ragt auch
der mit 450 Metern höchste Berg der Insel, der
Khao Phra, auf. Der Dschungel bildet einen letzten
Rückzugsort für Makaken, Rehwild, Malaiische
Bären, Wildschweine, exotische Vögel und Kobras.
Die Lang Khao, eine nur im Süden Thailands hei-
mische Palmenart, deren Bätter sich wie ein Fächer spreizen, gedeiht hier. Ein rund dreistündiger,
etwas glitschiger »Dschungeltrek« führt vom Wasserfall Ton Sai über den Berg nordostwärts zum
etwa 15 Meter hohen idyllischen Bang-Pae-Wasserfall. Achtung! Der Trail ist nicht ungefährlich
und nur mit einem Guide zu bewältigen. Am
Bang-Pae-Wasserfall kann man sich beim Bad im
kleinen Naturbassin von den Strapazen erholen.
Der Ton-Sai-Wasssserfall ist auch Startpunkt des
nur zwei Kilometer langen Nature Trails, der durch
einen Dschungel aus Palmen und Bambus führt.

Von Heldinnen und legendären Buddhas

Wer auf der vierspurigen Thepkasattri Road (= 402)
Richtung Süden fährt, kommt am Kreisverkehr südlich von Thalang an einem auffälligen Heldinnen-
Denkmal vorbei. Es erinnert daran, dass im Jahr
1785 Chan, die Frau des damaligen Gouverneurs,
und ihre jüngere Schwester Mook mit weiblicher
List dafür sorgten, dass die burmesischen Truppen
aus Phuket flohen: Die beiden ließen alle Frauen

Ein Rest ursprüngliche Natur auf
Phuket: der Nationalpark Khao
Phra Taeo

und Jugendlichen der Insel mit Uniformen einkleiden und konnten so das siamesische Heer damit zumindest optisch vergrößern.

Etwas weiter nördlich an der 402 lohnt das vor rund 200 Jahren erbaute Wat Phra Thong einen Besuch. Eine berühmte Buddha-Statue ist hier die Hauptattraktion. Von ihr sind nur der mit Goldpapier übersäte Kopf und die Schultern zu sehen. Der übrige Körper ist im Boden versteckt. Es heißt, dass jeder Versuch, den ganzen Buddha freizulegen, zum Scheitern verurteilt ist, da er von magischen Kräften beschützt werde. Selbst die Burmesen konnten den Schatz nicht heben. Als sie bei ihrem Beutezug unter König Padung 1785 den Buddha ausbuddeln wollten, sollen sie plötzlich von einem Schwarm wilder Hornissen angegriffen und vertrieben worden sein.

GUT ZU WISSEN

ABZOCKE DER JETSKI-MAFIA

Die bunten Flitzer brausen dröhnend übers Wasser, es gibt immer wieder (tödliche) Unfälle mit Badenden. Die Jetskis sind aber nicht nur laut und gefährlich, sondern oft auch überteuert. Es kommt vor, dass ein Verleiher für kleinste Kratzer im Lack einen Aufschlag verlangt. Wie wäre es also statt Jetski mit ein bisschen »slow holiday« – auf der guten alten Luftmatratze!

Oben: Am Karon Beach sind viel Spaß und Action angesagt. **Mitte:** Minarett der Moschee von Bang Tao: Der Ort ist von Muslimen geprägt. **Unten:** Der Buddha im Wat Phra Thong ist fast bis zur Schulter im Boden vergraben.

Infos und Adressen

ESSEN UND TRINKEN

Boathouse Wine & Grill. Romantik pur: Meeresrauschen, Sternenhimmel und Kerzenschein, der Pianist spielt »Take Five« und die Dame erhält mit der Rechnung eine Rose (gehobene Preise, Gratis-Abholservice). Tägl. 11–23 Uhr, im Boathouse Resort, 182 Koktanode Rd., Hat Kata Yai, Tel. 075/33 00 15-7, www.boathouse-phuket.com

Sabai Corner. Freiluftlokal mit tollem Blick über die Kata-Buchten, während die Sonne im Meer versinkt, anständige Preise, thailändische und internationale Speisen. Tägl. 9–22 Uhr, Soi Laem Mum Nai, Kata Noi Rd., mobile 089-875 55 25, www.sabaicorner.com

Im »Boathouse« am Kata Yai Beach

Sala. Romantisch-stilvolles Strandlokal und Bar, ausgezeichnete Wein-Karte, thailändische und westliche Küche. Tägl. 11–23 Uhr, 333 Moo 3 Hat Mai Khao, im Sala Boutique Resort, Tel. 076/33 88 88, www.salaresorts.com

Two Chefs Bar & Grill. In dem allseits beliebten Lokal ist immer etwas los: à la carte oder Buffet, saftige Steaks, Tex-Mex und Vegetarisches, große Bier-Auswahl, gute Livemusik, Riesen-Portionen, aber auch höhere Preise. Tägl. 8–24 Uhr, 256/7 Patak Rd., Karon, Tel. 076/28 64 79, www.twochefs.com

ÜBERNACHTEN

Amanpuri. Die erste First-Class-Herberge auf Phuket gehört auch nach einem Vierteljahrhundert noch zu den Besten: luxuriöse Pavillons und Villen (Butler, Koch, Nanny) im thailändisch-traditionellen Stil. Hat Pansea, Tel. 076/32 43 33, Tel. in Deutschland: 0800/181 34 21, www.amanresorts.com

Andaman White Beach. Romantische kleine Oase, weit abgelegen zwischen Dschungelhügeln, oberhalb eines fast privaten Bilderbuchstrands, hübscher langer Pool, teures Lokal. 287/8 Moo 4, Sakoo, Thalang, Tel. 076/31 61 00, www.andamanwhitebeach.com

Banyan Tree. Fünf-Sterne-Verwöhn-Ambiente in weitläufiger, künstlicher Lagunenlandschaft mit bildschönen Thai-Pool-Villen, herausragender Service, sechs Restaurants, mit Buggy oder Rad geht es an den Strand. 33/27 Moo 4 Srisoonthorn Rd., Bang Tao, (Cherngtalay, Thalang) Tel. 076/37 24 00, www.banyantree.com

C & N. Für Partygänger genau das Richtige: zentral und spottbillig, ordentliche Zimmer, 10 Minuten zum Strand. 151 Rat-U-Thit-Rd., Patong, Tel. 076/34 18 92-3, www.cnhotelpatong.com

Kata Thani. Das familiengeführte Hotel (479 Zimmer) liegt am schönen ruhigen Kata Noi Beach, internationales Publikum, familienfreundlich mit sechs (!) Pools, Liegewiese unter Palmen, sechs (!) Restaurants, sechs Bars. 14 Kata Noi Rd., Tel. 076/33 01 24-6, www.katathani.com

Kata Villa. Einfache Budget-Pension mit Reihenzimmern nahe des weiten Karon Beach (20 Meter über die Straße) – billiger geht's auf Phuket für Rucksackreisende kaum, Pool im Garten. 100 Karon Rd., Karon, Tel. 076/33 30 30, www.katavilla.com

The Surin. Kein üblicher Thailand-Stil: Die Bungalows des Surin – früher Chedi – schmiegen sich idyllisch an den tropisch bewachsenen Hang. Viele haben Meerblick, manche liegen direkt am Strand. Die öffentlich kaum zugängliche Bucht teilt sich das Hotel mit dem legendären Amanpuri. Hat Pansea, Tel: 076/31 64 00, www.thesurinphuket.com

AUSGEHEN

Home Kitchen Bar & Bed (vormals Brush). Neue trendige Lounge-Bar in Kunst-Recycle-Dekor, Chef Daniel Isberg zaubert hervorragende 4-Gänge-»Chefs Dinner« (reservieren!). Tägl. 17–1 Uhr (Küche 18–23 Uhr), 314 Phrabaramee Rd., Hat Kalim, Patong, mobile 093-764 67 53, www.homekitchenphuket.com

Phuket FantaSea. Gigantisches Touristenspektakel mit Hunderten von Tänzern, Elefantenparade, Akrobatik und Tierdressuren. Tägl. Shows 21 Uhr, 99 Moo 3 Kamala, Kathu, Tel. 076/38 51 11, www.phuket-fantasea.com

Siam Supper Club. Gediegener Jazz, gelungene Cocktails und feine amerikanisch-europäische Küche in einem superschicken, etwas schummrigen Lokal mit aufmerksamer Bedienung – hat alles seinen Preis. Tägl. 18–1 Uhr, 36–40 Lagoon Rd., Cherngtalay, Thalang, Tel. 076/27 09 36, www.siamsupperclub.com

Simon Cabaret. Viele schwören drauf, für manche ist es nur eine laienhafte Transvestitenshow, danach gibt's Fotos mit den Darstellerinnen. Tägl. 19.30 und 21.30 Uhr, 8 Sirirach Rd., Patong, Tel. 076/34 20 11-5, www.phuket-simoncabaret.com

EINKAUFEN

Karon Temple Night Market. T-Shirts, Souvenirs, Obst und Gemüse sowie Essstände mit lauter Köstlichkeiten und kunterbunten Süßigkeiten. Di u. Sa. ca. 16–22 Uhr, im Wat Karon (in angemessener Kleidung!); kein Tel.

Unvergessliches Spektakel: Transvestitenshow im Simon Cabaret

AKTIVITÄTEN

Anthem Wakepark. Wakeboarding mit Seilbahn und Hindernissen. Tägl. 9–18.30 Uhr, 194/6 Moo 7 Srisoonthorn, Thalang, Tel. 076/62 00 34, www.anthemwakepark.com

Laguna Golf Club. 18-Loch-Golfplatz im Laguna-Komplex für alle Handicaps. Lagunen-Hotel-Landschaft zum Kajakfahren, mit Hobbie-Cats segeln und auf Pferden oder Elefanten reiten. 34 Moo 4 Srisoonthorn Rd., Bang Tao, Tel. 076/32 43 50 u. Tel. 076/36 23 00, www.lagunaphuketgolf.com, www.lagunaphuket.com

FESTE

Sea Turtle Release Festival. Jedes Jahr im Februar/März sowie am 13. April zum thailändischen Songkran-Fest werden am Bang Tao Beach Meeresschildkrötenbabys freigelassen.

INFORMATION

Tourist Information (TAT) in Phuket-City. Tägl. 8.30–16.30 Uhr, 191 Thalang Rd. und 73–75 Phuket Rd., Tel. 076/21 10 36 und Tel. 076/21 22 13

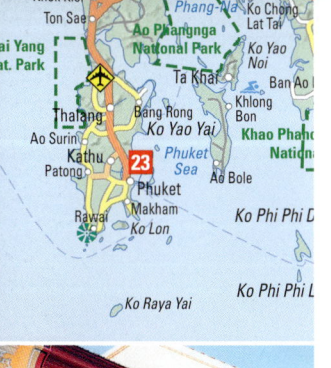

23 Phuket-City und der Südosten
Zeitreise ins alte China

Ein Bummel durch das quirlige Zentrum von Phuket-City ist wie ein Eintauchen in eine längst vergangene Epoche. Vielerorts prägen prächtige Häuser im Stil kolonialer Architektur das Straßenbild – und dies, obwohl Phuket wie Thailand niemals kolonisiert wurde. Nur die bunten chinesischen Tempel, die hier und da zwischen den prächtigen Anwesen auftauchen, weisen auf die wahren Erbauer hin.

Auch wenn die Fassaden der Häuser von Alt-Phuket an eine koloniale Vergangenheit denken lassen: Ihre Bewohner waren chinesische Einwanderer, die die Kultur ihres Heimatlandes mit auf die Insel brachten. Als Besitzer der Zinnminen, Kautschukplantagen und Perlenzuchtfarmen von Phuket waren sie im 19. Jahrhundert zu Reichtum gelangt. Die herrschaftlichen Anwesen, die sie errichten ließen, sind durch die Kolonialbauten auf der malaiischen Insel Penang, die damals fest in der Hand der Briten war, inspiriert. Sie weisen die kolonialtypische Mischung aus barocken, neoklassizistischen und portugiesischen Architekturelementen auf und stehen inzwischen seit 1992 unter Denkmalschutz.

Paläste und chinesische Shophouses

Die Anwesen der Zinn- und Kautschukbarone faszinieren durch hübsche, umlaufende Arkadengänge, reich verzierte Fassaden und erkerähnliche Balkone. Viele wurden restauriert und konkurrieren nun mit den farbig leuchtenden chinesischen Shophouses um die Gunst der Touristen. Prächtig

Mitte: Die bunten Shophouses in der Soi Rommanee sind ein chinesisches Erbe.
Unten: Die Soi Rommanee wird von Cafés und kleinen Läden für dies und das gesäumt.

In der modernen Markthalle von Phuket-City

anzusehen sind auch der ehemalige Gouverneurspalast Phra Pitak Chinpracha, das alte Gerichtsgebäude San Changwat in der Damrong Road 25 oder die 1907 errichtete Stadthalle Sala Klang in der Naritson Road.

Als bezaubernde Bilderbuchgasse entpuppt sich die verkehrsberuhigte Soi Rommanee – kaum zu glauben, dass die winzige Gasse einst eine einzige Opiumhöhle war. Heute residieren in den entzückenden Häusern, die die Straße säumen, kleine Cafés und Bars, Stöber-Läden für Antikes, Kunst und Secondhand-Literatur, Gourmet-Restaurants oder Thai-Suppenküchen.

Opfer für die Geisterwelt

Die chinesische Kultur ist besonders in den Tempeln mit ihren weit ausladenden roten Dächern präsent. Der Put Jaw (auch: Sanjao Jui Tui, westliche Ranong Road) etwa wurde vor mehr als 200 Jahren errichtet und ist damit der älteste Tempel der Stadt. Wann immer eine Hochzeit ansteht, bei jeder Geburt und bei jedem Todesfall, aber auch bei Geschäftsumzügen oder Prüfungen wird dem chinesischen Schutzgott Tean Hu Huan Soy hier ein kleines Opfer dargebracht.

Einfach gut!

PHUKETS »VEGETARIERFEST«

Die »Neun Königlichen Götter« kommen zu Besuch auf die Erde und werden mit Opfergaben begrüßt. Das spektakulärste und archaischste Festival in Thailand ist allerdings nur etwas für harte Nerven: Die Gläubigen tun hier nämlich nach einem neuntägigen Fasten während einer Prozession Buße durch Selbstkasteiungen mit Speeren und Spießen, die sie sich durch Zunge und Wange stechen. All dies dient auch der inneren Reinigung. Die Beherrschung von Herzschlag, Atmung und Schmerzempfinden ist nur nach langer Vorbereitung möglich, durch tiefe Meditation, Yoga und Fasten. So erklären Wissenschaftler, dass kaum Blut fließt und die Gläubigen kaum Schmerzen verspüren. Ein Feuerwerk beendet den Spuk und die Götter kehren ins Himmelreich zurück.

Phuket Vegetarian Festival.
1.–9. Tag des 9. Vollmondmonats (Sept./Okt.), ab 8.30–22 Uhr

BEI FISCHERN UND REISFARMERN

Je mehr Massentourismus, desto wichtiger ist der »Community Based Tourism« in Homestays. Auf dem 4000-Bewohner-Eiland Ko Yao kann der Gast einen Einblick in den Alltag muslimischer Familien gewinnen, wenn er sie beim Reisanpflanzen, Kokonussernten, Kautschuksafteinsammeln, Fischen oder bei der Batikmalerei unterstützt. Wer hinter einem Wasserbüffel den Pflug durchs schlammige Reisfeld manövriert, erlebt die harte Plackerei am eigenen Leib. Bei Ausflügen zu Wasser und zu Land erfährt man Wissenswertes über das fragile Ökosystem aus Mangroven, Seegras und Muscheln. Die Unterkünfte reichen von spartanischen Zimmerchen bis zu Stelzen-Bungalows im Garten.

Ko Yao Noi Homestay. Tägl. Boote ab Bang Rong-Pier, mobile 086-8103413 und allgemein über Community Based Tourism in Thailand: http://cbtnetwork.orgwww.koh-yao-noi-eco-

Wächter-Figuren im Bang Niew Tempel

Links neben dem Tempel steht das kleine »Feuerwerk«-Häuschen mit drachengeschmückten Säulen. Hier werden chinesische Feuerwerksköprer abgebrannt – mit dem Rauch wandern Wünsche zu den Göttern.

Wächter, Drachen, Phönixe und andere mythologische Figuren begrüßen die Besucher in der weihrauchgeschwängerten Welt des Bang-Niew-Tempels. Rhythmisch rattern die »siem sii«-Bambusstäbchen in den Blechbüchsen – die von den Gläubigen herausgeschüttelten Stäbe tragen eine Nummer, die zu den kleinen, einen Blick in die Zukunft verheißenden Zetteln im Wandschrank führt. Kekse aus rötlich eingefärbtem Reismehl liegen als kulinarische Spenden an die Ahnen und Götter vor den Altären – beispielsweise für Kuan Yin, die allseits beliebte Göttin der Barmherzigkeit. Die Geschenke sollen die Seelen in der Geisterwelt freundlich stimmen und den Hinterbliebenen irdisches Glück bringen. Oft haben die Leckereien die Form von Schiffen und Schildkröten, die als langlebige Kreaturen sehr verehrt werden.

Drei berühmte Mönche

Rund acht Kilometer südwestlich von Phuket-City an der Straße 4021 befindet sich das prachtvoll glitzernde, 1837 erbaute Wat Chalong, der größte und meistbesuchte Tempel Phukets, dessen wunderschön dreifach gestaffeltes Dach weithin sichtbar in der Sonne glänzt. Meist herrscht auf dem weitläufigen Tempelgelände ein ständiges Kommen und Gehen, besonders an Feiertagen: Die drei mit Goldpapier beklebten Bronzefiguren im Innern des Heiligtums sind stets von Gläubigen umringt. Sie stellen drei hochverehrte Äbte dar: Luang Po Cham (Por/Po/Poh/Pho Chaem, 1853–1910), der im Jahr 1876 einen Aufstand der chinesischen Minenarbeiter zu schlichten half, sowie Luang Po

Im Herzen der Altstadt

Abseits der Strände und Go-go-Bars entdeckt man in der Altstadt Phukets noch die Spuren der chinesischen Einwanderer und ihrer Kultur.

🅐 Old Town Phuket. Der schöne, aber auch verkehrsreiche Altstadtkern erstreckt sich zwischen den Straßen Yaowarat, Dibuk (Deebuk), Krabi, Thalang, Phang Nga und Ranong (Road). Er wartet mit vielen Gebäuden im Kolonialstil und Shophouses in der winzigen Soi Rommanee auf.

🅑 Phuket Thaihua Museum. Hier erfährt der Besucher Wissenswertes über die Geschichte der Insel und den starken chinesischen Einfluss. Tägl. 9–17 Uhr, 28 Krabi Rd., Tel. 076/21 12 24, www.thaihuamuseum.com

🅒 Put Jaw (Sanjao Jui Tui). Der Tempel wurde vor 200 Jahren zu Ehren des Schutzgottes der Tänzer und Künstler, Tean Hu Huan Soy, gegründet. Tägl. 8–20.30 Uhr, Ranong Rd. nahe Soi Putthon

🅓 Talad Sod Satarana. Moderner Markt in riesiger Halle. Preiswertes, leckeres Essen. Der ältere Open-Air-Markt liegt schräg gegenüber. Tägl. 5–11 Uhr, Ranong Rd.

🅔 Mee Ton Poe. Für den schnellen Snack zwischendurch. Tägl. 10–18.30 Uhr, 214/7-8 Phuket Rd., am Uhrturm, Tel. 076/21 62 93

🅕 Bang Niew (Neow, Niaw, Tao Buang Keng). Sehenswerter chinesisch-taoistischer Tempel. Tägl. 8.30–22 Uhr, Phuket Rd.

🅖 Night Foodmarket (Talad Kaset). Tägl. ca. 17–24 Uhr, Ong Sim Phai Rd., hinter Robinson-Kaufhaus.

🅗 Tun-ka Café. Romantisches Open-Air-Restaurant mit authentischen Thai-Speisen zu Spott-Preisen! Tägl. 11–23 Uhr, Khao Rang Rd., Tel. 076/21 15 00

ZUM AUSTOBEN: XTREM ADVENTURES

An der Seilbahn wie Tarzan an der Liane von Baumwipfel zu Baumwipfel schweben und an den Netzwänden wie die Spinne im Netz hängen: Für alle Kletterfreunde, »Extremisten« und vom Strandleben gelangweilte, halbstarke Kids ist der Kletterpark genau das Richtige und eine echte Adrenalinspritze. Bei dem teils anspruchsvollen Treetop-Canopy geht es über Kletterwände und Hängebrücken zu luftigen Herausforderungen an 72 Stationen. Zur Auswahl stehen vier verschiedene Schwierigkeitsstufen. Helme und Gurte gehören zum Sicherheitsstandard ebenso wie eine kurze Einführung. Eine »Kids Zone« für Kinder ab vier Jahren ist mit Netzen gesichert.

Xtrem Adventures. Tägl. 10–18, letzter Einlass 15 Uhr, 54/17 Moo 6 Chalong, Tel. 076/38 36 89, http://junglextreme.com

Chuang und Luang Po Kluem, die für ihre Heilkunst bekannt waren. In einer kleinen Teakholz-Sala hinter dem »ubosot« trifft man wieder auf die berühmten Mönche – als lebensechte Wachsfiguren.

Phra Yai: Big Buddha

Rund 15 Kilometer südwestlich von Phuket-City lockt die neueste Attraktion der Insel: Der 45 Meter hohe, mit glänzendem weißem Marmor aus Burma beschichtete »Big Buddha«, der eigentlich Phra Phutta Ming Mongkhon Ekkanak Khiri (auch: Akenakiri, Phra Yai) heißt. Die Statue hat sich seit ihrer Aufstellung in den Jahren 2009–2010 zu einem beliebten Ausflugsziel entwickelt. Wer in Ruhe die Aussicht und auch die Atmosphäre genießen will, kommt am besten zum Sonnenaufgang. Man muss 86 Stufen zum Heiligtum erklimmen, der Erleuchtete schaut aus 400 Metern Höhe vom Nak-Kerd-Hügel entspannt über die Chalong-Bucht, die Halbinsel Panwa und Phuket-City im Südosten. Tausende kleiner Glöckchen bimmeln leise im Wind. Hinter dem Großen Buddha führt ein Weg zu einem weiteren zwölf Meter hohen Buddha mit Aussichtspunkt über die Badebuchten Kata, Nai Harn und Rawai im Süden. Bei wolkenlosem Himmel reicht der Blick sogar bis nach Ko

Phuket-City und der Südosten

Phi Phi (s. S. 186) und die traumhafte Festlandsküste von Krabi (s. S. 178).

Am Kap der Götter

Vorbei an den Kasuarinenwäldchen des flachen
Rawai-Strands gelangt man schließlich an den
äußersten Südzipfel der Insel, ans Laem Phromthep,
dem »Kap der Götter« (ca. 18 km von Phuket-City
entfernt). Wer an der westlichen Inselküste von der
Kata-Bucht auf der Straße 4233 zum Kap fährt,
passiert bereits zuvor einige Aussichtspunkte, die
grandiose Fernsichten über die Insel bieten. Rund
fünf Kilometer nördlich von Kata etwa kann man
die südliche Westküste mit ihren fantastischen
sichelförmigen Badebuchten ins Visier nehmen. Das
Laem Phromthep bietet einen wunderbaren Blick
über die bezaubernde Nai-Harn-Bucht und ihren
fast weißen Sandstrand. Das elegante Hotel Royal
Meridien Yacht Club residiert hier. Meist liegen des-
halb Segelyachten im azurblauen Wasser. Am »Kap
der Götter« herrscht zum Sonnenuntergang meist
Trubel. Hunderte Thai und »Langnasen« sind dann
hier versammelt und lösen mit ihren Kameras wahre
Blitzlichtgewitter aus.

GUT ZU WISSEN

DAS GESCHÄFT MIT DEN WILDEN TIEREN
Südlich von Kata reiht sich eine Elefantenfarm an
die nächste – Elephant Camps sind nicht nur auf
Phuket extrem populär. Wer sich unbedingt einen
Traum erfüllen und sich den sanften Dickhäutern
einmal im Leben nähern will, sollte genau hin-
schauen: Siam Safari hat einen über Jahrzehnte
erworbenen guten Ruf (s. Info). Die Tiger Shows
dagegen gelten als landesweit nicht empfehlenswert, erst 2014 wurde der »Tiger Kingdom« auf
Phuket geschlossen, nachdem ein Besucher von
einem Tiger verletzt worden war.

Oben: Allemal eine Besichtigung
wert: das Wat Chalong, der
größte Tempel Phukets
Mitte: Der Buddha auf dem
Nak-Kerd-Hügel ist die neueste
Insel-Attraktion.
Unten: Laem Phromthep ist der
südlichste Punkt Phukets

149

Infos und Adressen

ESSEN UND TRINKEN

Beach Bar. Die Füße im warmen Sand, speist man hier die thailändischen Klassiker, die Preise sind konkurrenzlos, selbst der Hummer ist bezahlbar. Tägl. 10–22 Uhr, Ao-Yon Khao-kad Rd., Cape Panwa, mobile 087-893 53 37

Kopitiam by Wilai. Schöne historische Atmos-phäre im Shophouse zwischen alten s/w-Fotos, serviert werden Chinesisch-Thailändisches und originelle Drinks, etwa der Chrysanthemen-Saft. Ruhetag: So, Mo–Sa 11–22 Uhr, 18 Thalang Rd., Tel. 083-606 97 76

Le Celtique. Hier findet jeder Geschmack etwas, ob französisch in Weißweinsauce, Couscous, Crêpes, Meeresfrüchte oder Italien- und Thai-Kost. Ruhetag: Di, Mi–Mo 16–23 Uhr, 89/90 Moo 7, Soi Samakea 4, Saiyuan, Rawai, Tel. 076/61 30 98

Laem Hin Seafood. Etwas abgelegen an der Ostküste mit Blick nach Ko Maphrao: Das ein-fache bei den Thai beliebte Pier-Lokal serviert exzellente Speisen über dem Wasser, Speise-karte mit Fotos. Tägl. 11–22 Uhr, 90/11 Moo 7 Soi Ban Laem Hin, Ko Keaw Pier, nördlich von Phuket-City auf der Thepkasattri Rd., Tel. 076/23 93 57

M&M Pizzeria and Spaghetteria. Meghi und Mario, zwei waschechte Italiener mit inselweit bestem Ruf, nicht billig und trotzdem meist voll wegen der knusprigen und leckeren Holzofen-Pizza. Ruhetag: Mo, Di–So 18–24 Uhr, 98/16 Moo 1 Viset Rd., Saiyuan, Nai Harn, mobile 081-569 02 44

Sala Loy. Traditionsreiches Strandlokal, in dem viele Thai speisen, die Küche liegt auf der anderen Straßenseite, das tut dem Genuss der Meeresfrüchte und Thai-Gerichte unter Kasua-rinen aber keinen Abbruch. Tägl. 11–23 Uhr, 52/2 Viset Rd., Hat Rawai, Tel. 076/61 37 40

ÜBERNACHTEN

Baan Krating. Versteckt-dschungelige Oase (durch die Tiefgarage vom Royal Meridien), die sich mit 64 rustikalen Holz- und Steinbun-galows am Hang und Mini-Privat-Strand ver-teilt, etwas in die Jahre gekommen, aber die Lage entschädigt für vieles (nichts für Pingelige!). 11/3 Moo 1, Viset Rd., Hat Ao Sane, Rawai, Tel. 076/51 09 27-30, www.baankrating.com

By the Sea. Wer es ruhig mag: abgelegene und familienfreundliche Apartment-Herberge in bester Lage am feinsandigen Strand, schmaler (Kids-) Pool und Spa. 7/6 Moo 6 Soi Bor-Rae, Vichit, Cape Panwa, Tel. 076/20 02 82, www.bytheseaphuket.com

Mangosteen. Bestes Inselpanorama: Die bali-nesisch inspirierten Luxus-Cottages verteilen sich mit Traumblick auf einem Hügel oberhalb des Rawai Beach, Open-Air-Bäder, Ayurveda-Spa. 99/4 Moo 7 Soi Mangosteen, Tel. 076/28 93 99, www.mangosteen-phuket.com

The Kantary Bay. Wohnen wie zu Hause – inklusive Sofaecke, Küche, Waschmaschine und Hollywoodschaukel – die 104 (Balkon-) Apartments sind ruhig, gemütlich und familiär, viele Langzeitgäste, zwei Pools, zum Strand kurzer Fußweg oder Shuttle zum Cape Panwa. 31/11 Moo 8 Sakdidet Rd., Cape Panwa, Tel. 076/39 15 14, www.kantarybay-phuket.com

The Memory at On On. Stilvolles Hostel: Das allererste Hotel Phukets (1929) bezaubert in der Altstadt mit kolonialem Charme, der bis in die Schlafsäle mit knarrendem Parkettboden zu spüren ist. Schlichte Doppelzimmer mit Flügeltüren (teils ohne Fenster), alte Telefone, Wi-Fi und Gratis-Minibar, außerdem Reisebüro für Sparfüchse. 19 Phang Nga Rd., Phuket-City, Tel. 076/36 37 77, www.thememoryhotel.com

EINKAUFEN

Indy Market. Angesagter Treff der Straßen-Künstler und Thai-Jugend, mit Modeschmuck, Flipflops und Beauty-Produkten, Live-Bands, Biergarten und Imbissständen. Do und Fr 16–22 Uhr, New Dibuk Rd./Limelight Ave., Phuket-City

Watcharin Art Studio. Die Werke Watcharin Rodnits changieren zwischen naiver Malerei und expressionistischem Stil. Ab und zu sieht man sie in Shoppingcentern. Der Maler gibt auch Kurse. Tägl. ca. 12–18 Uhr, 27 Yaowarat Rd., mobile 088-386 14 49, www.watcharinartstudio.com

Weekend Market (Talad Naka, Talad Tai Rot). Riesiger Open-Air-Flohmarkt für Klamotten, Schuhe, Schmuck, Kunsthandwerk, Fake-Artikel und Haustiere, Suppenküchen, frittierte Insekten zum Probieren. Sa–So 16–ca. 21 Uhr, West Chao Fa Rd., gegenüber Wat Naka

AKTIVITÄTEN

Blue Elephant Cooking Class. Allein das Anwesen ist ein Besuch in dem Fine-Dining-Lokal wert, wo die Köche Einblicke in ihre Kochkunst geben. Tägl. 8.30 u. 13.30 Uhr, 96 Krabi Rd., Phuket-City, Tel. 076/35 43 55, www.blueelephant.com

FESTE

King's Cup Regatta. Der Wettbewerb lockt alljährlich im November/Dezember Skipper aus aller Welt an. Segeltörns und Charter lassen sich aber das ganze Jahr über organisieren, www.kingscup.com, www.island-cruises.org

INFORMATION

Tourist Information (TAT). Tägl. 8.30–16.30 Uhr, 191 Thalang Rd. und 73–75 Phuket Rd., Tel. 076/21 10 36 und Tel. 076/21 22 13

Die Küche des »Le Celtique« ist international.

KULINARIK
Explosive Chilis, exquisite Currys

Es soll Thai-Urlauber geben, die sich wegen der berüchtigten Schärfe der Thai-Currys wochenlang nicht in die einheimischen Lokale oder an die rollenden Suppenküchen trauen und immer nur Phat Thai (Bratnudeln mit Gemüse) essen – sie verpassen die einzigartigen Aromen der exzellenten Thai-Küche, eine der besten der Welt!

Es müssen ja nicht gleich am ersten Tag die schärfsten Gerichte sein, wie die säuerlich-klare *Tom Yam*-Suppe oder der feurige Papaya-Krabben-Salat *Som Tam* mit Klebreis. Im Restaurant macht man es am besten wie die Thai, die stets mehrere Speisen gleichzeitig bestellen, die sich entsprechen: süß und sauer, scharf und mild, gedünstet und gebraten, fett und mager. Vollkommen harmlos sind beispielsweise die Rindfleischgerichte mit Knoblauch und frischem thailändischem Basilikum *(Pat Prik Bai Krapao)* oder mit Austernsauce *(nam man hoy)* oder die süßsauren Speisen *(prieo wahn)*.

Die mundwässernden Currys *(gaeng)* sind nicht zu verwechseln mit dem laschen gelben Pulver von zu Hause: Die thailändischen Currys bestehen

Tischlein deck dich in einem Bangkoker Lokal

Markt in Bangkok: Das Angebot an Früchten und Gemüse ist überreich.

aus einer im Mörser selbst gemischte Paste aus vielen frischen Kräutern und Ingredienzen wie Ingwer, Koriander, Kaffir-Limonenblätter und Zitronengras – nicht zu vergessen: die Chilischoten. Zu einem Curry gehören natürlich auch die Grundzutaten wie Kokosmilch und Kokossahne. Es gibt übrigens mindestens sechs Arten von Chilis *(prik)* – je kleiner und grüner, desto schärfer, zum Beispiel das cremig-grüne Hühner-Curry *Gaeng Khiau Wan Gai* mit runden geviertelten Auberginen und knackigen Erbsen.

Weniger explosiv sind das eher trockene rote Curry, beispielsweise mit Rindfleisch *(Gaeng Panaeng Nüa)* und das milde gelbe Curry, das oft mit Hühnerfleisch und Kartoffelstückchen *(Gaeng Gari Gai)* zubereitet wird und den Gaumen lediglich kitzelt. Einen indisch-süßlichen Geschmack hat das aus Erdnüssen und Kardamon gezauberte *Gaeng Massaman*, das auch nicht besonders feurig ist. Nur Mut, denn der obligatorische Reis *(khao)* dient als Feuerlöscher und mindert die Höllenqualen rasch, und auch die europäische Zunge gewöhnt sich ganz allmählich daran.

Das Gemüse ist immer knackig, weil nur kurz gedünstet: etwa kleine grüne und runde Auberginen, große Erbsen, Bohnen, Paprika, süße Kartoffeln, Zwiebeln, Bambusschoten, Sojabohnensprossen, Kohl, Pilze oder Gurken. Kunstvoll geschnitzt oder verpackt sind viele landestypische Speisen, etwa das in grüne Pandanus-Blätter eingewickelte Hühnerbrustfilet *(Gai Hor Bai Toey)*.

Reis wird hier gelöffelt!

Natürlich stehen vor allem im Süden an der Küste viele preiswerte Meeresfrüchte und Fischgerichte auf dem Speiseplan: Muscheln in Currysauce, Riesengarnelen in süßsaurem Dip oder Knoblauch, und nicht zu vergessen köstlicher Hummer und Krebse.

Im Norden haben die Gerichte einen leicht burmesischen Einschlag. Ausprobieren kann man allerorten ein *Kantoke*-Dinner: Das typische Gericht aus Klebreis mit knuspriger Schweinerinde, zwei Curries und Saucen wird traditionell auf dem Boden sitzend verspeist.

Manche Speisen sind lauwarm, andere sogar oft kalt, wie der sehr scharfe Rindfleischsalat *(Yam Nüa)* mit viel Chili und Koriander. Thai würzen ihre Speisen zusätzlich mit *nam pla prik*, einer scharfen Fisch-Sauce mit klitzekleinen Chili-Stückchen, die es in sich hat und die in kleinen Schälchen oder Flaschen (*nam pla*, »Fischwasser«) serviert wird.

Übrigens: Stäbchen kommen hierzulande nur bei Nudelsuppen *(Kuai Tiao)* zum Einsatz, wo die Stäbchen die Nudeln »auffischen« und der Suppensud mit dem dicken Porzellan- oder Blechlöffel weggeschlürft wird. Das Reisgericht wird dagegen gelöffelt, die Gabel ist hier nur Hilfsgerät und schiebt alles zusammen. Das Fleisch (Hühnchen *gai*, Ente *pet*, Rindfleisch *nüa* und Schweinefleisch *mu*) ist so mundgerecht zubereitet, dass Messer überflüssig sind.

Exotische Früchtchen

Und dann die Auswahl an exotischen Früchten, die zum Frühstück, als kleine Erfrischung zwischendurch oder als Nachtisch auf den Tisch gehören: Hier nur eine Auswahl (erhältlich je nach Saison): Bananen in allen Größen, Farbtönen und Geschmacksrichtungen, süßsaure Ananas, Wassermelonen, fruchtige Papayas, leckere Mangos, Mangosteen (rund, auberginfarben und mit dicker Schale, innen süß, saftig und weich) sowie Rambutan, die hinter ihrem stachlig-roten Äußeren eine süße Köstlichkeit verbirgt.

Süß und farbenprächtig präsentieren sich die Süßigkeiten und Desserts, die meist aus Kokosmilch, Reismehl, Ei, Zuckerwasser und Farbstoff zubereitet werden, wie etwa Pfannkuchen *(Kanom Krok)* oder Crêpeähnliches mit salziger oder süßer Füllung *(Kanom Burn)*.

Snacks aus Gemüse sind in Thailand eine beliebte Zwischenmahlzeit.

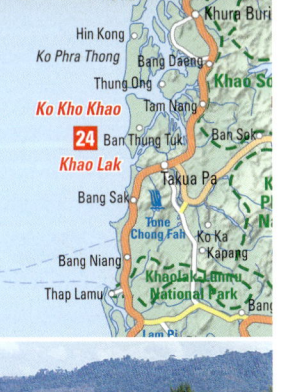

24 Khao Lak mit Insel Ko Kho Khao
Schatten über dem Paradies

Scheinbar endlos lange Sandstrände, kleine Buchten, beschauliche Fischerdörfer und in der Sonne blaugrün schimmernde Lagunen – das ist Khao Lak, eine der schönsten thailändischen Küstenstriche an der Andamanensee. Statt Sonnenschirme säumen hier Palmen und Kasuarinen die Sandpisten, gleich dahinter beginnt der sattgrüne Dschungel. Die Katastrophe, die Weihnachten 2004 über das Paradies hereinbrach, scheint überwunden – Khao Lak floriert mehr denn je.

Die rund zwölf Kilometer lange Sandpiste von Khao Lak verläuft an der Westküste der Malaiischen Halbinsel nordwärts Richtung Ranong und burmesischer Grenze, ca. 100 Kilometer nördlich von Phuket. Eigentlich sind es 25 Kilometer, denn der von Hotels und Bungalowanla-

Mitte: Am Sunset Beach: Keine Spuren der Verwüstung mehr, die der Tsunami hinterließ.
Unten: Wrack eines Polizeiboots, das vom Tsunami an Land gepült wurde.

GUT ZU WISSEN

DIE »RICHTIGE« SAISON …

So schön der Strand in der Hochsaison ist, so eingeschränkt kann das Badevergnügen in Khao Lak im Sommer sein. In der Monsunzeit von Mai bis Oktober sind die Strände oft sehr schmal oder verdreckt, je nach Gezeiten. Wegen der ungestümen See und nicht selten tagelangem Regen nimmt die Stranderosion am gesamten Küstenstrich zu. Wer jederzeit baden und auf den morgendlichen Strandlauf nicht verzichten will, kommt am besten im Winter oder weicht im Sommer nach Phuket, Krabi oder in den ruhigeren Golf von Thailand aus.

Nicht verpassen

gen erschlossene Strandreigen beginnt im Süden bei Thap Lamu mit dem eher unscheinbaren Namensgeber Hat Khao Lak und zieht sich über viele sichelförmige Buchten Richtung Norden bis zum Kap Pakarang hin. Der Hat Nang Thong (auch: La On, Lah Own), der Hat Bang Niang und der Hat Khuk Khak zählen zu den populärsten Strandabschnitten. Die Atmosphäre hier ist geruhsam-familiär, man kennt sich. Keine Jetskis, Parasailer und Longtailboote, keine fliegenden Händler und Go-go-Bars stören die Idylle.

Zeugen der Katastrophe

Bis Weihnachten 2004 war Khao Lak nur Insidern, einigen überwinternden Mallorca-»Auswanderern« und Rucksacktouristen bekannt – dies änderte sich mit einem Schlag, als am 26. Dezember 2004 ein Tsunami mit verheerender Wucht auf die Festlandsküste prallte und ein Trümmerfeld hinterließ. Allein in Thailand verloren mehr als 8000 Menschen durch die Katastrophe ihr Leben. Selbst die Königsfamilie war betroffen, ein Enkel des Königs starb in Bang Niang. Von den 500 deutschen Todesopfern wurden die meisten in Khao Lak in den Tod gerissen. Ein Patrouillenboot (»Patrol Boat 813«) der thailändischen Marine, das von der Flutwelle mehr als einen Kilometer weit ins Landesinnere geschleudert wurde, dient heute als Mahnmal. Neben dem Wrack wurde ein kleines Museum eingerichtet, das mit Luftbildaufnahmen und anderen Fotos über die Tragödie informiert. Viele internationale und deutsche Hilfsprojekte unterstützten die Bevölkerung jahrelang beim Wiederaufbau des zerstörten Landstrichs. Die weißblauen Evakuierungsschilder, Rettungstürme und Warnsirenen fungieren nicht nur als Erinnerungsstücke – sie kamen 2012 nach einem Seebeben vor Sumatra erneut zum Einsatz.

GEDENKEN AN DIE TSUNAMI-OPFER

Ein dreistöckiger Turm weist den Weg – er ist Mahnung und Rettungssymbol zugleich. Angesichts der heute noch unfassbaren Tragödie und der seelenruhig am Meer sitzenden Buddha-Statue beim Tsunami Memorial fragt man sich unwillkürlich: Wo war Buddha am 26. Dezember 2004? Das mit deutscher Hilfe eingerichtete Mahnmal in Form einer Welle aus Beton liegt hinter einem begrünten Wall und einem Kutterwrack – in die Wand sind zahllose blaue Kacheln mit den Namen und verblichenen Fotos der Toten eingelassen, darunter viele Kinder, Familien, Deutsche, Schweden. Viele der rund tausend Opfer sind niemals gefunden worden.

Ban Nam Khem Tsunami Memorial Park. Moo 2, Ban Nam Khem, beim Fährhafen, ca. 26 km nördlich von Khao Lak, Abzweig von der N 4 bei km 82, mit Strandlokal, kleinem Museum mit einigen Fotos, Spielplatz; kein Tel.

Am Bang Niang Beach laden einige Lokale zur Einkehr ein.

Nicht verpassen

KO PHRA THONG: INSEL NUR FÜR ÖKO-FANS

Auf Ko Phra Thong teilen sich die Gäste die weithin flache Insel und den schier endlosen Strand mit Nashornvögeln, Meeresschildkröten und frechen Makaken, die nachts auch schon mal die Zahnpasta im Open-Air-Bad verteilen. Man kann beim italienischen Küstenschutzprojekt Naucrates als Helfer mit anpacken, Schildkrötennester zählen, Baby-Mangroven »adoptieren« oder auf der benachbarten bergigen Regenwaldinsel Ra trekken. Naucrates und Andaman Discoveries vermitteln Homestays in Ban Lion im Norden der Insel.

Info/Anreise: Longtailboote ab Khuraburi. Einziges Hotel: Golden Buddha Beach, eine abgelegene Eco-Lodge (Strom 18–23 Uhr, 1. Mai–31. Okt. und Weihnachten geschlossen), mobile 081-892 22 08, www.goldenbuddharesort.com, www.naucrates.org, www.andamandiscoveries.com

Wandel im Ferien–Eldorado

Zwei Drittel der Hotels von Khao Lak wurden durch den verheerenden Tsunami zerstört und – oft an exakt derselben Stelle – wieder aufgebaut, viele keine zehn Schritte vom Strand entfernt. Auch ein großer Teil ihrer alten Stammgäste ist zurückgekehrt. Dennoch kann man den Wandel nicht übersehen: gediegener Luxus hieß das Zauberwort beim Neubeginn. Das einstige Backpackerparadies hat sich in ein Urlaubsziel mit ausgedehnten Vier- und Fünfsterneherbergen, abgeschotteten Pool-Villen und Designer-Betonbunkern gründlich gewandelt. Die einfachen, oft familiengeführten Bungalowanlagen mussten bis auf wenige Ausnahmen in die zweite oder dritte Reihe ausweichen oder sogar ganz schließen. Im Laufe der Jahre ist die den Strand entlangführende Petchkasem Road autobahnartig ausgebaut worden. Mittlerweile hat sie sechs Spuren. Im Bang-La-On–Village stehen die Hotels in mehreren Reihen dicht an dicht. Ihre Gäste müssen sich durch sehr schmale Gassen zwängen, in denen sich Massagesalons und allerlei Souvenirläden aneinanderreihen, um sich einen Weg zum Strand zu bahnen.

Vom Dschungel an den Strand

Auf Ausflügen geht es in den 125 Quadratkilometer großen Meeresnationalpark Khao Lak Lamru. Die Berge ragen hier bis zu einer Höhe von mehr als 1000 Metern auf. In der Nähe des Hauptquartiers direkt an der Küstenstraße N 4 (Zone 1, etwa 5 km südlich von Khao Lak entfernt) trifft der immergrüne Dschungel aus bis zu 40 Meter hohen Dipterocarpus-Bäumen, Rattan-Palmen, Pandanusgewächsen und riesigen Farnen direkt auf das Meer. Wer unterwegs zum meist einsamen Hat Lek (Small Sandy Beach, 1,5 km) ist, dem begegnen mit etwas Glück Echsen, Makaken, Seeadler, Kröten und Schmetterlinge. In der Nationalpark-Zone 2, die sich weiter nördlich im Hinterland bei Kapong ausdehnt, leben noch Marderbären, Stachelschweine und Goralen, eine asiatische Bergziegenart. Am »Rainbow«-Wasserfall Sai Rung (auch: Namtok Pak Weep, ca. 28 km nördlich von Khao Lak entfernt) werden Elefanten-Safaris angeboten. Hier kann man sich auch in einem kleinen Naturpool vergnügen. Auch der Namtok Chongfa, der über fünf Stufen in die Tiefe stürzt, ist ein beliebtes Ausflugsziel. Von November bis April schwärmen Taucher zu den der Küste vorgelagerten Similan- und Surin-Inseln aus (s. S. 166).

Chinesische Spurensuche

Rund 30 Kilometer nördlich von Khao Lak lohnt die charmant verschlafene kleine Orschaft Sri Takua Pa einen Besuch (man muss etwa 7 km vor der modernen Provinzhauptstadt Takua Pa von der N 4 auf die Rat Bamrung Road abbiegen). Wenn man die mit chinesischen Schriftzeichen und kleinen Schreinen geschmückten Hausfassaden entlangschlendert, lässt sich erahnen, welch ein Wohlstand in der Zinn-Metropole einst herrschte. Die Einwanderer und Geschäftsleute, die hier im 19. Jahrhundert

Oben: Rastplatz mitten im Urwald: Hütte im Nationalpark Khao Lak Lamru
Unten: Auf dem Turtle Release Festival werden Schildkrötenbabys freigelassen.

lebten, waren größtenteils Chinesen. Sie hinterließen die chinesischen Pagoden, einige Gebäude im Stil der sino-portugiesischen Kolonialarchitektur sowie die hölzernen Shophouses und Coffee Shops entlang der Sritakuapa und der Udomtara Road. Heute kann man hier eine Pause einlegen und einen gesüßten Eiskaffee, »gafä yen«, genießen oder sich an ein explosiv-scharfes Curry, das einem die Tränen in die Augen treibt, wagen.

Am Thai Muang Beach in Thap Lamu, etwa 15 Kilometer südlich von Khao Lak, befindet sich das Sea Turtle Conservation Center. Hier kümmert sich die thailändische Marine um die von Oktober/November bis März an der Küste aufgesammelten Eier der bedrohten Meeresschildkröten. Die geschlüpften Jungen werden in Bassins aufgezogen und dann beim Turtle Release Festival im März am Hat Thai Muang oder am Mai Khao Beach auf Phuket freigelassen (s. S. 143).

Strand–»Marathon« auf Ko Kho Khao

Auch auf Ko Kho Khao (ca. 27 km nördlich von Khao Lak entfernt) legen die Urviecher ihre Eier – an dem mit 16 Kilometern wahrscheinlich längsten Strand Thailands. Die rund 900 Insulaner leben vom Obstanbau, der Fischerei und Garnelenzucht. Im Hinterland liegen weite Gummibaum- und Ölpalmplantagen. Je weiter man an der Westküste nach Norden spaziert, desto weniger Zweibeiner sind anzutreffen. Die Urlaubsaktivitäten beschränken sich aufs Reiten, Tauchen oder Paddeln in den Mangroven. In der Nebensaison von Mai bis Oktober schließen die meisten Hotels und Restaurants, auch der Inselschneider, die Tauchschule und der Beauty-Salon – ganz Ko Kho Khao fällt in einen Dornröschenschlaf. Dann hat der regenfeste Robinson die 63 Quadratkilometer große, flache Insel mit einigen grasenden Wasserbüffeln für sich allein.

Oben: Reiche Beute aus dem Meer: Im Hafen von Ko Kho Khao zeigen Fischer ihren Fang.
Mitte: Vom Massentourismus bis heute verschont: einsamer Strand auf Ko Kho Khao
Unten: Motorroller mit ungewöhnlichem Beiwagen auf Ko Kho Khao

Infos und Adressen

SEHENSWÜRDIGKEITEN

Namtok Sai Rung. Tägl. 8–17 Uhr, mit Restaurants und Elefantencamp, Abzweig an der N 4 bei km 72

Nationalpark Khao Lak Lamru. Tägl. 8–16.30 Uhr, 1,5 km-Nature-Trail, Bungalows, Zeltplatz, Moo 7 Khuk Khak (Visitor Center an der N 4 bei km 56), Tel. 076/48 52 43, www.dnp.go.th

Sea Turtle Conservation Center. Tägl. 10–16 Uhr, Thap Lamu (auf dem Royal-Navy-Golfplatz), Tel. 076/59 50 45

ESSEN UND TRINKEN

Green Pepper on the beach. Schickes Lounge-Bar-Lokal in bester Strandlage, Livemusik, gehobene Preise. Tägl. 9–24 Uhr, 55 Moo 5 Bang Niang, mobile 085-655 76 26

Joe's Steakhouse. Zarte Steaks und Schnitzel, die Bratkartoffeln schmecken – der Chef kommt aus Deutschland. Ruhetag: Mo, Di–So 18–24 Uhr, 56 Moo 5 Bang Niang, mobile 087-893 68 33

Sawasdee. Nett, aufmerksam und professionell: Hier werden Enten-Spezialitäten aufgetischt, aber auch Frischfisch nach Gewicht, und Köchin Aur gibt Kochkurse. Tägl. 17–23 Uhr, 1 Soi Bang Niang, mobile 085-888 38 87

Tiew Son. Die palmblattgedeckte Sunset-Strandoase versorgt ihre Gäste mit thailändischer Hausmannskost, frischem Fisch, kühlem Bier und Cocktails. Tägl. 11–23 Uhr, 25/2 Moo 4 Bang Niang; kein Tel.

ÜBERNACHTEN

C & N Kho Khao Beach. Familiäre Anlage mit 23 schönen Häusern im klassischen Thai-Stil, alle mit Meerblick, herrlicher Pool am ruhigen Strand, viele Stammgäste, mit Kindern. 89 Moo 3 Ko Kho Khao, Tel. 076/41 70 97-8, www.cnkhokhaobeachresort.com

Khaolak Bayfront. Die Strand-Bungalows und Zimmer mit Meerblick liegen etwas abseits vom Rummel am südlichen Strandende, zwei Pools. 26/12 Moo 7 Khuk Kak, Tel. 076/48 56 41-4, www.khaolakbayfront.com

The Sarojin. In einem parkähnlichen Areal verteilen sich die edlen Suiten und private Pool-Villen (Open-Air-Bäder) am nördlichen Pakarang Beach. 60 Moo 2 Khuk Kak, Tel. 076/42 79 00-4, www.sarojin.com

INFORMATION

Tourist Information. In Khao Lak in jedem Hotel; auf Ko Kho Khao: Tourist Service Center: Nov.–April tägl. 8.30–16.30 Uhr, im Hauptdorf nahe dem Pier, mobile 081-607 91 44

Anreise Ko Kho Khao: Tägl. 7.30–18 Uhr alle 30 Minuten ab Fährhafen Nam Khem, 26 km nördl. von Khao Lak, mit der Auto-Fähre (10 Min.) oder Longtailboat

Das »C & N Kho Khao Beach Resort« liegt hinter Palmen versteckt direkt am Strand.

25 Nationalpark Khao Sok

Thailands »Jurassic Park«

Der Morgen dämmert, feuchte Nebelschwaden in den Tälern, der Fluss dampft. Plötzlich schallen klagende Rufe durch das Zwielicht: »Huhuhuhuuuu«. Gibbons rufen ihre Gespielin und warnen Nebenbuhler vor dem Eindringen ins Territorium. Bald mischen sich die schweren Flügelschläge der Nashornvögel und das tausendfache Summen der Zikaden in die Geräuschkulisse des Dschungels. Der Khao-Sok-Nationalpark ist erwacht.

Die einzigartige Landschaft in dem rund 700 Quadratkilometer großen Khao-Sok-Nationalpark steht seit 1980 unter Schutz und erstreckt sich zwischen Surrathani (rund 120 km östlich, s.S. 116) und Takua Pa (etwa 40 km westlich, s.S. 159). Die Natur präsentiert sich hier in den bizarrsten Formen, emporgewachsen aus dem Meer innerhalb von 60 Millionen Jahren – der älteste Urwald der Erde, älter als der Amazonas! Eine spektakulär-schöne Gegend, überzogen mit ursprünglichem immergrünem Regenwald voller erhabener Dipterocarpen-Baumriesen. Die Kalksteinbergen ragen bis fast 1000 Meter auf, zum Beispiel der turmartige Khao Ka Lo und der mit 960 Metern höchste Berg der Region, der Khao Mok, dazwischen tiefe Höhlen, Flüsse und Wasserfälle. Zu dem Naturschutzgebiet gehören die Tierreservate Klong Nakha und Klong Saeng im Norden. Mitte der 1970er-Jahre flüchteten kommunistische Studenten-Aktivisten vor der thailändischen Armee in das wild zerklüftete Gebiet und in die Höhlen. Einige Wasserfälle und Höhlen sind in der Regenzeit vom 1. Juli bis 15. September gesperrt. Wer hier wandern will, sollte unbedingt

Mitte: Spektakuläre Naturwunder: bizarre Felsformation und urzeitliche Wälder im Nationalpark Khao Sok
Unten: Im Elephant Hills Luxus-Zeltcamp des Nationalparks Khao Sok kommt man den Dickhäutern ganz nahe.

feste Schuhe und/oder Trekkingsandalen, ggf. Blutegelstrümpfe, Mückenschutz, Taschenlampe und ein Fernglas mitnehmen.

Einfach gut!

»Dschungelbuch« in Gefahr

Im Norden der Region hat sich der 165 Quadratkilometer große und bis 100 Meter tiefe Rajabrapah-See (auch: Rachabrapha oder Cheow Lan) mit vielen langen »Fingern« in die märchenhafte Landschaft gegraben. An seinen Ufern leben noch Thai-Familien auf einfachen Floßbooten. Die Männer tauchen gefährlich tief in den Tropfsteinhöhlen unter Wasser nach großen Fischen. Bis heute werden bei animistischen Ritualen mit Hilfe eines Mediums und durch Opfergaben die Waldgeister beschwört. Dennoch hatte die Überflutung des Gebietes 1982 beim Dammbau und der Stauung des Pasaeng-Flusses katastrophale Auswirkungen auf die Fauna. Viele Wildtiere ertranken bei den diversen »Umsiedlungsversuchen«.

Die Höhlen sind die größten Attraktionen, etwa die Seeroo (Si Ru) oder die Kangkow (Khang Khao) mit vielen Tropfsteinen und einer Fledermauskolonie. Die Namtalu-Höhle liegt in der Nähe des Rajabrapah-Sees und wird von den meisten Touristen bei einem dreistündigen Bootsausflug mit Vier-Kilometer-Trek durch Wald und kleinere Flussläufe besucht. In ihrem kalksteinzerklüfteten Gewölbe leben Fledermäuse und Schlangen, Tropfsteine versperren wie riesige Säulen den Weg. Der 500 Meter lange Fluss, der sich durch die Höhle schlängelt, kann außerhalb der Monsunzeit mit Booten befahren werden. Bis vor wenigen Jahren wurden in dem Gebiet noch große Säugetiere gesichtet, zum Beispiel wilde Elefanten. Ihre Population wird auf maximal 200 Exemplare geschätzt, die Dickhäuter, denen man heutzutage begegnet, sind domestizierte Reittiere.

BAMBUS ODER LUXUS: EINE NACHT IM FLOSSHAUS

Der Cheow-Lan-See liegt mit Hunderten kleinen Kanälen inmitten einer spektakulären Landschaft zu Füßen von bis zu 1000 Meter hohen Kegeln und Türmen aus Karstgestein wie die steil aufragenden Zwillingsberge des Khao Serow. Mehr als hundert Inseln ragen aus dem Wasser. Hier kann man paddeln, fischen oder einfach in Hängematten dösen. Die Bambus-Floßhäuser sind meist spartanisch eingerichtet, mit Kaltwasserduschen wie die Prai Wan Rafts oder die Krai Son Rafts. Für gehobene Ansprüche gibt es das »Elephant Hills«, ein Luxus-Zeltlager, das mit dem Elefantencamp kooperiert. Das organisierte »Abenteuer Dschungel« kommt hier aber recht zivilisiert daher.

Rajabrapah See (Cheow Larn)/ Elephant Hills. Abzweig von der 401 bei km 53, Ban Takhun, weiter etwa 14 km, Pier-Restaurant, Camping, Kanus, Longtailboat-Taxis, Tel. 077/31 13 64, www.khaosoklake.com, www.elephant-hills.com

Der Ruf der Gibbons

Für die Tierbeobachtung empfehlen sich besonders die Trockenzeit und die Abenddämmerung,
wenn sich viele Wildtiere am Seeufer versammeln.
Insgesamt sind im Khao-Sok-Nationalpark 50
Säugetierarten beheimatet, darunter Banteng- und
Sambar-Rehwild, bisonartige Gaur-Rinder, Nebelparder und die vom Aussterben bedrohten Tapire
und Malaiien-Bären *(Helarctos malayanus)*. Auch
Warane und wilde Elefanten leben hier. Die Tiger
und Leoparden dürften sich längst in die Tiefen
des Dschungels verzogen haben, auch wenn die
Reiseveranstalter ordentlich an diesem Mythos
»mitdichten«. Vier Affenarten hat man hier beobachtet: die stets draufgängerischen Makaken, die
wunderschönen langschwänzigen, aber auch sehr
scheuen Languren und die Weißhand-Gibbons
sowie die nachtaktiven Plumploris. Außerdem
haben die Park-Ranger 300 Vogelarten gezählt,
darunter die farbenprächtigen Eisvögel, Adler und
beeindruckende Nashornvögel mit ihrem langen
gelben Schnabel. Fast immer ist das laute Summen
der Zikaden zu hören. Ihre Liebesgesänge können
bis auf 120 Dezibel anschwellen. Dazu gesellen sich
schillernde Libellen und prachtvolle Schmetterlinge, aber auch Schlangen, Kobras, Skorpione und
Vogelspinnen.

Abgelegene Wildnis

Auch wenn man im Khao-Sok-Nationalpark und
am Rajabrapah-See mal ein paar Tage ohne WLAN
und Handy auskommen muss: Die neun Wanderpfade mit einer Länge von bis zu sieben Kilometern
bringen Abenteuerlustige vom Hauptquartier aus
lediglich an den Rand des riesigen Naturschutz-
gebiets, das zum allergrößten Teil noch heute
unerschlossen ist. Die Pflanzenvielfalt ist dennoch
enorm: Riesenfarne, 15 Meter hoher Bambus und
Rattan-Palmen bilden einen dichten Wald. An den

Oben: Die Höhle am Wat Tham
Panthurat ist leicht zugänglich
und einfach zu begehen.
Mitte: Trekkingtouren durch den
Urwald bieten viele Abenteuer.
Unten: Auf Touren durch den
Khao-Sok-Nationalpark durch-
streift man riesige Bambuswälder.

Nationalpark Khao Sok

Baumriesen mit ihren gigantischen Brettwurzeln klettern »schmarotzende« Epiphyten hoch und erwürgen sie buchstäblich. Einige seltene Baumarten gelten sogar als heilig, wie der Chengal-Baum, ein tropisches Hartholz (*Neobalanocarpus heimii*).

Action im Urwald

Besucher können in Bambushütten, Floß- und Baumhäusern oder im Luxuszelt übernachten. Die beliebtesten Aktivitäten sind Tubing auf prallen Autoschläuchen und Kajaking auf dem Sok-Fluss sowie Rafting in Schlauchbooten durch die Schlucht Tang Nam. Auch Elefantenreiten durch den Bambuswald, Trekking und Nachtsafaris werden angeboten. In dem Gebiet können nur wenige Touren allein unternommen werden. Auf schattigen und ausgeschilderten Wegen gelangt man zu den Wasserfällen Wing Hin (3 km) und dem kleinen Bang Hua Rat (3 km) mit Badepool. Mehr zu sehen gibt es meist auf den mehrtägigen Touren mit einem kundigen Scout. Manche Wanderer erspähen aber auch bei organisierten Touren »nur« Schmetterlinge und Frösche.

Beeindruckende Wasserfälle

Bei der Reiseplanung sollte man berücksichtigen, dass Khao Sok wegen seiner Lage auf der Malaiischen Halbinsel zu den niederschlagsreichsten Regionen in Thailand gehört. Während der Monsunzeit zwischen Juni und Oktober regnet es täglich. Von Dezember bis April ist es recht trocken. Aber selbst dann sind die Wasserfälle Tan Sawan (anstrengender und glitschiger 6-km-Trek), Ton Kloi (7 km), Bang Laep (4,5 km durch Bambuswald) und der elfstufige Sip-et-Chan (4 km durch Bambuswald und Fluss, 2–3 Std.) noch beeindruckender. Der mit 30 m höchste Wasserfall, der Namtok Mai Yai, fällt über mehrere Stufen abwärts (an der Landstraße 401 außerhalb des Nationalparks, km 113).

Infos und Adressen

ESSEN UND TRINKEN

Pawns Place. In dem einfachen Lokal serviert Pawn eine gut schmeckende Thai-Küche. Tägl. 11–22 Uhr, Ban Khao Sok, mobile 080-696 32 22

Thai Herb. Thailändische, westliche und vegetarische Gerichte mit Dschungelpanorama, kleine Portionen. Tägl. 10–22 Uhr, Zugangsstraße, Ban Khao Sok; kein Tel.

ÜBERNACHTEN

Art's Riverview Jungle Lodge. Baumhausanlage am Fluss im Nationalpark, viele Affen. 54/3 Moo 6 Klong Sok (im Nationalpark), mobile 090-167 68 18

Khao Sok Green Valley. Preiswerte Familienpension mit Bungalows im Garten. 291 Moo 6 Ban Klong Sok, Tel. 077/39 51 45, www.khaosokgreenvalley.com

Our Jungle House. Offene Baumhäuser mit Moskitonetz (ohne AC, nur Kaltwasser) und komfortablere Cottages. 183 Moo 6 Klong Sok (im Nationalpark), mobile 081-417 05 46, www.khaosokaccommodation.com

AKTIVITÄTEN

Wanderungen. Neun Wanderwege (3–7 km) ab Visitor Center, obligatorische Guides ab 3 km

INFORMATION

Khao Sok National Park Visitor Center. Tägl. 8–16.30 Uhr, Ausstellung, Wanderkarten, Bungalows und Floßhäuser, Moo 6 Klong Sok (auf der 401 Abzweig bei km 109), Tel. 077/34 60 42, www.dnp.go.th

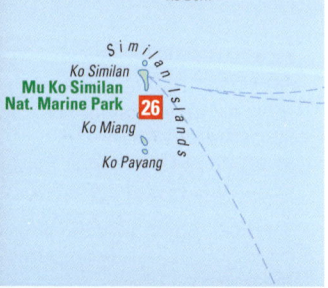

26 Ko-Similan-/Ko-Surin-Meeresnationalpark
Ein Hauch von Seychellen

Auf Taucher wartet bei einer Exkursion in die nördliche Andamanensee eine der aufregendsten Unterwasserwelten des Planeten: Die Similan- und Surin-Inseln begeistern mit Korallenriffen, unterseeischen Höhlen und Canyons, in denen große und kleine Meeresbewohner sich wohlfühlen, darunter majestätisch dahinschwebende Mantas, Meeresschildkröten und bunte Fischschwärme. Und die imposanten Walhaie bekommt man hier ganz sicher zu Gesicht.

Die Similan- und Surin-Inseln sind ein Paradies nicht nur für Taucher, die in den unterseeischen Höhlen und Tunneln auf Abenteuersuche sind. In den Gewässern rund um die Eilande tummelt sich eine Vielzahl seltener Meerestiere: Die winzig kleinen Bewohner der Korallenriffe schillern in allen Farben. Die riesigen, aber harmlosen Walhaie und die stark vom Aussterben bedrohten Seekühe, die eigentlich mit den Elefanten verwandten Dugongs, zählen zu den größten Meeresbewohnern in der Region. Die beiden 1982 gegründeten Meeresschutzgebiete sind in der Regenzeit zwischen dem 1. Mai und dem 31. Oktober geschlossen.

Mit Mantas und Walhaien schwimmen

Der 140 Quadratkilometer große Ko-Similan-Meeresnationalpark, rund 60 Kilometer vor der Küste von Khao Lak gelegen (s. S. 156), besteht aus acht unbewohnten Inseln mit tropischem Regenwald und blendend weißen Sandpisten

Mitte: Blick auf die Korallengärten rund um die Similan- und Surin-Inseln
Unten: Der Fischreichtum in den Gewässern rund um die Inseln fasziniert immer wieder aufs Neue.

Infos und Adressen

zwischen hoch aufragenden rund geschliffenen Granitfelsen – eine Landschaft wie aus einem tropischen Bilderbuch! Der beste Panoramablick bietet sich auf Ko Miang am Lan-Ka-Luang-Aussichtspunkt, die besten Schnorchelreviere liegen am Beacon Beach vor der Südostküste und um die Koralleninsel Payu. Hier trifft man auf Riffbewohner wie Clown-, Schmetterling- und Kaiserfische, Seeschlangen, Seesterne und Seegurken. Nicht weniger als 200 Korallenarten sind zu bewundern, vor allem Steinkorallen und Gorgonienfächer.

Die bis zu zwölf Meter langen Walhaie lassen sich vor allem bei der Felseninsel Bon (auch: Ko Talu) blicken und an der herrlichen Badeinsel Tachai im Norden. In Meerestiefen ab 30 Meter rund um Ko Hin Pousar (auch: Hin Huwagralok) tummeln sich Meeresschildkröten und Mantas. Auf der südlichsten Insel Huyong legen die Meeresschildkröten an einem weißen Strand ihre Eier ab, von November bis Februar kann man ihre traktorähnlichen Spuren im jungfräulichen Sand sehen.

Blühende Unterwassergärten

Der 100 Kilometer nördlich von den Similan-Inseln gelegene Ko-Surin-Nationalpark besteht aus 140 Quadratkilometern Andamanensee und fünf dschungelüberzogenen Inseln, auf denen Karettschildkröten und grüne »Suppen«-schildkröten (Chelonia mydas) ihre Eier an den Stränden ablegen. Taucher können sie vor allem in der Ao Tao beobachten. Schnorchler kommen an den Korallenriffen voll auf ihre Kosten. Die Unterwasserwelt wird von Walhaien und gesprenkelten Leopardenhaien, von Mantas, Geigenrochen und Barrakudas bevölkert. Auf Ko Surin Nua, der nördlichsten Insel, stehen an der Chong-Khat und der Chong-Chark/Mai-Ngam-Bucht Zelte und Pfahlhütten zur Verfügung.

AKTIVITÄTEN
Sea Bees Diving. Deutsche Tauchschule mit internationalem Team, Schnorchel- und Tauchtouren, nach Ko Similan vier Bootsstunden, 1/3 Moo 9 Viset Rd., Chalong, Phuket 83130, Tel. 076/38 17 65, www.sea-bees.com

Sea Dragon Dive Center. Die erste (englisch-schweizerische) Tauchschule in Khao Lak bietet seit 1993 PADI-Kurse und Tauchausflüge zu Wracks, Riffen und den Similan-Inseln an (Oktober bis Mai), 5/51 Moo 7 Khao Lak, Tel. 076/48 54 20, www.seadragondivecenter.com

ÜBERNACHTEN
Zeltlager (mit Matratzen und Gemeinschaftsbädern) auf Ko Similan und Ko Tachai sowie hübsche Bungalows im Nationalpark auf Ko Meang mit Balkon, Klimaanlage und Dusche. Wie bei allen Nationalpark-Unterkünften muss vorher mit Geldüberweisung gebucht werden. Res. unter Tel. 02/562 07 60

INFORMATION
Similan Islands Visitor Center. Tägl. 8–16.30 Uhr, Anreise mit Boot um 8.30 Uhr ab 93 Moo 5 Thap Lamu-Pier (1,5 Std.), Visitor Center auf Ko Similan mit Ausstellung, Tel. 076/45 32 72, www.dnp.go.th

Surin Islands. Tägl. 8–16.30 Uhr, mit Booten von Khuraburi und Ko Payam (Rundfahrt, ca. 1 Std.), Restaurants, Zelte und einfache Bungalows (Res-Tel. 02/562 07 60, nur Ventilator, Strom 18–22 Uhr), Tel. 076/47 21 45-6

Mitte: Auch wenn die Insel nicht mehr der Geheimtipp ist, findet man doch noch sein persönliches Strandidyll.
Unten: Gemütlicher Tagesausklang

27 Ko Payam Der letzte »Geheimtipp«?

Ko Payam ist wie eine Zeitreise back in the Eighties. Rucksackreisende fühlen sich hier ganz wie zu Hause, auch gerne beim monatelangen Überwintern. Schon am Pier empfangen den Neuankömmling tätowierte oder Alt-Hippie-Thais und eine »ganja«-Duftwolke obskurer Rauchwaren… Und Taxis oder Autos? Gibt's hier nicht!

Die kleine beschauliche Insel Payam (auch: Ko Phayam) liegt etwa 35 Kilometer vor der nordwestthailändischen Küste in der nördlichen Andamanensee nahe der burmesischen Grenze und ist Teil des Meeresnationalparks Mu Ko Payam – sie ist gerade einmal zehn Kilometer lang und fünf Kilometer breit. Die rund 600 Insulaner sind größtenteils muslimischen Glaubens, die hauptsächlich von Kokospalmen-, Cashewnuss- und Kautschukpflanzungen leben. Ein Teil des Personals stammt aus dem nahen Myanmar (Burma). In der Regenzeit von Mai bis Oktober sind viele Gästehäuser geschlossen.

Das autofreie Eiland

Manch ein Payam-Urlauber schwärmt: »Wie Ko Samui in den Achtzigern« – Hängematten, Bob-Marley-Poster und *ganja*-Rauchschwaden. Man spaziert zu Fuß über die 35 Quadratkilometer große, zumeist flache Insel durch urigen schattigen Wald mit knorrigen Cashewnuss- und Kautschukbäumen oder Kokospalmenhainen. Über bucklige Laterit- oder Sandpisten erreicht man stille Inselecken und den letzten Rest Dschungel, in dem noch Nashornvögel leben. Nicht wenige Robinsons bleiben hier hängen – sprichwörtlich

in der Hängematte, die sie nur noch zur Visaerneuerung durch eine Kurzreise ins nahe Myanmar (Burma) verlassen. Auch wenn WLAN sogar am Strand funktioniert, (Generator-)Strom gibt es in den spartanischen Bastmattenhütten (ab 8 €!) nicht immer, dafür ließen »German Bratwurst« und »organische« Bäckerei, »Rasta«-Beach-Bar und trendy »Shisha Lounge« nicht lange auf sich warten. Und neuerdings spricht man sogar von einem »Bauboom« – die »Geheimtipp«-Zeiten sind offenbar vorbei!

Eine komfortable Idylle

Immerhin hat der Reisende die Wahl zwischen rund 60 Anlagen, oft mit jeweils nur einer Handvoll Hütten. Spätestens seit eher wohlhabende Thailänder die Insel als Urlaubsziel entdeckt haben, ist allerdings auch auf Ko Payam Komfort mit Pool und Aircondition stark im Kommen. In Ban Mae Mai, dem Inseldorf an der Ostküste, gibt es einen Mofaverleih, ein Reisebüro mit Taucherinfos, einen Souvenirshop, ein Internetcafé, Restaurants und die Krankenstation. Sehenswert ist das ein paar Schritte nördlich des Ortes gelegene Kloster Phra Phuttha Wiriya Mongkhon Cha: Eine von bunten Naga-Schlangen gesäumte Treppe führt zum Goldenen Buddha mit Blick auf den Tempelpier, auf dem ein kleiner entzückender Rundtempel hockt – fast wie eine Hochzeitstorte auf Lotosblüten mitten im Meer.

Die Strände Ko Payams sind immer für eine Überraschung gut: Wenn es am drei Kilometer langen Ao Yai im Südwesten mal stürmt und die Wellen toben, so dass es jeden Surfer freut, dann kann an der Bilderbuchbucht (Ao) Khao Kwai (auch: Buffalo Bay) im Nordwesten absolute Stille herrschen. Bei Ebbe zieht sich das Wasser weit zurück, wer schwimmen will, muss gut zu Fuß sein.

ESSEN UND TRINKEN

Kruq Khun Kao. In dem familiengeführten Lokal werden Spezialitäten aus dem Nordosten Thailands serviert, Kochkurse. Tägl. 11–21 Uhr, Ao Yai, mobile 088-385 67 63

ÜBERNACHTEN

Bamboo. Geräumige Junior Villas (nur mit Ventilator) in einem tropischen Garten, windschiefe Bambusmatten-Hütten am Meer, WLAN im Strandlokal, Kajaks. 56/1 Ao Yai, Tel. 077/82 00 12, www.bamboo-bungalows.com

Palm Beach. Einfach relaxt: Acht spartanische Bastmatten-Hütten in Hanglage, mit Solaranlage. Ao Yai, mobile 087-419 76 10

Payam Cottage. Klimatisierte oder Ventilator-Bungalows (mit TV, 24 Std. Strom) rund um einen Pool, 69/1 Moo 1 Ao Khao Kwai, mobile 087-047 09 99, www.payamcottage.com

AKTIVITÄTEN

Payam Divers. PADI-Tauchschule mit Ausflügen zu den Surin-Inseln (s. S. 167). Phayam Lodge, Ao Yai, mobile 089-995 25 98, www.phayamlodge.com

FEST

Cashewnut Festival. Das Erntedankfest findet am 16. März statt mit Thai-Boxen, Hahnenkampf und der Wahl der »Miss Cashewnut«

INFORMATION

Anreise: Ganzjährig mindestens einmal täglich, sonst 2–3 x tägl. Fähren bzw. Speedboote ab Ranong-Pier Sampan Pla (ca. 1–2 Std.)

28 Phang-Nga-Bucht
Märchenbucht mit Inselbergen

Wer beim Anflug auf die Ferien-Insel Phuket auf der richtigen Seite des Fliegers am Fenster sitzt, bekommt eine Märchenwelt aus der Vogelperspektive zu Gesicht. Hunderte von grün überwucherten Inselbergen ragen in den merkwürdigsten Formen aus dem grün-blauen Meer: mal als Zuckerhut oder buckliger Riese, mal als Drache oder steil aufragender »Stinkefinger«. Genauso muss es hier vor Jahrmillionen ausgesehen haben.

Seit 1981 ist ein 400 Quadratkilometer großes Gebiet um die Phang-Nga-Bucht zwischen Phuket und Krabi als Nationalpark ausgewiesen. Die Gegend ist bekannt für ihre Mangrovenwälder und Hunderte von markanten bis zu 300 Meter aufragenden Kalksteininseln, in deren zerklüftetem Innern sich die »hongs« verstecken: Lagunen, die im Laufe von 100 Millionen Jahren in den durch die

GUT ZU WISSEN

ÜBERLAUFENES PARADIES
Von November bis März sind ganze Armadas aus Yachten, Dschunken und Speedbooten von Phuket zur Phang-Nga-Bucht unterwegs – auf dem Meeres-»Highway« ist die Hölle los mit Stau und Schlangestehen im Naturwunder. Wer die billigsten Phang-Nga-Touren bucht, ist selber schuld und darf sich mit den Massen an den Aussichtspunkten um die beste Position drängeln. Lieber ein bisschen mehr ausgeben (von 20 bis 100 € p. P. ist alles möglich), aber es lohnt sich! Oder man übernachtet gleich in der Nähe (s. Info).

Mitte: Ein Ausflug in die Phang-Nga-Bucht führt an bizarren Kalksteinformationen vorbei.
Unten: Seit Jahrmillionen nagen die Kräfte der Erosion an dem Gestein.

Erosion ausgehöhlten Karstfelsen entstanden sind. Nur bei Ebbe und im Kajak sind sie zugänglich. Die meisten Touren aus Phuket führen per Kajak durch den Mangrovenwald in die Höhlen und Lagunen oder zum »Schwimmenden Dorf der Seezigeuner« Ko Panyi (Panyee). Auch der »James-Bond-Felsen« Ko Tapu und die Badeinseln Khai Nai und Panak sind beliebte Ausflugsziele. Auf Yao Yai befindet sich eine Perlen-Zuchtanlage.

Die reinste Hollywoodkulisse!

Nicht nur für die Fans von Piratenfilmen oder James Bond empfiehlt sich ein Abstecher in die Phang-Nga-Bucht: Hier kann man an Bord einer chinesischen Dschunke, beispielsweise der »June Bahtra« und der »Suwan Macha«, unter gigantischen rostbraunen Segeln durch die märchenhafte Inselwelt der Andamanensee gleiten. Auch Hollywood-Regisseure und Werbefilmer nutzen die Bucht als Kulisse: Je urtümlicher und abenteuerlicher die Filmlandschaft, desto größer ist die Wahrscheinlichkeit, dass der Streifen irgendwo in der Phang-Nga-Bucht gedreht wurde. Wie sagte der Hollywood-Filmer Paul Edwards (*The Wisdom Keeper*) über die Gegend: »Die Kamera kann vom Laster herunterfallen, und trotzdem gibt es immer eine Wahnsinns-Aufnahme, a good shot, die Landschaft ist einfach zu schön!«

Die geheimnisvollen »hongs«

Das Schönste allerdings verbergen die Felsriesen in ihrem Innern, die sogenannten »hongs«: Diese Kombination aus Höhle und Lagune inmitten des Meeres lässt den Atem eines jeden Besuchers stocken. Eine bezaubernde Welt, die Ortsunkundige aber nur mit einem Führer betreten sollten. Ein Ausflug in die Hongs beginnt düster und unheimlich, durch

Einfach gut!

JOHN GRAY'S SEA CANOE

Die Thai nennen ihn respektvoll »ling yai«, den »großen Affen« oder »Höhlenmann«: John Gray (geb. 1945) ist der Öko-Tourismus-Pionier im Süden Thailands. Der weißbärtige Amerikaner hatte die Hongs 1990 vom Hubschrauber aus »entdeckt« – und das touristische Potenzial der Inselberge! Seine Touren sind preisgekrönt und heute vielfach kopiert. Mittlerweile sind die Hongs auch schon am frühen Morgen überfüllt mit eher lärmenden, statt andächtig staunenden Toristengruppen, und so bietet der Amerikaner eine neue Tour: »Hong by Starlight«. Nicht gerade preiswert, aber ein fast magisches Erlebnis – ohne Taschenlampen, nur mit natürlichen Lichtquellen wie dem phosphoreszierenden Plankton …

John Gray's Sea Canoe. 86 Soi 2/3 Yaowarat Rd., Phuket-City, Tel. 076/25 45 05-6, www.johngray-seacanoe.com

Mangroven in der Phang-Nga-Bucht

Geheimtipp

IDYLLE IM WALDKLOSTER

Wer Abwechslung braucht von den trubeligen Kommerz-Klöstern bei Phuket und Krabi, der findet entlang der atemberaubend schönen Achterbahn-Landstraßen in der Phang-Nga-Provinz viele kleine Waldklöster mit verwunschenen Gärten. Das stille Wat Kiripong etwa liegt in einer kleinen Dschungelschlucht an der N 4 nördlich von Phang-Nga-City: Waldmönche meditieren hier unter Baumriesen oder in »kutis« (Höhlen oder Bretterverschläge). Ein Pfad führt zum Buddha-Cliff-Viewpoint auf die hohen Klippen. Grillen zirpen und der Erleuchtete hebt schützend die Hand in der »Abhaya«-Geste – vielleicht will er auch die Makaken besänftigen, die sich hier herumtreiben …

Wat Kiriwong Nature Park (auch: Khiri Whong, Wat Tam Kop). Tägl. 8–17 Uhr, an der N 4 westlich von Tha Phut, ca. 15 km nördlich von Phang-Nga-City; kein Tel.

enge Tropfsteinhöhlen bahnt sich das Kajak in Millimeterarbeit seinen Weg an messerscharfem Felsgestein entlang, bis das Licht am Ende des Tunnels den Weg ins vermeintlich Freie weist. Doch die Lagunen sind vollständig von steil aufragenden, zerklüfteten Felswänden umschlossen: Wer jetzt nicht minutiös die Gezeiten in der Andamanensee kennt, der muss bleiben – denn die Tunnelwege nach draußen füllen sich bei Flut bis zur Decke mit dem milchig-grünen Meereswasser.

Mangroven = Küstenschutz!

In den Wassergrotten herrscht friedvolle Stille, nur Flüstern ist erlaubt. Die »Zimmer« (so die deutsche Übersetzung für *hong*) mit ihren Mangrovensümpfen sind Rückzugsorte für Seeadler und Nashornvögel, Otter und Schlammspringer, krabbenfressende Makaken, Languren und Gibbons, Fledermäuse und Warane. Viele bedrohte Arten finden hier Zuflucht vor der zunehmenden Zerstörung ihrer Lebensräume, etwa der Froschwels (»Walking Catfish«, *Clarias batrachus*) oder der braunflügelige Eisvogel. Immer wenn Ebbe an der Küste, in den Sümpfen oder in den *hongs* herrscht, dann entblößen die Mangroven ihr spindeldürres Wurzelwerk. Wie auf

Phang-Nga-Bucht

Stelzen wachsen die Bäume breitbeinig aus dem schlickigen Salzwasser. Mangrovenwälder sind außerordentlich wichtig und schützen das Festland vor Wellengang und Erosion. Auch traditionelle Kräutermedizin wird in Thailand aus den Mangrovenblättern gewonnen, das *nam nong* heilt angeblich Hexenschuss, ein anderes Mittel wird bei Impotenz und Nierensteinen verabreicht.

Der »James-Bond-Felsen«

Die Mehrzahl der Touristen zieht es zur Ko Khao Phing Kan mit der Ko Tapu, dem »Nagel-Eiland«. 1974 vertrieb Roger Moore alias 007 in *Der Mann mit dem goldenen Colt* seinen Gegenspieler Scaramanga von dem 20 Meter hohen, markant aufragenden Felsen – und so heißt Ko Tapu heute in jedem Prospekt »James-Bond-Felsen«. 1997 kehrte der berühmteste aller Spione hierher zurück in T*omorrow never dies*. Auch dank einer thailändischen Seifenoper ist die Ko Khao Phing Kan heute der reinste Rummelplatz mit überteuerten Restaurants und Souvenirständen. Tagsüber sieht man hier Tausende von Touristen über den kleinen Strand zum Aussichtspunkt hetzen.

Trubel im Muslimdorf

Ebenso überrannt, aber dennoch sehenswert ist Ko Panyi (Panyee, Punyi), eine der fünf bewohnten Inseln in der Phang-Nga-Bucht außerhalb des Nationalparks. Das muslimische Fischerdorf, dessen Name übersetzt so viel wie »Dorf der Flagge« bedeutet, liegt am Fuße eines hohen Felsbrockens, auf dem vor 200 Jahren zum ersten Mal eine Fahne gehisst wurde. Aus Indonesien stammende Fischerfamilien (keine Seenomaden, wie oft fälschlich gesagt wird) entdeckten den windgeschützten Platz mit seinem Fischreichtum und siedelten sich hier an. Die heute rund 1500 Inselbewohner sind alle mehr oder

Oben: Die Ko Tapu, besser als »James-Bond-Felsen« bekannt, ragt 20 Meter hoch aus dem Meer. **Unten:** Ko Khao Phing Kan: Ob die riesige Steinplatte wohl von einem Riesen aufgerichtet wurde?

weniger Nachfahren des damaligen Clanchefs Toh Baboo. Die wellblechbedeckten Häuser und Restaurants stehen vor der Moschee mit der goldenen Kuppel und zwei ungleichen Minaretttürmen auf Stelzen im Meer. Vogelkäfige aus Bambus hängen über dem Wasser, Kinder spielen lautstark Einkriegen auf den Planken, und die Türrahmen sind mit blühendem Frangipani und Hibiskus geschmückt. Es gibt sogar einen eigenen Fußballclub, den Punyi FC, mit Fußballplatz im Schulhof, auf dem die Jungs bolzen und von einer Karriere als Fußballer träumen…

Doch die Ruhe in dem malerisch gelegenen Pfahldorf ist dahin, seit Touristen in Truppenstärke Tag für Tag am Pier ankommen. Die Kinder drängeln sich mit Gibbon und Seeadler an Ketten um die Reisegruppen, bieten Postkarten und Softdrinks an. Will keiner der Ausflügler etwas kaufen, posieren sie für ein Foto. »Geben Sie den Kindern bloß kein Geld«, mahnt eine Reiseleiterin die Touristen einer Ausflugsschunke, »und zahlen Sie maximal ein Drittel des geforderten Preises in den Souvenirshops.« Die Stelzenrestaurants mit Hunderten von Plätzen über dem Meer fertigen die Ausflügler im halbstündigen Rhythmus mit Meeresfrüchten ab. Nur noch am frühen Morgen und spät am Nachmittag herrscht hier die Idylle, die von den Reiseprospekten versprochen wird. Wer die Bewohner Ko Panyis ohne den Touristenrummel erleben will, wer die Stille über der Phang-Nga-Bucht und die noch vorhandene Gastfreundschaft genießen möchte, der sollte nachmittags hierherkommen und über Nacht bleiben oder ganz früh ab Phang-Nga-City starten.

Auch wenn es tagtäglich zigtausendfach missachtet wird, sollte man sich bewusst sein: Mit allzu freizügiger Kleidung macht man sich in dem Muslimdorf keine Freunde…

Oben: Einmalige Lage: Das Dorf Panyi wurde unterhalb eines Felskolosses errichtet.
Unten: Warten auf zahlungskräftige Touristen: eine Gruppe von Dörflerinnen in Panyi

Infos und Adressen

SEHENSWÜRDIGKEITEN
Nationalpark Phang Nga. Tägl. 8–17 Uhr, 80 Moo 1 Ban Tha Dan, Tel. 076/41 11 63, www.dnp.go.th

ESSEN UND TRINKEN
Samchong. In dem Stelzenlokal am Rande der Mangroven kann man nicht nur frischen Fisch, Meeresfrüchte und scharfe Currys speisen, auch Longtailboote nach Ko Panyi starten ab dem Pier nebenan (20 Min.). Tägl. 11–20 Uhr, 39/1 Moo 9 Ban Ka Lai, Takua Thung, mobile 093-643 81 96

ÜBERNACHTEN
Baan Phangnga Bed & Bakery. Fast schon ein Homestay zwischen Bäckerei und Wohnzimmer von Khun Kean (teils Stockbetten). 100/2 Petchkasem Rd., Phang Nga-City, Tel. 076/41 32 76

Ko Yao Island Resort. 20 rustikal-luxuriöse Villen in »offener« Bauweise (Rollos als Wände) verteilen sich im Palmengarten am einsamen Traumstrand mit Blick aufs Paradies, schweizerische Leitung. 24/2 Moo 5, auf Ko Yao Noi, Ao Phang Nga(-Bucht), Tel. 076/59 74 74, www.koyao.com

Panyee Bungalow/James Bond Guesthouse. Schnäppchen für knapp 10 €: Palmblattgedeckte Holzhütten mit Matratzen auf dem Boden, Moskitonetz und Ventilator, Gemeinschaftsbad, Handtuch und drei Mahlzeiten gibt es noch dazu! Auf Ko Panyi, mobile 019-58 06 33 und mobile 098-73 74 03 oder über Reisebüros am Busbahnhof Phang-Nga-City

AKTIVITÄTEN
June Bahtra/Suwan Macha. Ausflüge per Dschunke in die Phang-Nga-Bucht sind zu buchen bei Asian Oasis in Phuket, Tel. 076/37 61 92, -6, www.asian-oasis.com

INFORMATION
Tourist Information. Tägl. 10–16 Uhr, Mr. Kean Tours, Tel. 076/43 06 19 und Sayan Tour (= MT-Tour) Tel. 076/43 03 48, beide 219 bzw. 209 Petchkasem Rd. (Busbahnhof Phang-Nga-City), www.sayantour.com

Anreise. Ausflugsboote in die Phang-Nga-Bucht starten tägl. ab Phuket und Ko Phi Phi sowie dem Festland – Piers Tha Dan und Surakul und in Krabi-City

Das »James Bond Guesthouse« bietet preiswerte Übernachtungsmöglichkeiten an.

ANDAMANEN-SEE SÜD

29 Krabi mit Nationalpark Khao Phanom Bencha
Im Reich der Legenden und Inselberge

Eine zu Stein gewordene Märchenlandschaft: Krabi bezaubert an Land und im Wasser mit seiner schroffen urtümlichen Schönheit. Bizarre Karstgebirge lassen der Fantasie des Betrachters einen weiten Spielraum – ob er nun gerade am Strand liegt, durch Höhlen krabbelt oder sportlich kopfüber in der Felswand hängt. Kein Wunder, dass hier so viele Legenden und Mythen geboren wurden…

Die Küstenlinie Krabis, die sich auf einer Länge von rund 160 Kilometern die Andamanensee entlangzieht, ist von kuriosen Kalksteinformationen geprägt. Sie sind vor rund 100 Millionen Jahren entstanden und durch die Kräfte der Erosion geformt worden.

Vermutlich gehört Krabi zu den ältesten Siedlungsgebieten Thailands, wenn nicht Asiens. Archäologische Funde belegen, dass hier schon vor rund 35 000 Jahren Menschen lebten. Die Region ist über große Gebiete noch mit Regenwald bedeckt. In den Bergen liegen Wasserfälle, Tropfsteinhöhlen und Wildwasserbäche versteckt. An der Küste befinden sich Mangrovensümpfe.

Von Prinzessinnen und Schlangen

In Krabi erstarrten die Menschen einst zu Stein – wenn man einer beliebten Legende über die Entstehung dieser einzigartigen Naturlandschaft

Seite 176/177: An der Ostküste von Ko Muk liegt bei Ebbe der Meeresboden teilweise frei. **Mitte:** Der Phra Nang Beach wird oft als schönster Strand Thailands gerühmt. **Unten:** Köstlichkeiten aus dem Meer auf dem Markt von Ao Nang

Glauben schenken darf. Das Märchen erzählt von einer verzweifelten, weil kinderlosen Adelsfrau, die mit einer riesigen Seeschlange mit übernatürlichen Kräften, der »Phaya Nak«, einen Pakt schloss: Die Frau sollte endlich Kinder bekommen, als Gegenleistung sollte sie ihre erstgeborene Tochter der Schlange überlassen – was sie nicht tat. Der Fluch der zornigen Phaya Nak führte daraufhin zu einem erbitterten Krieg zwischen den verschiedenen Adelsfamilien der Region, der damit endete, dass alles zu Stein erstarrte: Die Menschen wurden zu Felsen, die Wohnhäuser zu Höhlen und Bergen. Die Schlange selbst verwandelte sich in den Berg hinter dem Strand Ao Nang, ihr sich windender Körper bildete den Nong-Talay-See. Generationen später fand man zwei Schwerter aus der Zeit jenes schicksalsträchtigen Krieges, und so gaben die Schwerter (»krabi«) der Gegend ihren Namen. Bis heute schmücken sie das Wappen von Krabi-City.

Trubel am »schönsten Strand Thailands«

Teile des Jahrmillionen alten Paradieses sind nur mit Longtailbooten übers Wasser zu erreichen: Spektakuläre Felswände, gigantische steile Karst-

Einfach gut!

FEIN SPEISEN MIT PANORAMABLICK

Weitblick garantiert: Das große hübsche Open-Air-Lokal thront weit über Ao Nang. Als Sundowner gibt's Cocktails, einen eisgekühlten Riesling oder ein Glas Schampus, man kann sich in den Sofas oder auf der Wiese »lümmeln« und der Live-Band lauschen, in der Sky Lounge chillen oder hat die »Love Seats« vorbestellt – für Romantiker mit bestem Blick bei Kerzenschein. Die Speisen sind schön präsentiert, etwa die Garnelen in der Ananas-Schale oder Kokoseis in der Kokosnuss. Die Bedienung ist aufmerksam, und zum Service gehört das Abholen der Gäste vom Hotel – das alles hat natürlich seinen Preis. Und wer sich von dem Panorama nicht mehr trennen will, kann auch eine schicke Hilltop-Villa mieten.

The Hilltop. Tägl. 11–24 Uhr, 99 Moo 3 Ao Nang, Tel. 075/63 71 95, www.thehilltopaonang.com

THAI-MASSAGE – 2500 JAHRE TRADITION

Nicht verpassen

Sich nicht vom Keller-eingang abschrecken lassen: In dem Waschbeton-Ambiente sind echte Profis am Werk (am Strand eben nicht immer…). Bei der klassischen Thai-Massage »raksaa thaang nuad« werden der Blutkreislauf sowie das lymphatische System angeregt und die Meridiane in den Reflexzonen stimuliert: Ein Dehnen, Drücken und Strecken, wobei Ellbogen, Knie und Füße der Masseurin zum Einsatz kommen! Einige der 51 Thai-Massagegriffe und -techniken sollten besonders ältere Kunden jedoch ablehnen, rät das thailändische Rote Kreuz: Das Abdrücken der Hauptschlagader in der Leiste, das ruckartige Auseinanderziehen der Fingerknöchel oder den herzhaften Ruck am Kopf zum Schluss der Massage sind mit Vorsicht zu genießen. Wer einen leichten (!) Sonnenbrand hat, sollte eine leichte (!) Aloe-Vera-Massage klassischen westlichen Stils wählen.

Atta-Rak (Let's sea, let's relax). Tägl. 10–21 Uhr, 1 Std. Thai-Massage, 86/2 Moo 2 Ao Nang, mobile 087-674 40 05

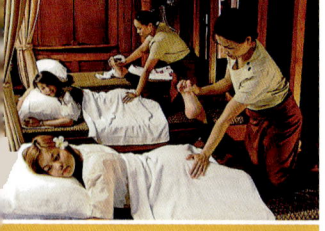

türme, Dschungeldickicht und Mangroven schirmen die als schmale Landzunge ins Meer ragende Railey-Halbinsel und ihre Traumstrände vom Festland ab. Vom Railey East führt eine Lädchen-Gasse zur Westküste des Landzipfels. Hier hat das Rayavadee, eines der reizvollsten (und teuersten) Luxusresorts Thailands den »schönsten Strand« des Landes, den Hat Phra Nang, besetzt. Die Gäste werden mit einer Art Amphibien-Traktor von ihren Motoryachten abgeholt und so trockenen Fußes an den Strand gebracht. Allerdings müssen sie den palmenübersäten Garten Eden mittlerweile zumindest tagsüber mit einem anderen Publikum teilen: Am nicht weniger schönen 500 Meter langen Railey-West-Strand im Norden des Hat Phra Nang mischt sich der internationale Jetset mit der Climbing-Backpacker-Szene und chinesischen Reisegruppen in Truppenstärke, es gibt Kebab, Burger und Pancakes.

Rundherum genießen Felskletterer und Abseilsportler an senkrecht aufragenden Klippen den besten Postkartenblick im Königreich (v. a. am nördlichen Ton Sai Beach). Der Aussichtspunkt für Normalsterbliche ist nach einem 30-minütigen, teils sehr steilen Aufstieg erreicht (nur mit festen Schuhen, gefährlich in der Regenzeit!): Stellenweise hangelt man sich an Seilen über Felsen und glitschiges Wurzelwerk aufwärts, aber die Belohnung wartet mit einem sagenhaften Rundumblick über die von Karstbergen abgeschirmte Halbinsel, das Palmenmeer und die markante Inselwelt Krabis. Nur erfahrene (Klettersteig-)Wanderer sollten den von hier steil abfallenden, dann wieder fast vertikal ansteigenden Pfad zur sagenumwobenen Phra-Nang-Lagune versuchen. Der See ist ein geologisches Wunder: Er ist vollständig von Felswänden umschlossen und nur durch einen Tunnel mit dem Meer verbunden. Bei Flut füllt er sich

mit milchig-grünem Salzwasser. Die Phra-Nang-Höhle liegt am Ende des Strandes und überrascht mit ihrem »Penis-Schrein«, einer Ansammlung von kleinen und großen Phalli aus Holz, die einst den Fischern Glück (und Fruchtbarkeit!) bringen sollten und heute scheinbar jedermann »beglücken« – wenigstens als bunt-skurriles Fotomotiv …

Von Insel zu Insel, von Strand zu Strand

Der zwei Kilometer lange, von Steilklippen flankierte und von Kasuarinen gesäumte Hat Ao Nang (ca. 20 km westlich von Krabi-City gelegen) ist zum Schmelztiegel für Pauschaltouristen aus aller Welt geworden. An der verkehrsreichen Strandstraße stehen die Hotels dicht an dicht, in der »Soi Sunset« im Westen des Strands gibt es viele Lokale, Bars und Souvenirläden. Im Blickfeld der Sonnenanbeter liegt Ko Poda, ein Taucherparadies. Die der Küste vorgelagerten Inseln, auf die von November bis April regelmäßig Longtailboote übersetzen, tragen so fantasievolle Namen wie »Hühner-Insel« (Ko Kai) oder »Insel der segelnden Dschunke«. Der Mu-Ko-Hong-Archipel im Nordwesten besteht aus zwölf Inselchen, deren Strände und zerklüftete Felsnischen, Höhlen und Lagunen man am besten beim beliebten »4-Island-Trip« mit Schnorchelmaske und Kajak erkunden kann. Die Unterwasserwelt fasziniert mit mehr als 200 Fisch- und 80 Korallenarten.

Der sechs Kilometer von Ao Nang entfernte, flach abfallende Hat Noppharat Thara gehört zum gleichnamigen Meeresschutzgebiet. Hier spenden Kasuarinenwäldchen und ein paar Palmen Schatten, der feste Sand ist gut geeignet für Strandläufe, wegen der vielen Muschelsplitter aber nur mit festen Schuhen begehbar. Am Wochenende treffen sich hier die Thai zum Picknick, manche laufen bei

Oben: Auf der Promenade am Ao Nang Beach treffen sich Touristen aus aller Welt.
Unten: In der Phra-Nang-Höhle haben Fischer Holz-Phalli als Glücksbringer aufgestellt.

IN DER HÖHLE DES ELEFANTENTEMPELS

Einfach gut!

Mönche und Novizen führen die meist thailändischen Besucher mit Taschenlampen durch die traumschöne Tham Prasat Nalahiring: eine beleuchtete Höhle mit einem regelrechten »Wald« aus Tropfsteinen, in der Mitte zusammengewachsenen Stalagmiten und Stalaktiten (nicht anfassen!) und Tempelschreinen. Archäologische Funde wie menschliche Knochen und Töpferwaren belegen, dass hier vor Jahrtausenden Menschen beerdigt wurden. An den Wochenenden herrscht leider fast immer Stau im unterirdischen Tunnelsystem. Ein eher kitschiger Tempel in Form eines knienden, weißen Elefanten, der in der Thai-Mythologie hochverehrt wird, empfängt die Besucher.

Tham Prasat Nalahiring (auch: Prasart Nalakeering, Khao Pleo). Tägl. 8–17 Uhr (kein Eintritt), nur in angemessener Kleidung, etwa 65 km nördlich von Krabi-City, von der N 4 abbiegen auf die 4035, bei Plai Phraya, linker Abzweig (2 km); kein Tel.

Die der Kuan-Yin geweihte Pagode im Wat Tham Sua

Ebbe zur vorgelagerten Insel hinüber oder buchen eine Kajaktour in die nahen Mangroven. Im weiteren Verlauf der Küste zieht sich der lange und wochentags noch immer recht einsame Hat Klong Muang nach Norden (ca. 22 km westlich von Krabi-City), an dem immer einige Jogger ihrem Sport nachgehen und »pla muk« (Tintenfisch) auf Holztischen in der Sonne trocknet.

Stille Wanderwege

Unter den vier Naturschutzgebieten in der Provinz Krabi ist der 50 Quadratkilometer große Khao-Phanom-Bencha-Nationalpark auf jeden Fall einen Besuch wert (etwa 20 km nördlich von Krabi-City). Auf mehreren ausgeschilderten Wanderwegen durch die Kalksteinberge erreicht man beispielsweise bequem den Namtok Huai To (auch: Hoey Dto, mit kleinem Elefantencamp), einen etwa 70 Meter hohen Wasserfall, der in elf Stufen malerisch über einige Badepools abwärts rauscht. Auch zur Tham Khao Pueng, einer sehenswerten Tropfsteinhöhle (etwa 2 km vom Eingang), führen Spazierpfade, oft an meterhohen Wurzeln von Baumriesen vorbei. Wem das nicht reicht, dem sei eine Wanderung auf den Gipfel des 1397 Meter hohen Khao Phanom Bencha empfohlen. Die anspruchsvolle Zwei-Tages-Tour kann nur mit einem offiziellen Guide unternommen werden. Sie führt vom dreistufigen Namtok Huai Sakhae (auch: Sade) in der Nähe des Eingangs zum Nationalpark durch immergrünes Tropendickicht aus haushohem Bambus, riesigen Flügelfruchtbäumen und Nebelwald. Sofern keine Wolken die Sicht versperren, wird der Gipfelstürmer mit einem grandiosen Rundumblick über den Dschungel belohnt. In dem Regenwald sollen die letzten malaiischen Schwarzbären, Nebelparder und auch Tapire ihr Revier haben. Aber auch Rehwild, Serow-Berg-

Krabi/NP Khao Phanom Bencha

ziegen (Gorale), Lemuren, Gibbons und mehr als 200 Vogelarten, darunter Fasane, Adler und prachtvolle Nashornvögel, leben in diesem großartigen Naturschutzgebiet.

1237 Stufen ins Glück…

Das im Jahr 1975 gegründete Wat Tham Sua (auch: Seua, etwa 9 km nördlich von Krabi-City) sollte man sich nicht entgehen lassen: Der größte Tempel der Region wird heute noch Tiger Cave genannt, auch wenn sich Tiger hier zuletzt Mitte der 1970er-Jahre blicken ließen. Dafür warten jede Menge kitschiger Tiger-Figuren in dem durch und durch kommerzialisierten Kloster. In der Haupthalle verteilen Mönche und weiß gekleidete Nonnen bunte Glücksarmbänder – gegen eine Spende, versteht sich. Am Wochenende herrscht Jahrmarktstrubel mit Gedränge und Geschiebe in den Hallen und vor dem mehrstöckigen Pagoden-Schrein der Kuan Yin, der Göttin der Barmherzigkeit. Die Besucher erhalten Segnungen im Sekundentakt und spenden Unsummen für das Kloster.

Das Wat Tham Sua war Wirkungsstätte eines fast schon legendären, um die Jahrtausendwende verstorbenen Buddhistenführers. Die CDs mit seinen Predigten finden noch immer reißenden Absatz. Dank der volkstümlichen und witzigen Art, mit der er Buddhas Lehren im Radio unters Volk brachte, ist er bis heute sehr populär.

Im hinteren Teil des Klosters, nahe der Kuan-Yin-Pagode, gelangen fitte Wanderer innerhalb etwa einer Stunde über 1237 steile Treppenstufen zu Buddhas Fußabdruck und einem goldenen Chedi. Hier können sie wie der hier meditierende Buddha die grandiose Sicht über die wolkenverhangenen Ao-Luk-Thanu-Bergkette genießen.

Oben: Der Wasserfall Huai To liegt im dichten Dschungel des Khao-Phanom-Bencha-Nationalpark.
Unten: Die Höhlen des Wat Tham Sua sind ein viel besuchter Pilgerort.

Infos und Adressen

SEHENSWÜRDIGKEITEN

Nationalpark Khao Phanom Bencha. Tägl. 8–18 Uhr (letzter Einlass: 16.30), div. Trekking Trails (ab 0,5 km, 1–3 Tage), für den Gipfel-Treck ist ein Guide obligatorisch, einfacher Campingplatz mit Zelten, vorher zu buchen unter Tel. 02/561 07 77, Restaurant, Elefanten-reiten möglich, 170 Moo 4 Thap Prik, Ban Huai To, Tel. 075/66 07 16-7, www.dnp.go.th

Wat Tham Sua. Tägl. 7.30–16.30 Uhr, nur in angemessener körperbedeckender Kleidung, einstündiger Treppenaufstieg zum Aussichts-punkt mit Turnschuhen und Wasser, ca. 6 km nördlich von Krabi-City, auf der N 4 rechts Ab-zweig zum Ban Tham Sua (2 km); kein Tel.

Das »Na Resort« liegt inmitten eines tropischen Gartens in der Nähe von Ao Nang.

ESSEN UND TRINKEN

Khruathara. Ob Garnelen, Krebs, Tintenfisch, Muscheln oder Hummer – die Thai schwören auf das lebhafte Familienlokal, das meist bis auf den letzten Platz besetzt ist, man wählt aus den Aquarien. Tägl. 9–21 Uhr, 82 Moo 5 Noppharat Thara Rd. (am Pier), Ao Nang, Tel. 075/63 73 61

Nightmarket. Billig und lecker: Thai-Genüsse auf Plastikstühlen und Blechtischen an der Flusspromenade am alten Pier. Tägl. 18–22 Uhr, Khongka/Klongkha Rd. (je nach Plan), Krabi-City

Thailandia. Hübsches Touristenlokal, nette Be-dienung, man zahlt etwas mehr für Dekor, die Livemusik und für Getränke. Tägl. 11–22 Uhr, 415 Moo 2 Ao Nang, Tel. 075/63 80 11

ÜBERNACHTEN

Ao Nang Villa. Das zentrale Strandhotel wurde weitläufig (und behindertengerecht) ausgebaut, mehrere Restaurants, Bars, Pool-Landschaften, Kids Club, Fitness und Businesscenter. 113 Moo 2, Ao Nang, Tel. 075/63 72 71-4, www.aonangvilla.com

Centara Grand. Rund 250 ruhige Zimmer und Villen mit Traum-Panorama – das auch die wil-den Affen mögen, Anreise per Shuttleboot oder Treppe durch den Urwald an den fast privaten 500-Meter-Strand (15 Min.), 396/1 Moo 2, Ao Pai Plong, Ao Nang, Tel. 075/63 77 89, www.centarahotels.com

Long Beach Villa. Simple Reihenhütten und Blockhäuschen bei einer Thai-Familie, einsam und abgelegen am endlosen National-park-Strand (teils Kaltwasser, Moskitonetz, TV, Strom ab ca. 18 Uhr). 155 Moo 4 Nong-talay, Hat Noppharat Thara, (15 km von Ao Nang), mobile 082-416 63 71, www.longbeachvilla.com

Na Thai. Abseits vom Trubel im Hinterland: Fünf Reihenbungalows um einen Pool im schön dekorierten Tropengarten bei See und Frank, wo vor allem deutsche Familien sich wohlfühlen, gutes Lokal, Mofaverleih. 149 Moo 1 Ban Na Thai (ca. 4 km von Ao Nang), mobile 082-282 56 -3, www.na-thai.com

Rayavadee. Wenn Geld keine Rolle spielt: Paradiesische Dschungellage mit 102 fünfster-nigen, doppelstöckigen Bungalows mit Wen-

deltreppe, zwei Pools, perfekter Service – an den drei berühmten Stränden der Halbinsel ist man tagsüber nie allein. 241 Moo 2, Ao Nang, Tel. 075/62 07 40-3, www.rayavadee.com

The Tubkaak. Teure Boutique-Herberge für gehobene Ansprüche: schön designte (Pool-) Villen am ruhigen Tub-Kaak-Strand, am Pool oder im Garten, thailändisches und italienisches Restaurant. 123 Moo 3 Nongtalay, Tel. 075/62 84 00, www.tubkaakresort.com

AUSGEHEN

Bang Bang. In der winzigen Reggae-Bar serviert »Mr. A« hochgelobte Cocktails mit viel Liebe zum Detail und gutem »Schuss«, weitere beliebte Bars sind die Last Bar und Tew Lay. Tägl. 11–ca. 23 Uhr, Railey East Beach; kein Tel.

Soi RCA/Soi Bamboo. Eine Art Mini-Patong mit den üblichen »Kitty«, »Kiss« und »Butterfly«-Bars und Girls, lauter Musik, Billardtischen usw.; tägl. ab 17 Uhr, südliche Krabi Town Rd., Ao Nang

AKTIVITÄTEN

Basecamp Tonsai. Tägl. 8–21 Uhr, Climbing-Angebote aller Schwierigkeitsgrade, Deep Water Soloing, Shop für Ausrüstung, Basecamp unter deutscher Leitung, am Tonsai Beach, mobile 081-149 97 45, http://basecamptonsai.com

Giant Cat Fish Farm. In dem Naturpark haben Kinder Spaß beim Füttern von Riesen-Welsen, außerdem gibt es Krokodile, Schweine, Schafe, Affen, Enten; baden kann man auch im Fluss. Tägl. 9–17.30 Uhr, 47 Moo 6 Ao Nang (Straße nach Klong Muang), Tel. 075/64 42 09

The Rock Shop. Shop für Ausrüstung, Vermittlung von Climbing-Partnern und Guides, Handbücher, am Tonsai Beach, mobile 089-682 40 56, www.justclimbthailand.org

White Water Rafting. Relativ neu in Krabi ist die adrenalinfördernde Aktivität auf dem Songprak-Fluss in der Provinz Phang Nga, die Strecke ist 5–7 km lang, Schwierigkeitsstufe 2–4. Info und Buchung z. B. bei Krabi Trek, mobile 081-273 13 13, www.krabitrek.com

INFORMATION

Tourist Information (TAT). Tägl. 8.30–16.30 Uhr, 292 Maharat Rd., Krabi-City, Tel. 075/62 21 63

Flughafen. 13 km nordöstlich von Krabi-City, tägl. Flüge u. a. aus Bangkok und Singapur

Fährhafen. Tägl. ganzjährig nach Ko Phi Phi (1 Std.), Ko Lanta (2 Std.) und Phuket (2,5 Std.), neues Pier liegt ca. 8 km nördlich von Krabi-City

Die Restaurants am Strand von Ao Nang bieten tausenderlei Tafelfreuden an.

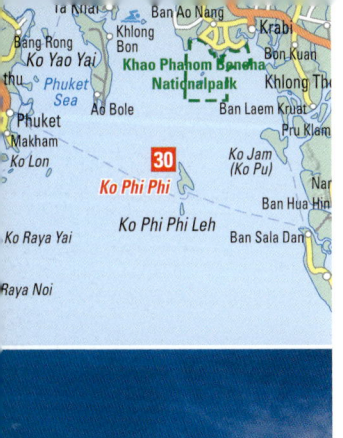

30 Ko Phi Phi mit Phi Phi Le und Phi Phi Don
Thailands Multi-Kulti- »Ballermann«

Auf der Fähre nach Ko Phi Phi wird schnell klar: Alle wollen in die Maya Bay. Jenen traumschönen Flecken Natur, den Leonardo DiCaprio in »The Beach« entdeckt hat – und geheim halten wollte! Man reist inmitten einer Karawane auf dem Meeres-Highway zu der Doppel-Insel: Speed- und Longtailboote, Yachten und Ausflugsdampfer. Voll war es hier freilich schon vor der Veröffentlichung des Romans von Alex Garland (1996) und dem Hollywood-Hype, heute sprechen manche vom »Lost Paradise«.

Phi Phi Don (die »große« Insel) und die unbewohnte Phi Phi Le (die »kleine«) gehören mit vier anderen Inseln in der südlichen Andamanensee seit 1983 zum Hat Noppharat Thara-Mu Ko Phi Phi National Park (eine Bootsstunde und 40 km

GUT ZU WISSEN

SCHNORCHELN IN DER NEBENSAISON …

Wegen des kristallklaren Wassers haben die Korallenriffe rund um Ko Phi Phi einen guten Ruf: Schiffwracks, Unterwasserhöhlen und Meeresbewohner wie Rochen, Leopardenhaie und Meeresschildkröten locken Schnorchler und Taucher an. Allerdings gilt wie überall: Die Sicht ist von Strömungen und vom Wetter abhängig. Bei starkem Wellengang lässt man Maske und Schnorchel am besten gleich im Hotelzimmer und lässt sich keinen Schnorchelausflug aufschwatzen, so spektakulär die Fotos im Katalog auch sein mögen …

Geradezu ein Postkartenmotiv: Longtailboot an einem Strand auf Ko Phi Phi

südöstlich von Phuket). Die gerade einmal 24 Quadratkilometer große Hauptinsel Phi Phi Don (auch: Pee Pee) wurde seit den 1940er-Jahren von muslimischen Fischern besiedelt. Sie besteht aus zwei Teilen, die durch eine Landbrücke miteinander verbunden sind. In der Länge misst sie gerade mal acht, in der Breite maximal dreieinhalb Kilometer.

Einfach gut!

Bilderbuch-Kulisse

Im Inselwesten erhebt sich eine riesige Wand aus wild überwucherten und buckligen Karstbergen. Wer den Aussichtshügel gegenüber vom Lo-Dalam-Strand in einer halben Stunde über Treppen erklimmt (geringfügiger Eintritt: 30 Baht), wird in fast 200 Metern Höhe über dem Meer mit einem der atemberaubendsten Panoramen in ganz Asien belohnt. Die beiden sichelförmigen Strände der Ao Lo Dalam (rechts) und der Ao Ton Sai (links) liegen sozusagen Rücken an Rücken und bilden die Landbrücke zwischen den beiden Inselhälften – die reinste Bilderbuchkulisse! Auf der dschungelig-bergigen Ko Phi Phi Don fahren weder Autos noch Mofas (dafür umso mehr Longtailboote), und noch eine gute Nachricht: Wegen der früher vorwiegend muslimischen Bevölkerung darf es bis heute keine »Girlie-Bars« geben. Hinter

AUF DEN SPUREN LEONARDO DI CAPRIOS

Wer die Traumkulisse in der Maya Bay einmal ohne die Massen (fast) für sich allein genießen möchte – wie einst Leonardo DiCaprio alias Richard – kann hier über Nacht bleiben. Tagsüber ist die Bilderbuchlagune vor lauter Motorbooten und Menschen kaum zu sehen. Erst am späten Nachmittag kehrt Ruhe ein – verhältnismäßig. Der Thai-Guide packt die Gitarre aus, Lagerfeuer erleuchtet den Strand, es gibt Thai-BBQ. Man dreht noch eine nächtliche Runde schwimmend oder im Kajak inmitten des phosphoreszierenden Planktons und dann ab in den Schlafsack auf dem »Maya Bay Sleepaboard«-Kutter. Oder man schläft auf Bastmatten im Sand – bis zum Aufwachen im Paradies.

Maya Bay Tours. Tägl. 15–10 Uhr am nächsten Morgen, Taschenlampe, Moskitolotion mitnehmen, 87 Moo 7 Soi Chao Koh, Ton Sai Village, mobile 087-382 91 63, www.mayabaytours.com

KOPFÜBER IN DER TRAUMKULISSE

Nicht verpassen

Ko Phi Phi ist die Wiege des Kletter-sports in Thailand. In den 1980er-Jahren entdeckten die ersten holländischen und franzö-sischen Climber hoch oben in den Karstfelsen das Naturparadies aus der Vogelperspektive, zum Beispiel am steilwandigen, imposanten Tonsai Tower (25 Routen: 5–7a). Rund 60 Routen an der »Trinker-wand«, dem »Affenkopf« und der »glücklichen Banane« warten heute auf Kletter-Enthusiasten. Beim »Deep Water Soloing« klettern die Könner gleich vom Boot aus ohne Seil freestyle in die Höhe, z.B. an den zerklüfteten Felswänden von Phi Phi Le, und dann geht es im freien Fall in die türkisschimmernde Lagune. Mehrere Kletterschulen bieten Touren mit verschiedenen Schwierigkeitsstufen an, auch für Anfänger und Kinder ab fünf bzw. 14 Jahren (meist inklusive Versi-cherung und Ausrüstung).

Spidermonkey. Tägl. 10–17 Uhr, Pass mitbringen, hinter Ton Sai Village (bei den Rock Backpac-kers), Tel. 075/601026, www.spidermonkeyphiphi.com

der Lo-Dalam-Bucht erinnert ein zwei-stöckiger, als Mahnmal aufgestellter Rettungsturm an den 26. Dezember 2004, als der Tsunami die Insel traf und mindes-tens 2000 Menschen in den Tod riss. Zwei Drittel der Hotels und Hütten wurden durch die Flutwelle völlig zerstört.

Nach dem Tsunami

Heute ist nur noch wenig von der Katastrophe zu sehen. Die vielen Tausend Besucher verlassen sich auf das Tsunami-Frühwarnsystem. Ihren Robinson-Crusoe-Charme hat die Insel allerdings verloren. Ko Phi Phi Don ist zweifellos immer noch eines der schönsten Naturschauplätze der Erde: Rund um das Inselchen leuchtet türkis- bis azurblaues Wasser bis zum Horizont, am Ufer strahlt der schneeweiße puderfeine Sand. Palmen ohne Ende, der Dschungel wächst bis fast an den Strand, und die bizarre Felsenkulisse lässt alle Neuankömmlinge staunen. Tropenschönheit, die nichts zu wünschen übrig lässt – sofern nicht gerade drei Dutzend fotografierender und »Sel-fie«-verliebter Urlauber halbnackt mitten in der Postkartenszenerie stehen.

Der Massentourismus hat die Insel fest im Griff. Manche Strände sind vor lauter Tagesbesuchern aus Phuket und Krabi, vor Liegestühlen, bunten Kajaks und Longtailbooten fast nicht mehr zu sehen. Am Hat Ton Sai geht es besonders trubelig zu. Unzählige Kreuzfahrtschiffe, Speedboote und Yachten liegen in der hübschen Ao Ton Sai vor Anker. Die Beach Bars an der Strandpromenade sind immer gut gefüllt. Die Taxiboote knattern tagein, tagaus von 8 bis 23 Uhr durch die Bucht. Mittlerweile werden die Gäste der Bungalows am Hat Ton Sai auf Wunsch tagsüber an die Strände auf den Nachbarinseln »evakuiert«. Doch eines fällt

positiv auf: Die Insulaner sind bei alledem Rummel erstaunlich gelassen und freundlich geblieben.

Insel-»Metropole« und Partymeile

Die Insel-»Metropole« Ban Laem Trong (auch: Ton Sai Village, Phi Phi Don Village) besteht aus einem Gassen- und Wegegewirr mit Ständen, Buden und Hütten: Wahrsager, Masseurinnen und Zöpfchenflechter bieten hier neben Tattoo-Läden, Wechselstuben, Reggae-Bars, Garküchen und Souvenirshops ihre Dienste an – ein Kaleidoskop der thailändischen »sanuk«- und »sabai«-Industrie. Zum »Spaßhaben« und »sich wohlzufühlen« gehören auf Ko Phi Phi Don allnächtliche Partys und Remmidemmi dazu. Dann treffen sich die Rastafaris und Ganzkörper-Tätowierten, die Glatzen- und Wollmützenträger (trendy auch bei 35 Grad…) auf der Partymeile zu Trinkgelagen und immer gewagteren Fireshows. Bis tief in die Nacht bummert der Sound von Techno und Dub Music aus den Bars und Discos. Aber noch gibt es idyllische Ecken auf Ko Phi Phi: Am besten zum Träumen eignen sich der Hat Laem Thong im äußersten Nordosten oder der von Kokosplamen und Dschungelbergen gesäumte Hat Lo Ba Gao. Den Hat Yai (»Long Beach«) im Süden erreicht man von Ton Sai aus über die Promenade und einen Spazierweg entlang von winzigen Bade- und Sandflecken.

Phi Phi Le: »The Beach«

Die drei Kilometer entfernte, unbewohnte und schroffe Schwesterinsel Phi Phi Don verzaubert die Besucher mit einer schönen Lagune, in der man wunderbar schnorcheln, schwimmen und kajaken kann (s. Tipp S. 187). Fast kreisrund wird die Maya-Bucht an drei Seiten von steilen, 100 Meter hohen Kalksteinriesen begrenzt, das Wasser leuchtet

Oben: Nachtschwärmer und Partygänger haben auf Phi Phi die Qual der Wahl.
Mitte: Nur frühmorgens zu haben: ein einsames Plätzchen am Ton Sai Beach
Unten: In den Gassen von Ton Sai Village herrscht immer Trubel.

türkisblau. Doch hier heißt es: Früh aufstehen, denn spätestens ab neun Uhr wird es voll mit unzähligen 300-PS-starken Speedbooten und Reisegruppen, die zu Land und zu Wasser ausschwärmen. Die »Wikinger«-Höhle (Tham Phaya Nak), die andere große Attraktion auf (Ko) Phi Phi Le, kann heute nur noch von außen vom Boot aus »besichtigt« werden. Die Felsmalereien in der Höhle, die vermutlich Seenomaden hinterlassen haben, sollen 400 Jahre alt sein. Die gesamte Phang-Nga-Bucht ist voll von solchen Höhlen, in denen Schwalben ihre Nester bauen.

Teure Schwalbennester

Irgendwo in der Andamanensee: Die Taschenlampe malt runde Lichtkegel an die schroffe Felswand. Die Höhle ist hoch wie eine Kathedrale und verzweigt sich in ein Labyrinth aus Hunderten von Tunneln, in Jahrtausenden ausgewaschen durch Erosion und Monsunregen. Gestank von dicken Guanoteppichen raubt einem den Atem. Einige spindeldürre Bambusstangen sind zusammengebunden und verschwinden als schiefe Gerüste in der Dunkelheit, hoch oben, wo die Stalaktiten von der Decke wachsen und die Fledermäuse kopfüber schlafen. Bis zu 80 Meter hoch klettern barfüßige Thai auf der Suche nach den begehrten Schwalbennestern, ein Kilo kann dem Händler umgerechnet rund tausend Euro einbringen.

Oben: Ausflügler auf dem Weg nach Phi Phi Le mit der traumhaft schönen Maya-Bucht
Mitte: Kletterkonstruktionen an einer Vogelnesterhöhle
Unten: Der Schwalbennestersuppe werden enorme Heilkräfte nachgesagt.

Infos und Adressen

SEHENSWÜRDIGKEITEN
Phi Phi Island National Park/Maya Bay. Tägl. 7–18 Uhr, Eintritt am Fährhafen Ko Phi Phi Don, NP-Tel. in Ao Nang-Krabi 075/63 72 00, www.dnp.go.th

ESSEN UND TRINKEN
Garlic 1992. In dem Lokal schmecken all die Traveller-Favoriten von Pancakes über Pizza und Bratreis bis Frühlingsrollen – (authentische) Currys kann man woanders besser essen. Tägl. 8–ca. 23 Uhr, 131 Moo 7, Ton Sai Village, mobile 083-502 14 26

Phi Phi Bakery. Gutes Frühstück samt Croissants, Baguette, Müsli oder Sandwich, Cappuccino und frisch gepresstem O-Saft. Tägl. 7–20 Uhr, Ton Sai Village, Tel. 075/60 10 17

ÜBERNACHTEN
Chunut House. Gute Lage nahe dem »Party-Village«, dennoch relativ ruhig mit originellen Ziegelstein-Bambus-Bädern in zehn palmstrohgedeckten Bungalows. Moo 7, Ton Sai Village, Tel. 075/60 12 27, www.chunuthouse.com

Phi Phi Island Cabana. Für junges Volk: Die Mittelklasse-Anlage »besetzt« mit 162 Zimmern die fotogenste Stelle der Insel zwischen Ton Sai Beach und Lo-Dalam-Bucht, schöne Pool-Landschaft. 58 Moo 7, Ton Sai Village, Tel. 076/60 11 70-7, www.phiphi-cabana.com

Phi Phi Island Village. Palmwedel-Komfort-Bungalows mit Meerblick in erster Reihe, im Garten oder am Hang, einsamer langer Palmenstrand und wunderschöne Pool-Landschaft. Ao Lo Ba Gao, Tel. 075/62 89 00

Viking Natures Resort. Naturliebhaber werden sich in den abgelegenen Pfahlhütten (Ventilator, Moskitonetz, teils Bad) zwischen Bambus, Teak und Hängematte wohlfühlen, viele Treppen. 222 Moo 7, nahe Hat Ma Phrao, Tel. 075/81 93 99, www.vikingnaturesresort.com

AUSGEHEN
Carlitos. In der Bar ist immer etwas los, ab 22 Uhr Konzerte, Fire Show oder Kickboxen, DJs mit Light-Show, Yoga, Brettspiele, Wi-Fi. Tägl. 12–ca. 2 Uhr, Ton Sai Village; kein Tel., www.carlitosbar.com

Slinky. Angesagte Beach Bar mit gewagten Fireshows ab 21 Uhr und Abtanzen zu Techno & House. Tägl. ca.12–3 Uhr, Ao Lo Dalam, mobile 086-067 73 39

Sunflower. Chillig-rustikales Beach-Lokal abseits der Partymeile mit Hängematten und Liegen im Sand, einige Zimmer gibt es auch. Tägl. 9–2 Uhr, 102 Moo 7 Ao Lo Dalam (am nördlichen Ende der Bucht), mobile 080-038 33 74

AKTIVITÄTEN
Blue View Divers. Ökologisch ausgerichtete Tauchtouren, Tauchschule mit PADI-Kursen (auch für Kids ab 12), Schnorchelkurse auch für Kids unter 8, im Viewpoint am Loh Dalum Beach, Tel. 075/81 93 95, mobile 087-380 01 84, www.blueviewdivers.com

INFORMATION
Anreise. Nur mit dem Boot, zwischen Ko Phi Phi Don und Phuket sowie Krabi auf dem Festland verkehren regelmäßig Fähren.

Einfach lecker und noch dazu preiswert: das Essen im »Garlic 1992«

31 Ko Lanta
Insel der langen (Buddel-)Strände

Noch ist Ko Lanta fest in der Hand von blonden schwedischen Kids. Keine Barmädels, kein ausuferndes Nachtleben, keine Jetskis und obskure Rauchwaren. Stattdessen lange Strände mit jeder Menge Platz zum Sandburgenbauen, Elefanten und Affen, Buddeleimer und Stockbetten. Doch die wild-bergige Insel ist auf dem Weg in die Hochglanzkataloge – und die Flitterwöchner sind stark im Kommen ...

Die zur Provinz Krabi gehörende Ko Lanta besteht aus der von Mangrovenkanälen durchzogenen Ko Lanta Noi (Klein-Lanta) im Norden und der etwa 30 Kilometer langen Ko Lanta Yai (Groß-Lanta) mit neun herrlichen Stränden im Süden. Arabischen und chinesischen Seefahrern war Groß-Lanta als »Pulau Satak« bekannt, als »die Insel mit den langen Stränden«. Eine Brücke zwischen beiden Inseln, die heute noch nur durch Autofähren verbunden sind, ist seit 2012 im Bau. Mit 15 vorgelagerten Inseln bilden die beiden Lantas den 134 Quadratkilometer großen Ko Lanta Marine National Park. Auf Lanta Yai ragt ein teilweise dicht mit Regenwald bedeckter Bergkamm bis auf 500 Meter auf, an der Ostküste beherrschen Mangrovenwälder die Landschaft. Die rund 20 000 Insulaner sind hauptsächlich muslimischen Glaubens, darunter auch die chinesisch-stämmigen Händler von Lanta Town und die Nachfahren der Chao Le, der indonesischen »Seenomaden«, die im Süden der Insel leben. Haupteinnahmequellen sind Gummibaum- und Kokospalmplantagen, Fischfang und Garnelenzucht sowie zunehmend der Tourismus.

Mitte: Lanta Town: In der Inselhauptstadt laden bunte Märkte und Läden zum Stöbern ein.
Unten: Sauber, hell und kinderfreundlich: der Klong Dao Beach nahe Lanta Town

Abenteuer pur

Es geht mit dem Kajak in die Mangroven oder bäuchlings durch dunkle Höhlen, auf dem Elefantenrücken oder zu Fuß durch den letzten Urwald von Ko Lanta.

Ⓐ Tung Yee Peng. »Eco Tour« im Kajak: den Fischern über die Schulter schauen und Wissenswertes auf dem Mangrove Nature Trail erfahren. Tägl. 8–17 Uhr, 168 Moo 4, Tung Yee Peng, mobile 089-298 41 39 und 089-471 66 39, Restaurant: mobile 086-283 81 15

Ⓑ Khao Yai. Schönes Ausflugslokal mit Aussicht über die Inselwelt an der Ostküste, man serviert die thailändischen Klassiker und erstklassig zubereitete Meeresfrüchte. Tägl. 8–22 Uhr, 182 Moo 3 Ban Ko Lanta (an der Passstraße zu Old Lanta Town), Tel. 075/69 72 44

Ⓒ Ban Lanta (Lanta Old Town). In der Altstadt kann man schön bummeln und stöbern zwischen alten chinesischen Shophouses mit angesagten Lokalen und Cafés am Wasser, Märkten, Krämerläden und Kunsthandwerksstätten. Tägl. 10–17 Uhr (Lokale: bis ca. 19 Uhr)

Ⓓ Tham Mai Kaeo (Kaew). Die noch recht »ursprüngliche«, unbeleuchtete Höhle kann auf einem Dschungelpfad nach ca. 30 Min. erreicht werden, nur mit Guide, festen Schuhen, Taschenlampe (große Spinnen!). Tägl. 8–17 Uhr

Ⓔ Namtok Klong Jak. Zu dem ca. 10 m hohen Wasserfall gelangt man nach 45 Min. auf einem in der Regenzeit glitschigen Dschungelpfad. Tägl. 8–17 Uhr, möglich ist Elefantenreiten in der Nähe, rund 3 km östlich von Ao Klong Jak

Ⓕ Mo Ko Lanta National Park. Beim NP-Hauptquartier startet der Betonpfad in den Urwald, zwei Strände mit Restaurant und Duschen, einige Bungalows und Camping. Tägl. 8–17 Uhr, Moo 5 Laem Tanod, Tel. 075/66 07 11-2, www.dnp.go.th

In den Mangrovenwäldern von Ko Lanta sind viele Tierarten beheimatet.

**KO JUM: AUF ZUR
»KRABBEN-INSEL«**

Wem Ko Lanta schon
zu trubelig ist, der wird
sich vielleicht auf der Nachbarinsel (Ko) Jum (sprich: Cham,
auch: Ko Pu) wohlfühlen: Einsame
Sonnenuntergangs-Strände, breit
wie Fußballfelder, ein intakter
Dschungel und Insulaner, denen
das Wohlergehen ihrer Gäste noch
am Herzen liegt. Die drei verschlafenen Fischerdörfer verbindet eine
Lateritpiste, die im Süden durch
Kokospalmplantagen und Gummibaumwälder führt. Für Ruhesuchende ideal, der richtige Ort, um
die Seele baumeln zu lassen. Hier
ist es allerdings noch so ruhig, dass
manche Inselhüpfer es vor lauter
Einsamkeit nicht lange »aushalten«
und nach ein paar Tagen nach Ko
Lanta zurückkehren. Andere sollen
für immer auf der »Krabben-Insel«
hängen geblieben sein …

Ko Jum (Ko Phu). Tägl. Boote ab
Ban Lanta oder Ko Phi Phi und
Krabi, in der Nebensaison sind
einige Resorts geschlossen und
Fähren fahren nicht immer.

Mit Windeln und Buddeleimer

Kaum vorstellbar, dass die Insel bis vor rund 20 Jahren nicht einmal Stromanschluss vom Festland und asphaltierte Straßen besaß. Dabei ist die Anreise ein Kinderspiel – auch mit Kind und Kegel, Windelpaket, Buddeleimer und Lieblingsteddy. Das Eiland ist beliebt bei Familien. Jetskis sind verboten und Strandhändler eine (noch) völlig unbekannte Spezies. Auf Ko Lanta wartet jede Menge kindgerechte Action: Hier kann man sogar mit den Affen zur Schule gehen (Monkey School) oder auf dem Wasser radeln. Neben den Schnorchel-Ausflügen auf die Nachbarinseln und nach Ko Rok sind die »Lanta-Safaris« allseits beliebt, eine Art Ferien-Triathlon aus Elefantenreiten, Kajakpaddeln und Radfahren. Die Strände sind meist weit und flach, manche verstecken sich aber auch in kleinen Buchten wie der Relax Bay, der wunderschönen Ao Kantiang mit vorgelagertem Korallenriff oder der herrlichen Ao Mai Pai im Süden.

Verschlafener Inselcharme

Am drei Kilometer langen Klong-Dao-Strand gleich südlich vom Hafen Ban Saladan ruft allmorgendlich um fünf Uhr der Muezzin zum Gebet, was die meisten Urlauber nicht stört. Wer aus dem Urlaubsschlaf gerissen wird, kann sich gleich ins Tagesprogramm bei einer Inselrundfahrt stürzen. Vom Viewpoint mit bestem Inselpanorama geht es abwärts an die Ostküste ins etwa sechs Kilometer entfernte Ban Lanta (Old Lanta Town), der früheren Hauptstadt Baan Sri Raya. In den alten hölzernen Shophouses an der Hauptstraße residieren einige Kunsthandwerksstätten, Silberschmiede, Galerien und Ledershops. Noch zwitschern Singvögel in ihren Bambuskäfigen und noch sehen die Holzwände, an denen die thailändische Fahne hängt, verwittert

aus. An der Uferseite ist aber bereits der Geist der neuen Zeit spürbar: Hier haben einige Touristenlokale eröffnet, in denen die Kundschaft auf Planken über dem Wasser speist.

Makaken und Schlammspringer

Im Inselinneren sind einige Höhlen zu besichtigen, etwa die erst vor Kurzem entdeckte Tham Mai Kaeo (Kaew) nahe Klong Nin. Sie wird über wackelige Bambusleitern und schmale Holzbrücken erreicht und kann nur robbend durchquert werden. Angst vor Spinnen sollte man auch nicht haben. Im Inselsüden wartet der eher kleine Namtok Klong Jak am Ende einer halbstündigen Wanderung – unterwegs lassen sich eventuell Makaken, Fledermäuse und Eidechsen blicken. Am (Kap) Laem Tanod an der Südspitze der Insel beginnt am Hauptquartier des Nationalparks Mu Ko Lanta ein asphaltierter Weg, auf dem man einstündige Spritztouren in einen Urwald aus bis zu 25 Meter hohen Baumriesen und Fächerpalmen unternehmen kann.

An der Nordküste empfiehlt sich ein »Öko«-Ausflug in die Mangrovenwälder beim Dorf Tung Yee Peng. In einem vom UNDP (United Nations Development Programme) geförderten Projekt werden die Fischer zu Naturführern ausgebildet, die Homestays und Kajaktouren durch die ökologisch wichtigen Mangroven anbieten.

Die Reviere bei Hin Bida im Norden, die Felstürme Hin Muang und Hin Daeng sowie die Ko Rok im Süden locken viele Taucher an. An den Felsen im Meer versammeln sich Barrakudas, Leoparden- und Walhaie sowie Mantas. Eine bizarre Unterwasserwelt aus Tunneln und Klippen, 200 Korallenarten und unzählig vielen Rifffischen wartet hier auf ihre Erkundung. Die Tauchreviere sind während der Regenzeit nicht zugänglich.

Infos und Adressen

ESSEN UND TRINKEN
Noon Sunset Point. Thailändisch-internationale Gerichte werden in Meeres-Pavillons serviert, Live-Bands (Mi), BBQ mit Folklore (So). Tägl. 11–22 Uhr, Ao Kantiang, Tel. 075/66 51 28, www.noonlanta.com

ÜBERNACHTEN
Bamboo Bay. Die 21 einfachen, gefliesten Bungalows mit Lokal hoch über dem ruhigen Strand überzeugen viele Rucksackreisende: tolle Aussicht, nette Gastgeber. 87 Moo 5 Ao Mai Pai, Tel. 075/66 50 23

Lanta Castaway. Geräumige Wohlfühl-Häuschen mit großer Fensterfront zum tropischem Garten oder Meer, Tauchschule. 299 Moo 2 Phra Ae (südl. Ende), Tel. 075/68 48 51, www.lantacastaway.com

Moonlight Exotic Bay. 32 Meerblick-Villen und 12 Hang-Häuschen, viele Treppen zum Mini-Beach zwischen Felsen und Pool; der Clou: Jacuzzi auf der Veranda. 69 Moo 8 Ban Klongtob, Klong Nin, Tel. 075/66 25 90-1, www.moonlight-resort.com

Relax Bay. Felsige Mini-Bucht mit 50 Häuschen, kleinem idyllischem Pool und sehr entspannend in Hängematten, Strandbar, Yoga-Pavillon. 111 Moo 2 (südliche) Ao Phra Ae, Tel. 075/68 41 94, www.relaxbay.com

INFORMATION
Anreise: Ganzjährig fahren Boote ab Krabi-City und Phi Phi (2 Std.) oder Phuket (3,5 Std.). Auto-/Busfähren setzen vom Festlandsort Ban Hua Hin auf die Insel über.

32 Ko Kradan, Ko Muk und Ko Ngai
Lieblings-Trio

Ein Insel-Trio hat sich in die Herzen der Andamanen-Inselhüpfer »gebeacht« und zieht mittlerweile auch Urlauber mit Rollköfferchen und Kinderwagen an – doch wie zieht man die übers Wasser...? Wie auf vielen Dschungel-Inseln gibt es weder Autos noch Mofas, geschweige denn ein Pier. Also, Hose hochkrempeln, Tasche schultern, ein paar Schritte im seichten Meer und im warmen Sand - und schon steht man auf der eigenen Veranda.

Ko Ngai – sprich: »Hai«

Von der nur zwei mal vier Kilometer großen Ko Ngai kehren immer wieder arg enttäuschte Traveller oder Singles der Generation Facebook & Smartphone zurück. Die jungen Leute langweilen sich auf dem Dschungelflecken fast zu Tode! Denn was gibt es auf einer wilden Insel im Nationalpark, rund zwölf Kilometer vor der Küste bei Trang, schon zu tun? Baden und sonnenbaden. Lesen und schmökern. Brustschwimmen und kraulen. Schnorcheln, tauchen, kajaken. Dem Nashornvogel und den Zikaden lauschen. Abends die 1500 Strand-Meter an der Ostküste auf- und ablaufen und ein lauschiges Plätzchen für den Sundowner suchen. Es gibt ganze sieben Einkehrmöglichkeiten – wenn das keine Abwechslung ist! Keine Schilderwälder, sondern immergrüner Urwald. Südsee-Feeling in der Andamanensee: Der Strand ist blendend weiß, das Meer türkisschimmernd und meist so flach, dass man keine Sorge um die Kleinsten haben müsste. Für manchen ist es (noch) die perfekte Relax-Insel wie anno dazumal, für andere gehört es schon zur Ur-

Mitte: Yao Beach auf Ko Muk: Noch liegt das Eiland abseits der großen Touristenströme.
Unten: Immer noch ein Geheimtipp für zivilisationsmüde Urlauber: Ko Kradan

laubs-Strategie, morgens um sieben das Liegestuhlrevier mit dem Handtuch zu markieren. Buddha sei Dank, so tauchen auf Ko Ngai kaum Briten auf, nur einige mit uns »Germanen« nachsichtige Skandinavier...

Einfach gut!

Ko Kradan: Ja-Wort unter Wasser

JA! ist das meist gesprochene Wort auf Ko Kradan. Oder besser: unter Wasser! Die kaum zwei Quadratkilometer große, abgelegene Urwaldinsel im Hat Chao Mai Marine National Park erlebt alljährlich am 14. Februar, dem Valentinstag, eine wahre Invasion heiratswilliger Taucherpärchen. Frisch verliebte Honeymooner liegen auf dem Andamanen-Juwel also richtig am schneeweißen Strand, denn die bei den Thailändern populären Unterwasser-Hochzeiten sind auch fast schon die einzige Zerstreuung vom Bade-Dasein. Mal abgesehen vom morgendlichen Jogging – es geht zehn Minuten am schmalen Oststrand entlang, vorbei an einer Handvoll Bungalowanlagen, bis erhabene Dschungelriesen den Weg versperren. Abends kraxelt man durch den Urwald zum Sonnenuntergangs-Ausguck auf der Westseite (Vorsicht: Schlangen). In der Saison am Wochenende muss man sich das kleine Schnorchelparadies mit einigen Hundert Tagesausflüglern teilen – bis gegen 15 Uhr, dann herrscht wieder Ruhe. Kein V.D.O. und keine trendy »Fireshows« mit Fackel schwingenden Artisten. Nichts als Meeresrauschen unterm Sternenhimmel.

Ko Muk: Südsee-Feeling

Beim Inselhüpfen keinesfalls auslassen: das nur einen Sprung östlich gelegene verschlafene Ko Muk (Koh Mook). Der wunderschöne Strand an der Sivalai-Landzunge im Osten scheint geradewegs aus der »Rafaelo«-Werbung geklaut – eine glei-

DIE »SMARAGD«-HÖHLE

Die Tham Morakot (Emerald Cave) ist ein spektakuläres Naturwunder an der Westküste der kleinen Andamaneninsel Muk: eine 80 Meter lange Höhle, deren Wasser grünblau bis türkis leuchtet, als sei es von unten mit Neon angestrahlt. Nur bei Ebbe gelangt man mit dem Kajak oder besser schwimmend durch einen nur zehn Meter breiten Tunnel. Wenn man die stockfinstere Grotte durchschwommen hat (allein das ist eine Erfahrung), öffnet sich wie bei Aladin eine lichtdurchflutete Lagune mit puderfeinem Ministrand. Paradiesisch! Das konnte nicht lange ein Geheimnis bleiben, und so wird die Höhle gegen neun Uhr von zahllosen Tagesausflüglern besucht. Am besten kommt man ganz früh oder nachmittags, etwa zehn Paddel-Minuten mit dem Kajak ab Farang oder Charlie Beach, aber wie gesagt – es muss Ebbe sein...

Tham Morakot (Emerald Cave). Tägl. 7–18 Uhr, diese Höhle ist nicht für kleine Kinder geeignet!

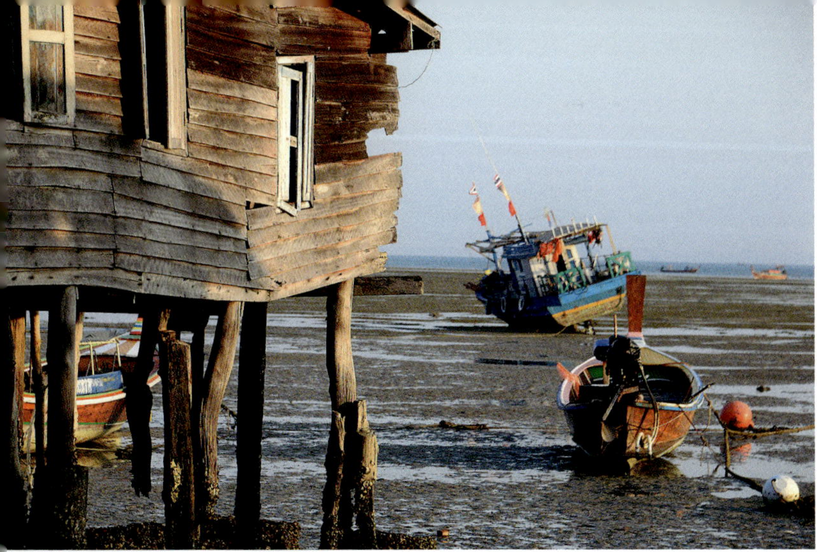

Oben: An der Ostküste von Ko Muk: Bei Ebbe zieht sich das Meer weit vom Strand zurück.
Unten: Die meist muslimischen Bewohner von Ko Muk sind gastfreundlich und aufgeschlossen.

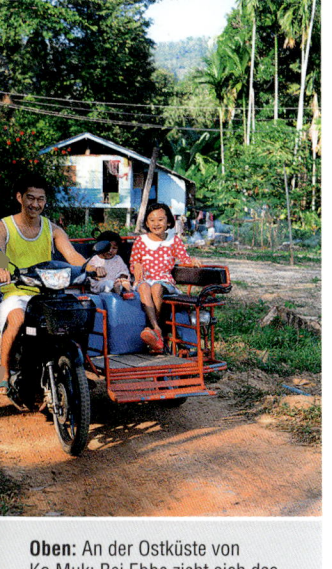

ßend helle Sandpiste, das Wasser schimmert tatsächlich türkisblau. Auf der Bilderbuch-Insel in der Andamanensee, nur vier Kilometer vor der Küste der Provinz Trang gelegen, kann man Uhr und Kreditkarte zu Hause und stattdessen die Seele baumeln lassen. Oder stundenlang Muscheln suchen und durch Gummibaumwälder spazieren. In der Nähe der spektakulären Tham Morakot an der Südwestküste liegen der »Farang« Beach und der 500 Meter lange, meist einsame »Charlie« Beach mit einigen einfachen bis bequemen Unterkünften. Nur rund 300 meist muslimische Fischerfamilien leben auf der knapp fünf Quadratkilometer großen Insel im Nationalpark, hauptsächlich vom Fischfang und von Kautschukplantagen. Am Markt und in einigen preiswerten Lokalen im Dorf ist die Thai-Küche noch in Ordnung (d.h. sehr scharf!), ein windschiefes Pier vor urigen Dschungelbergen bietet ein perfektes Fotomotiv. Allein im Kajak oder gemeinsam mit dem Fischer versuchen einige Angler ihr Glück, auf die Schnorchler warten weitere kleine Koralleninseln wie (Ko) Rok, Ma, Wean und Chaek.

Infos und Adressen

ESSEN UND TRINKEN

Hilltop. Zwischen Pier und Charlie Beach versorgt eine nette Thai-Familie ihre Kunden mit frischen Meeresfrüchten, Fisch und authentisch-leckeren Currys. Tägl. 11–ca.18 Uhr, Ko Muk, mobile 084-847 91 33

Kalume. Hier kocht ein »echter« Italiener in der Hochsaison: Pizza & Pasta im Strandlokal, gehobene Preise, einige spartanische Bambushütten. Tägl. 8–ca. 21 Uhr, Ko Kradan, mobile 086-905 50 34, www.kalumekradan.com

Paradise Lost. Im Urwald-Garten (600 m vom Strand) speist man bei Nok ordentliche Thai-Kost und frischen Fisch, es gibt neun urige Schnäppchen-Hütten. Tägl. 8–ca. 21 Uhr, Ko Kradan, mobile 089-587 24 09, www.kokradan.wordpress.com

ÜBERNACHTEN

Coral Garden. Fünf komfortable Holzbungalows mit Parkett und sehr schönen Bädern, Hochsaison-Reservierung über Kalume Village nebenan (s. o.), Ko Kradan, www.coralgardenresort.com

Fantasy. Im Garten, am dschungeligen Hang und am schönsten Strandteil verteilen sich große Bungalows, (Pool-)Villen und zweistöckige Familien-Suiten, vorwiegend Pauschalpublikum, Tauchschule. Ko Ngai/Hai, Tel. 075/21 03 17, www.haifantasy.com

Koh Mook Sivalai. 48 hübsche, palmgrasgedeckte Bungalows unter Palmen, am schmalen Seegras-Strand oder am weiten, tief abfallenden Hauptstrand, kleiner Pool, romantisches Lokal, Tauchschule. Hat Hao Laem, Ko Muk, mobile 089-723 33 55, www.komooksivalai.com

Kradan Beach Resort. Urige, einfach eingerichtete Holz-Bungalows. Die Lage am Paradise Beach entschädigt für den mangelnden Komfort, Ko Kradan, mobile 094-582 55 44, www.kradanbeachresort.com

Nur ein Katzensprung vom Meer entfernt: Bungalows des »Koh Mook Sivalai«

Reef Resort. Hotelanlage in schönem Garten in Strandnähe. 18 modern und komfortabel eingerichtete Zimmer mit Meerblick, Pool und Bar, familiäre Atmosphäre, Ko Kradan, Tel. 086/948 85 59, www.reefresortkradan.com

Rubbertree. Friedliche, nette Familien-Atmosphäre in den ganzjährig geöffneten Bungalows im Garten, teils Klimaanlage und sehr schlichte Bäder, ca. 300 Meter zum Charlie Beach. Ko Muk, mobile 081-606 93 58

The Sevenseas. 39 fast »gläserne« Komfort-Villen in zwei Reihen, keine liegt mehr als 30 Schritte vom Strand entfernt, herrlichgrünes Open-Air-Bad, einige Zimmer, Pool. Ko Kradan, mobile: 082-490 24 42 und 082-490 25 52, www.sevenseasresorts.com

INFORMATION

Anreise: Je nach Saison entweder ab Festlandhafen Pakmeng (1,5 Std.) oder mit Tigerline-Fähre ab Ko Lanta Richtung Ko Lipe, hält unterwegs vor Ko Ngai und Ko Kradan, in der Nebensaison nach ca. 1 Std. bei Ko Muk umsteigen ins Longtailboot nach Ko Kradan (30 Min.), Oropax mitnehmen, www.tigerlinetravel.com, oder Satun Pakbara Speedboat Club, www.tarutaolipeisland.com; nach Ko Muk auch direkt ab Festlandfährhafen Kuang Tungku mit Speedboat (10 Min.)

33 Ko Lipe mit Ko Bulon Lae
Der Shootingstar

Ko Lipe ist der Senkrechtstarter im andamanischen Insel-Wettlauf. Wunderschön präsentieren sich die drei weiß leuchtenden Strände auf dem einstigen Fischer-Inselchen, keine Frage. Das sprach sich wie ein Tsunami herum, und so herrscht auf dem angesagten Eiland buntes Multikulti zwischen knatternden Longtailbooten, Rollköfferchen, Kinderbuggy und Wi-Fi.

Das sichelförmige Eiland im tiefen Süden der Andamanensee gehört zum Nationalpark Ko Tarutao Marine nahe der malaiischen Grenze. Ko Lipe ist die einzige der 58 Inseln im Nationalpark, die besiedelt ist. Die rund 500 Insulaner sind Nachfahren der Chao Le-Seenomaden und erst in den letzten Jahren zugezogene Thai-Chinesen sowie einige Ausländer.

Smartphone on the Beach

Heute verdingen sich die Lipe-Fischer als Kapitäne und Bootstaxifahrer. Sie lernten, Cocktails zu mixen und Pizza zu backen für eine immer größer werdende Zahl von Travellern aus aller Welt. Seit 2010 erschließen asphaltierte Straßen die weitgehend autofreie Insel, auf der ohnehin jeder zu Fuß unterwegs ist, weil kein Weg länger als ein oder zwei Kilometer ist. Die unvermeidliche »Walking Street« mit ihrem Schilderwald ließ nicht lange auf sich warten. Massagesalons, Klamottenläden voller bunter Sarongs und Flipflops, Bars, Restaurants, Tauchshops, Reisebüros haben hier eröffnet. Backpacker und Pauschal-Urlauber müssen nun auch nicht mehr auf die ganztägige Stromver-

Bringt Abwechslung in den Strandalltag: Beach Bar auf Ko Lipe

Der gleißend weiße Sunrise Beach auf Ko Lipe

sorgung, auf Mobilfunknetz und Wi-Fi-Internet-Cafés, auf ATM-Geldautomaten und Swimming Pools verzichten. Die Bungalows stehen mittlerweile dicht an dicht, nicht wenige sind im Besitz von auf Ko Lipe lebenden Ausländern. Und es wird fleißig weitergehämmert, ein Ende des Baubooms ist wohl nicht abzusehen. Obwohl das Preisniveau weit über dem vom Rest Thailands liegt, ist Ko Lipe jeden Winter komplett ausgebucht.

An die Nordspitze der Ostküste schmiegt sich der traumhafte Sunrise Beach zwischen die rund geschliffenen weißen Granitfelsen, der Pulversand leuchtet weiß, das Meer ist kristallklar – so dass manch einer vom Seychellen-Feeling schwärmt. In der Mitte des Strands parken die Longtailboote, manchmal wird es allerdings eng beim Baden. Der Hat Pattaya oder »Party-Beach« im Süden, an dem die Longtailboote und Fähren an schwimmenden Plattformen anlegen, hat sich zu einem Drehkreuz im Inselverkehr entwickelt. Hier steigen die Ausflügler, die zu den Nationalpark-Inseln (s. Tipp rechts) unterwegs sind, auf andere Schiffe um. Der ruhigere Sunset Beach (Hat Porn) im Nordwesten ist hingegen ein hervoragendes Schnorchelrevier.

Einfach gut!

DIE LETZTEN ROBINSON-INSELN ...

Ko Tarutao war noch vor 70 Jahren ein Ort des Schreckens für die hierher verbannten Häftlinge: Hunger und Malaria drohten hier. Der einstige Piratenunterschlupf besteht aus winzigen von Dschungelbergen eingerahmten Buchten mit verwaisten schneeweißen Stränden, nur zerfledderte Hängematten sind Zeugen von Zivilisation. Wenn am Wochenende die Thai-Robinsons anlanden, heißt es für echte Einsiedler: schnell weiter nach Ko Rawi – dem anderen Zufluchtsort für die Robinsons.

Ko Tarutao/Ko Rawi. Boote ab Ko Lipe, Ko Tarutao: Zelt, rund 200 Schlafsaal-Betten, Hütten und Bungalows, Res.-Tel. in Bangkok 02/562 07 60/77, Visitor Center, Restaurants, Mieträder. Auf Rawi Zelte nur nach Anmeldung, Tel. 074/78 34 85, www.dnp.go.th

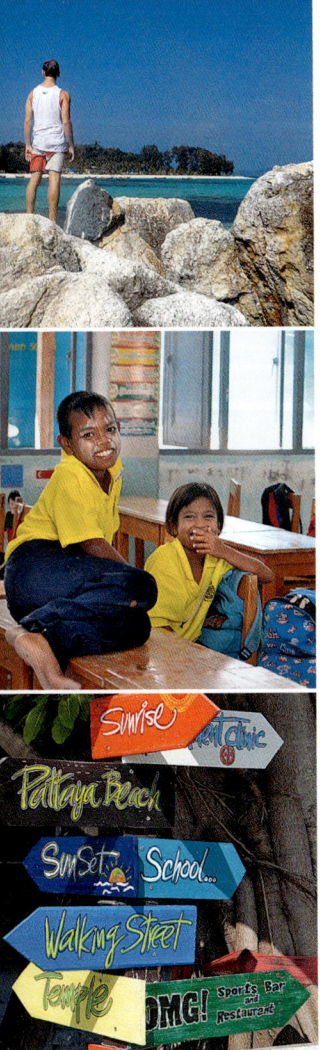

Ko Bulon Lae:
für Ruhesuchende

Ganz anders die klitzekleine Ko Bulon Lae (auch: Bulon Leh, rund 50 km nordöstlich gelegen), die bereits seit mehr als zwei Jahrzehnten im Touristengeschäft mitmischt. Die kleine, zum Petra-Archipel gehörende Insel konnte sich ihre ruhigen Seiten bewahren – abgesehen von den Generatoren, die wohl bis zur Verlegung des Stromkabels vom 20 Kilometer entfernten Festland brummen werden. Wer es weniger touristisch als in Ko Lipe mag, steigt einfach aus der Ko-Lipe-Fähre hier schon aus. Mit einem Taxi-Longtailboot wird man direkt am Strand abgesetzt. Das Speedboat vom Festland bei Pakbara fährt nur einmal am Tag zu der Trauminsel, die nach rund 30 Minuten zu sichten ist: Der Sand glitzert gleißend weiß und das Meer schimmert türkis-blaugrün. Die mit dichtem Wald und Mangroven bedeckte Mini-Insel ist in 15 Minuten zu Fuß überquert und in zwei Stunden umrundet. Manchmal läuft einem eine große Echse über den Weg. Autos und Mopeds gibt es nicht.

Die etwa 150 Inselbewohner, zumeist Chao Le, leben vom Fischfang. Dazu kommen ein paar Touristen, die sich auf eine Handvoll Bungalowanlagen zwischen Palmen und Kasuarinen an der Ostseite aufteilen. Nachts kann man die Lampen der Fisch- und Krabbenkutter am Horizont sehen und die Sterne zählen. Das Inselchen ist ein Paradies vor allem für Lese- und Wasserratten, Camper und Andamanen-Kanuisten. Gut schnorcheln kann man um die Nachbarinseln Bulon Rang, Bulon Don und Bulon Maipai. In Sichweite liegt Ko Tarutao, die große Hauptinsel des gleichnamigen Meeresnationalparks. (s. Tipp S. 201). Und so mancher Bulon-Lae-Fan hofft, dass das Stromkabel noch in weiter Ferne ist.

Oben: Das fast rund geschliffene Felsgestein auf Ko Lipe erinnert an die Seychellen.
Mitte: Alltag im Urlaubsparadies: Schulkinder auf Ko Lipe
Unten: Effekt des Touristenbooms: Hinweisschilder auf Ko Lipe

Infos und Adressen

ESSEN UND TRINKEN

Marina. Preise wie vor 20 Jahren und leckeres thailändisches Essen, man speist auf Sitzkissen. Tägl. 8–21 Uhr, Ko Bulon Lae (im Norden), Tel. 081-598 24 20

Sunrise Beach. Das Strandlokal von Sara und Gong ist fast immer gut gefüllt: Frühstück, Thai-Food, Frischfisch und Banana Pancakes. Tägl. 8–22 Uhr, Sunrise Beach, Ko Lipe, mobile 083-657 57 19

ÜBERNACHTEN

Bulone Resort. Die Bungalowanlage der Familie Ongsara hat viele Stammgäste mit Kids, einige Häuser haben Klimaanlage und rustikale Holz-Open-Air-Duschen. Ko Bulon Lae, mobile 081-897 90 84, www.bulone-resort.net

Bulonhill. In einem dschungeligen Garten (150 m bis zum Strand) verteilen sich die acht neuen Bungalows und Bastmattenhütten, große Kachelbäder und große Betten (Moskitonetz), bei den hilfsbereiten Gastgebern Katja und Chen. Ko Bulon Lae, mobile (dt.) 086-960 38 90

Pansand. Schattige Blockhäuschen in erster Reihe am schönsten Strand und Hütten am Hang mit Meerblick (etwas in die Jahre gekommen, Moskitonetz mitnehmen), stilvolles Restaurant mit thailändischer Küche, Ko Bulon Lae, mobile 081-693 36 67, www.pansand-resort.com

Sanom Beach. Die zwölf einfachen Stelzenhütten von Khun Jeang stehen unter Meertrauben am ruhigen Sanom Beach mit Meerespanorama aus der Hängematte. Pattaya Beach (westl. Ende), Ko Lipe, mobile 087-630 74 97, www.sanombeachlipe.com

Serendipity Beach. Teures, aber schön gelegenes Resort mit stilvollen Teak-Bungalows, teils am steilen Hang oder am ruhigen, fast privaten Abschnitt des Sunrise Beach. Ko Lipe, mobile 088-395 51 58, in Bangkok Tel. 02/129 38 51 -5, www.serendipityresort-kohlipe.com; nicht alle Anlagen sind ganzjährig geöffnet, meist Strom 18–6 Uhr

INFORMATION

Anreise für beide Inseln. Ganzjährig (je nach Wetter) tägl. Speedboote ab Festland-Pier Pakbara, von Nov. bis Mai Fähren aus Phuket, Ko Phi Phi, Krabi und Ko Lanta sowie aus Langkawi/Malaysia, z. B. Tigerline Travel, www.tigerlinetravel.com, oder Satun Pakbara Speedboat Club. Weniger Boote nach Ko Bulon Lae, keine Schnellboote vom 10. April–20. Okt., www.tarutaolipeisland.com

Teakholz, wohin man auch blickt: das »Serendipity Beach Resort«

ZENTRAL-THAILAND

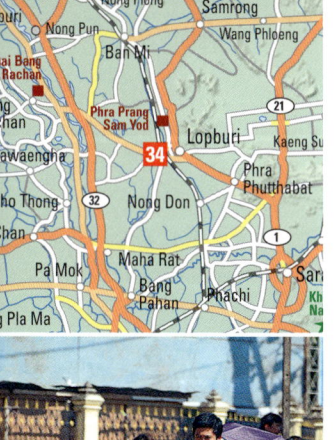

34 Lopburi
Stadt voller Affen

Die »Reiskammer der Nation«, wie die weite Tiefebene in Zentralthailand genannt wird, zählt zu den fruchtbarsten Landstrichen des Landes. Im geschichtsträchtigen Lopburi herrscht jede Menge »Affentheater«: Hunderte wilder Makaken tummeln sich auf Tempeltürmen, Dächern und Strommasten. Sie sind allgegenwärtig, auch als kitschige Skulpturen. Ist das Fernsehbild mal verzerrt, wissen die Einwohner sofort, wer der Übeltäter ist.

Die Region um die 30 000-Seelen-Stadt am Lopburi-Fluss (circa 153 km nördlich von Bangkok) zählt zu den ältesten Siedlungsgebieten in Thailand. Unter dem Namen Lawo war der Ort vor rund 1400 Jahren Zentrum des bedeutenden Dvaravati-Reiches des Mon- bzw. Lava-Volkes. Er wird sogar in Marco Polos Reiseberichten erwähnt. Die Khmer aus dem benachbarten Kambodscha eroberten die Siedlung um 950 und machten sie zur Hauptstadt der Khmer-Besitztümer in der Chao-Phraya-Flussebene. Im 13. Jahrhundert vertrieben die Thai aus dem Norden die Khmer endgültig vom heutigen Thai-Territorium (s. S. 216). König Narai der Große (1633–1688) ist als Standbild am Ortseingang inmitten eines Kreisverkehrs verewigt – er machte die Stadt aus strategischen Erwägungen 1664 zur zweiten Hauptstadt nach Ayutthaya (s. S. 60).

»Affentheater« im Tempel

Das unübersehbare Wahrzeichen mitten in der Stadt ist das Wat Phra Prang Sam Yot (Yod) mit seinen drei markanten »Prang«-Türmen im

Seite 204/205: Ziel von Pilgern aus ganz Thailand: der Phra Buddha Chinnarat in Phitsanulok
Mitte: In Lopburi bevölkern ganze Heerscharen von frechen Affen die Straßen.
Unten: Das Wat Phra Si Rattana Mahathat von Lopburi

Khmer-Stil. Es wurde Ende des 12. Jahrhunderts aus Laterit und Sandstein erbaut. Die Prangs stellen wahrscheinlich die Hindu-Götter Brahma, Vishnu und Shiva dar. Auffällig ist die Mischung aus hinduistischen und buddhistischen Symbolen: Die Thai benutzten den Tempel vermutlich zur Regierungszeit des Königs Narai (reg. 1656–1688) als buddhistischen Schrein. Gegenüber befindet sich der hochverehrte Kala-Schrein (auch: Wat San Phra Kan) aus dem 10. Jahrhundert. Im Innern des vor dem Heiligtum gelegenen Baues aus den 1950er-Jahren steht ein vierarmiger Vishnu mit Buddhakopf. Auch hier treiben sich viele halbzahme und wohlgenährte Affen herum, die von den Tempelbesuchern gefüttert werden. Vorsicht: Die Affen sind regelrechte Langfinger!

Die glanzvollste Epoche

Der sehenswerte Palast Phra Narai Rajaniwet liegt hinter dicken Festungsmauern mit elf hohen, geschwungenen Toren. König Narai nahm als erster Thai-Monarch diplomatische Beziehungen zu einem europäischen Land auf. 1665-1677 ließ er das Palastgebäude durch französische Architekten errichten – viele Bauten auf dem Ruinengelände sind bis heute relativ gut erhalten. Der strahlend weiße Chanthon-Phisan-Pavillon mit dem zweifach gestaffelten Dach im traditionell-siamesischen Tempelbaustil beherbergte die Wohnräume des Königs. Im zweistöckigen, europäisch anmutenden Gebäude links daneben, dem Phiman-Mongkut-Pavillon (Nationalmuseum), ist eine Ausstellung archäologischer Funde, darunter Gegenstände aus der Mon- und der Khmer-Epoche, zu sehen. Links davon befindet sich die himmelwärts offene Ruine der einstigen Audienzhalle, die Dusit Sawan Thanya Mahaprasat. Hier zeigt ein Bronzebild König Narai beim Empfang des Gesandten des französischen König Louis XIV. (reg. 1643–1715).

Infos und Adressen

SEHENSWÜRDIGKEITEN
Nationalmuseum Phra Narai Rajaniwet. Ruhetage: Mo–Di, Mi–So 8.30–16.30 (unregelmäßig), Museum: 9–16 Uhr, Sorasak Rd., Tel. 036/41 14 58

Kala-Schrein Phra Prang Sam Yot. Tägl. ca. 6–18 Uhr, Wichayen Rd.

Wat Phra Sri Ratana Mahathat. Tägl. 8.30–16.30 Uhr, Bahnhofsstraße

ESSEN UND TRINKEN
Budsi's. Traveller-Treff mit typischem Angebot: Salat und Rösti, Pommes und Tacos und einige Thai-Gerichte. Tägl. 8–21 Uhr, Soi 1 Ratchadamnoen Rd., mobile 084-692 83 47

ÜBERNACHTEN
Benjatara. »Boutique-Resort« mit bestem Preis-Leistungs-Verhältnis: 72 gefliese Schnäppchen-Zimmer, teils Balkon. 123/33 Moo 1 Khao Som Yod Rd.,Tel. 036/42 26 08-9

Lopburi Inn Resort. Renovierungsbedürftige Bungalows um einen großen Pool, internationales (Buffet-) Restaurant, 144 Phaholyothin Rd., Tel. 036/42 07 77, www.lopburiinnresort.com

Ruanmai (Pak Lopburi). Sieben schöne teakhölzerne Wi-Fi-Reihenzimmer im tropischen Garten in Stadtrandlage (die hinteren Zimmer sind ruhiger). 130/2 Moo 2 Phaholyothin Rd., Tel. 036/61 22 22

INFORMATION
Tourist Information (TAT). Tägl. 8.30–16.30 Uhr, Narai Maharaj Rd., Tel. 036/77 00 97

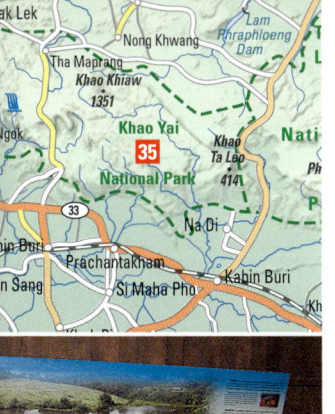

35 Nationalpark Khao Yai
Auf Elefantenpirsch

Ein Schrei ertönt in stockfinsterer Nacht, ein Heulen antwortet. »Gibbons«, flüstert der Guide. Die meisten nachtaktiven Bewohner verziehen sich, sobald die Zweibeiner lautstark anrücken. Oft sind nur Geräusche oder Spuren der Wildtiere wahrzunehmen, ein Haufen Elefantendung, eine Tigerabdruck im Sand. Und dann steht er plötzlich mitten auf der Straße: einer der letzten wilden Dickhäuter, die im UNESCO-Reservat Khao Yai noch herumstreifen.

Der 2100 Quadratkilometer große Nationalpark Khao Yai wurde 1961 als erster thailändischer Nationalpark gegründet. Seit 2005 gehört er zusammen mit den anderen Schutzzonen der Dong-Phayayen-Bergkette zum UNESCO-Weltnaturerbe der Menschheit. Das gesamte Gebiet umfasst eine Fläche von rund 6000 Quadratkilometern und liegt ca. 160 Kilometer nordöstlich von Bangkok. Die von fünf Flüssen durchzogene Region ist größtenteils mit Regenwald bedeckt.

Die letzten Tiger und Elefanten

Der Khao Yai Park ist Lebensraum für schätzungsweise 300 der letzten wilden Elefanten. Sie sind gelegentlich beim Salzlecken auf den Straßen anzutreffen. Überdies leben hier noch einige Exemplare der nach WWF-Schätzungen zurzeit 250 Tiere umfassenden thailändischen Tigerpopulation. Im Khao Yai Park soll es 70 und im gesamten Schutzgebiet 112 verschiedene Säugetierarten geben. Wanderer, die hier unterwegs sind, bekommen allerdings oft nur Eichhörnchen zu Gesicht. Mit etwas Glück geraten ab und zu aber auch

Mitte: An markanten Stellen des Nationalparks wurden Aussichtspunkte eingerichtet.
Unten: Die Ranger des Nationalparks helfen bei der Orientierung.

Nationalpark Khao Yai

Wild- und Stachelschweine, Makaken oder Weiß-hand-Gibbons in den Blick.

Äußerst selten zu sehen sind die vom Aussterben bedrohten Zibet-Wildkatzen, Nebelparder, Serow-Bergziegen, asiatische Wildhund-Schakale, Schwarz- und Malaienbären. Das Schutzgebiet ist ein Eldorado für Ornithologen: Mehr als 320 verschiedene Vogelarten sind gezählt worden, darunter die imposanten Nashornvögel, die farbenprächtigen Eisvögel, der rot leuchtende Rotkopf-Trogon und jede Menge bunter Sittiche. Die Tiere können am besten im Januar und Februar beobachtet werden. Unter den rund 2000 Pflanzenarten ragen die vielen Orchideenarten, die zwischen Dezember und Mai blühen, besonders hervor.

Baumriesen im Nebel

Vom steil abbrechenden Nok-Kao-Felsenplateau (Khao Khaew View Point) und einem weiteren Aussichtspunkt an der Thanarat Road (= Nationalparkstraße, km 30) präsentiert sich der Nationalpark als ein Meer aus Grün, an manchen Tagen verhangen mit Nebelschwaden, aus denen nur die ausladenden Kronen von bis zu 70 Meter hohen Baumriesen emporragen. Das Naturschutzgebiet wird von insgesamt 40 Kilometer langen Wanderwegen durchzogen, die nur mit Guide von Dezember bis Juni begehbar sind.

Im Nationalpark gibt es einige gigantische Wasserfälle zu bestaunen. Der dreistufige Haeo (Haew) Narok etwa stürzt mit einem insgesamt 200 Meter langen Wasserschweif über eine Klippe in die Tiefe (v. a. Mai-Oktober). Am Ende der Thanarat Road stürzen die Wassermassen des Namtok Haeo (Haew) Suwat über eine 20 Meter hohe Kaskade in einen Naturpool. Manch einem ist er aus dem Hollywoodfilm *The Beach* bekannt.

Infos und Adressen

SEHENSWÜRDIGKEITEN
Nationalpark Khao Yai. Tägl. 6–18, Nachttouren bis 21 Uhr, 50 ausgeschilderte Wanderwege (1–3 Tage, nur mit Guide, am besten Nov.–Febr.), Beobachtungstürme, verschiedene Bungalows, Schlafsäle, Campingplätze (Res.-Tel. 02/562 07 60, Vorauszahlung), Hauptquartier 14 km vom Eingang. Straße 2090 (= Thanarat Rd.), Pak Chong, Tel. 037/35 60 33, www.dnp.go.th

Tham Khao Luk Chang. Abertausende von Fledermäusen schwärmen in der Abenddämmerung zur Nahrungssuche aus. Straße 2090, Thanarat Rd., bei km 21, (ausgeschildert, ca. 2 km vor NP-Eingang)

ESSEN UND TRINKEN
Lokale und Cafeteria/Imbiss. Am Nationalpark-Hauptquartier, Orchid Campingplatz, Lam Thakong Camping, am Haeo Narok und Suwat Wasserfall, tägl. 6–18 Uhr

ÜBERNACHTEN
Jungle House. Für Familien mit Kindern: Tiergehege und einige domestizierte Elefanten zum Reiten, man wohnt urig-einfach, modernere Zimmer nahe der Hauptstraße. 215 Moo 5 Thanarat Rd., km 19,5 (Pak Chong), Tel. 044/297183, www.junglehousehotel.com

Khao Yai Nature Life & Tours (vormals: Khao Yai Garden Lodge). Tropische Pool-Oase: wunderschöne Häuschen und Zimmer, gute Touren. 861 Moo 6, Thanarat Rd., km 7 (Pak Chong), mobile 081-827 83 91, www.khaoyainaturelifetours.com

36 Phitsanulok
Auf den Spuren des (Chinnarat-)Buddhas

In Phitsanulok ist eine der schönsten Buddha-Figuren Thailands zu Hause. Aus dem ganzen Land strömen die Thai hierher, um IHN zu sehen: den Phra Buddha Chinnarat. Mit den letzten zumeist betagten »samlor«-Rikschafahrern oder einem Tuk-Tuk kann sich der Besucher durch das freundliche Flussstädtchen am Nan chauffieren lassen. Romantisch wird es abends am Ufer auf den »Floating Restaurants«.

Die vor rund 600 Jahren gegründete Provinzhauptstadt (etwa 377 km nördlich von Bangkok gelegen) war schon im 10. Jahrhundert unter dem Namen Song Khwae bekannt. Eine Sightseeing-Tram hält auch am Schrein des hier geborenen und bis heute von den rund 70 000 Einwohnern verehrten Königs Naresuan der Große (1555–1605), der das siamesische Reich Ayutthaya (s. S. 60) 1584 von den Burmesen befreit hatte. Eine Feuersbrunst in den 1950er-Jahren, die viele Holzhäuser zerstört hatte, trug vielleicht dazu bei, dass sich bis heute eine traditionelle Wohnform behaupten konnte: Am nördlichen und südlichen Abschnitt des Flussufers leben noch einige Thai auf Floßbooten, die ansonsten landesweit verboten sind.

Wie der Prinz zum Buddha wurde

Prinz Siddharta Gautama (vermutlich um 536-486 v. Chr.), der legendäre Buddha, ist in den rund 2500 Jahren seit seinem Übergang ins Nirwana millionenfach in Stein gemeißelt, aus Holz geschnitzt oder in Bronze gegossen wor-

Der Phra Buddha Chinnarat im Wat Phra Si Rattana Mahathat besteht aus vergoldeter Bronze.

den. Der indische Prinz hatte sich im Alter von 29 Jahren auf die Suche nach spiritueller Wahrheit und einem Ausweg aus dem ewigen Kreislauf des Leidens und der Wiedergeburten begeben. Um auf seinem Weg zur Erleuchtung und Weisheit nicht durch banalen Luxus abgelenkt zu werden, ließ er seine Familie und das höfische Leben hinter sich. Jahrelang lebte er in strenger Askese und zog als Bettelmönch durch das Land. Der Legende zufolge konnte er in seinem 550sten Leben den Versuchungen des Dämonen Mara endgültig widerstehen und zur Erleuchtung gelangen. Sieben Tage lang saß Siddharta hoch konzentriert in der »Man Whichai«-Pose (auch: bhumisparsa mudra) unter einem »Bodhi«-Baum, einer Pappelfeige. Die eine Hand im Schoß, die andere, fast den Boden berührend, auf dem rechten Knie, rief er die Erdgöttin an, damit sie seinem letzten Kampf gegen die Mächte des Bösen als Zeugin beiwohne. Nach dem Sieg zog er als Buddha, als der »Erleuchtete«, durch das Land und verkündete die Lehre von den »Vier Edlen Wahrheiten«. Siddharta starb vermutlich 80-jährig um das Jahr 486 v. Chr. Mit seinem Übergang ins Nirwana wurde er aus dem Kreislauf der Wiedergeburten erlöst.

Geheimtipp

EIN BUDDHA FÜR DEN GARTEN

Eine der bekanntesten Werkstätten für bronzene Tempel-Buddhas befindet sich in Phitsanulok – das Atelier des alten Sergeant-Majors und Künstlers Thawee. Bestellungen aus aller Welt gehen in der kleinen Bronzegießerei ein, denn hier wird eine der schönsten Statuen des »Erleuchteten« geschaffen – der elegante Phra Buddha Chinnarat. Es gibt auch andere Buddhas, zum Beispiel der »Samstags-Buddha«, der unter den sieben Häuptern einer ihn beschützenden Kobra meditiert. Man kann dem Künstler über die Schultern schauen. Die Statuen dürften preiswerter sein als in Bangkok.

Buranathai Buddha Image Factory. Mo–Sa 8–17 Uhr, Eintritt frei, mit Souvenirladen, 26/43 Wisutkasat Rd.,Tel. 055/30 16 68

Rummel um den »Erleuchteten«

Buddha wird immer in ganz bestimmten Posen gemalt, in Stein gemeißelt oder in Bronze gegossen. Die Haltung des Sitzenden Buddha, der den Dämonen Mara besiegt und zur Erleuchtung gelangt, nimmt beispielsweise die berühmte Statue des »Phra Buddha Chinnarat« (auch: Pha Phutthachinnarat, Jinarat) ein. Sie wurde wahrscheinlich 1357 aus vergoldeter Bronze geschaffen und danach mehrfach kopiert. Nicht nur im Marmortempel von Bangkok (s. S. 45) und im Wat Saranat Thammaram in Rayong, auch im Wat Phra Si Rattana Mahathat (auch: Wat Yai) von Phitsanulok wird der Chinnarat-Buddha von Gläubigen aus ganz Thailand verehrt. In dem 1357–1482 unter König Lithai erbauten Kloster herrscht ein ständiges Kommen und Gehen, Niederknien und Sich-verbeugen im Sekundentakt. Ununterbrochen leuchten irgendwo Blitzlichter auf, piepsen Handys und klimpern Münzen in den Spendenboxen. Man beachte die 1756 geschaffenen, wunderschönen mit Perlmutt verzierten Eingangstüren zum Viharn mit seinem dreifach gestaffelten Dach. Das Gelände beherbergt noch weitere Buddha-Figuren, zum Beispiel den großen weißen Phra Attharot, und Buddha-Reliquien, etwa im 36 Meter hohen Khmer-Prang mit vergoldeter Spitze. Im Tempelmuseum sind Kunstwerke aus der Sukhothai-Epoche und Votivgaben ausgestellt. Viele Gläubige schwören auf die Macht der Chinnarat- und Naresuan-Amulette, die hier gesegnet und verkauft werden. Sie sollen vor Bösem schützen.

Das Wat Racha Burana aus dem 15. Jahrhundert liegt einige Schritte südlich vom Wat Phra Si Rattana Mahathat. Es ist für seine schönen, aus der Regierungszeit König Mongkuts (1804–1868) stammenden Wandmalereien bekannt.

Oben: Im Wat Phra Si Rattana Mahathat von Lopburi herrscht immer dichtes Gedränge.
Mitte: In den Hausbooten am Fluss residieren Restaurants.
Unten: Ganz in der Nähe des Wat Phra Si Rattana Mahathat gelegen: das Wat Racha Burana

Infos und Adressen

SEHENSWÜRDIGKEITEN

Folk Museum. Privates Volkskundemuseum mit 10 000 Ausstellungsstücken (eine Kakerlakenfalle!) und Modellen aus dem 19./20. Jh. Ruhetag: Mo, Di–So 8.30–16.30 Uhr, 20/8 Wisutkasat Rd., Tel. 055/21 27 49

Wat Phra Si Ratana Mahathat (Wat Yai). Tägl. 6–ca. 18, bei Festen bis 21 Uhr, Museum: Mi–So 9–17.30 Uhr, nur in angemessener Kleidung (keine Shorts, Trägerhemdchen); tägl. 9–15 Uhr starten hier Trambahnen zur 40-minütigen Sightseeingtour mit 15 Stopps, ab zehn Passagieren, Phutthabucha Rd., Tel. 055/25 16 49

ESSEN UND TRINKEN

Ban Mai. Die Einheimischen schwören auf das hinter einem Thai-Schild versteckte Lokal, auch viele vegetarische Gerichte. Tägl. 11–22 Uhr, 93/30 Authong Rd. (gegenüber Ayara Hotel), Tel. 055/30 31 22

Night Bazar. Buntes Treiben am östlichen Flussufer mit Lederwaren, T-Shirts und Modeschmuck, Suppenküchen und einigen Open-Air-Flusslokalen, spottbilig sind auch die gebratenen Grashüpfer und Skorpione, und manchmal lässt der berühmte »Flying Vegetab-

Das »Hip Inn Coffee« bietet seinen Gästen gutes Frühstück.

les«-Koch seine Gemüseteller durch die Gegend fliegen. Tägl. ab 17–22 Uhr, Phuttabucha Rd.

Pae Phu Fathai. Das Laternen-beleuchtete »Floating Restaurant« ist ein beliebter Klassiker, wo man die Thai-Gerichte anhand von Fotos auswählt. Tägl. 11–22 Uhr, 60 Wang Chan Rd. (= westliche/linke Uferstraße nahe Suphan-Kalaya-Brücke), Tel. 055/24 27 43

ÜBERNACHTEN

Hip Inn Coffee. Das abseits des Zentrums gelegene Gästehaus bietet acht originelle Schnäppchen-Zimmer, modern, lichtdurchflutet und bei netten, nicht englisch sprechenden Gastgebern (aber man verständigt sich), gutes Frühstück. 39/5 Sanambin Rd., Tel. 055/21 16 23, bo.666@hotmail.com

Pattara. Eine echte Fünf-Sterne-Überraschung in der Provinz: ruhige Palmen-Garten-Oase mit Seerosenteich, 64 schicke Zimmer (gläserne Bäder) und Poolvillen. 349/40 Chiyanupap Rd., Tel. 055/28 29 66, www.pattararesort.com

The Grand Riverside. Das vierstöckige Mittelklasse-Hotel beeindruckt mit pompöser Lobby, preiswerten Flussblick-Zimmern in Bahnhofsnähe und gutem Frühstücks-Buffet. 59 Phra Ruang Rd., Tel. 055/24 83 33, www.tgrhotel.com

FESTE

Buddha Chinnarat Festival. Meist zum Vollmond Ende Februar/März wird es voll im Wat Phra Si Ratana Mahathat (Wat Yai) beim sechstägigen Tempelfest zu Ehren des Buddha Chinnarat. Das Fest lockt viele Pilger an.

INFORMATION

Tourist Information (TAT). Tägl. 8.30–6.30 Uhr, 209/7-8 Boromtrailokanäart Rd., Tel. 055/25 27 43

Flughafen. 10 km südl., Straße 1064, Aranyik, Tel. 055/37 80 14

37 Mae Sot mit Umphang
Im Wilden Westen Thailands

Wer edle Preziosen sucht, der wird im Grenzstädtchen Mae Sot fündig – sofern man sich dort etwas auskennt. Im äußersten Westen führen fast alle Wege durch eine herrliche Berglandschaft in die Wildnis nahe Myanmar (Burma). Die Wälder sind ein »Muss« für Naturliebhaber, die ein Mangel an Komfort und kleine Abenteuer nicht schrecken: Hier rauscht der größte Wasserfall Thailands tief abwärts durch den Dschungel.

In dem von Reis und Baumwollfeldern umgebenen Grenzstädtchen (ca. 35 000 Einwohner) in der Tak-Provinz herrscht multikulturelles Markttreiben – attraktiv, nicht nur für Touristen, sondern auch für Migranten, Menschenhändler und Schmuggler. Der Grenzübergang nach Myanmar (Burma) und das burmesische Grenzstädtchen Myawaddy liegen nur 5 Kilometer vom Stadtkern am Moei-Fluss, über den seit 1997 die thailändisch-burmesische »Freundschaftsbrücke« und der AH 1-Highway führen.

Ein buntes Völkergemisch

Chinesen und Thailänder, Inder und Pakistani, Burmesen und Völker wie Shan und Karen siedelten sich als Händler und (illegale) Gastarbeiter in Mae Sot an. Und so verwandelt sich der kleine Ort tagsüber in eine einzige große Markthalle, etwa rund um die Prasatwithi Road mit vielen Elektronik- und Schmuckläden, in denen man Jade, Rubine und Saphire aus Myanmar (Burma) erstehen kann. Hier gibt es auch landestypische Kosmetika wie das weiße »Tanaka«-Puder der Burmesinnen, Pflanzen, Tee, Tiere und Textilien. Die Waren hängen und

Mitte: In Mae Sot herrscht nicht nur auf dem Lebensmittelmarkt (im Bild) buntes Treiben.
Unten: Einmaliges Schmuckstück: Die Juwelierläden in Mae Sot sind voll davon.

stapeln sich auf dem Bürgersteig. Die Burmesen kommen als Tagesbesucher über den Moei und decken sich mit den in ihrer Heimat oft unerschwinglichen »Luxuswaren« bei Tauschgeschäften ein – einige Männer tragen noch die traditionellen »longyis«, die knöchellangen Hüfttücher. Am Moei-Ufer liegt ein trubeliger Grenzmarkt, der Talat Rim Moei, mit allerlei Waren aus dem Nachbarland: Teakholzmöbel, Lackwaren, Edelsteine. Für Touristen öffnet am Samstagnachmittag die »Walking Street« in der Soi Rong Cha mit Suppenküchen, Klamotten aller Art und allerlei Kunsthandwerk. Einige reizvolle Tempelbauten im klassisch burmesischen Stil können im Städtchen und der Umgebung bewundert werden, etwa das originelle Wat Mani Phraison oder das Wat Chumphon Khiri nördlich des Marktplatzes.

»Wasser fällt groß«

Von Mae Sot geht es auf der Straße 1090 rund 160 Kilometer südwärts: Spektakuläre Wasserfälle, dichte Wälder, reißende Wildbäche und ein intakter Dschungel mit vielen bedrohten Wildtieren warten in Umphang.

1219 Kurven will ein Reisender auf der 1090 ab Mae Sot gezählt haben, badewannengroße Schlaglöcher und metertiefe Spurrillen wollen auf den letzten 25 Kilometern Dschungelpiste per Allradantrieb bezwungen werden, ein Erdrutsch führt gelegentlich zu unfreiwilliger Umkehr. Hier hat noch die Natur das Sagen, in der Monsunzeit wird die Piste sogar gesperrt! Ein Marsch durch den Urwald und eine Whitewater-Rafting-Tour über die Stromschnellen des Mae Klong bringen Abenteurer zum Wasserfall Thi Lo Su (auch: Thilawsoo), dem größten in Thailand. »Wasser fällt groß«, nennen die hier ansässigen Karen das Naturwunder.

SEHENSWÜRDIGKEITEN

Grenzübergang. Tägl. 6–18 Uhr, auch für Ausländer mit gültigem Visum geöffnet (kann jedoch jederzeit ohne Vorankündigung geschlossen werden), 5 km westlich von Mae Sot, Tel. 055/56 30 02-4

Wat Chumphon Khiri. Tägl. 8–18 Uhr, Tel. 055/53 51 77

ESSEN UND TRINKEN

The Passport (HCTC). Hier werden junge Karen ausgebildet, es stehen thailändische und internationale Menüs zur Wahl, man sollte reservieren. Nur Fr–Sa 18.30–21 Uhr, 507 Moo 10 Maepa, mobile 085-725 75 27, www.thehctc.org

ÜBERNACHTEN

Irawadee. Mit Liebe zum Detail eingerichtete Wi-Fi-Reihenzimmer mit kleinen Veranden, teils Himmelbetten, ruhig und familiär. 758/1–2 Intharakiri Rd., Tel. 055/53 54 30, www.irawadee.com

J2. Das kleine zentrale Provinzhotel bietet schnörkellose Balkon-Zimmer mit Kachelbad. 149/8 Intharakiri Rd., Tel. 055/54 69 99

EINKAUFEN

Borderline Café/Weave. Die beiden Non-Profit-Läden verkaufen Kunsthandwerk und Malereien der Minderheitenvölker, Teegarten mit einfachen Gerichten sowie Koch-, Web- und Mal-Kurse. Ruhetag: Mo, Di–Sa 10–18, So 14–19 Uhr, 674/14 Intharakiri Rd., Tel. 055/54 65 84, www.borderlinecollective.org

38 Sukhothai
Blühende Königsstadt

Die »Wiege Thailands«: Vor rund 700 Jahren blühte das Reich Sukhothai als erste Königsstadt des freien Thailand. In der Altstadt begegnet der Besucher zwischen faszinierenden Tempelruinen und Lotosteichen dem hochverehrten König Ramkhamhaeng, ein mutiger Kämpfer und toleranter Landesvater, und dem berühmten schreitenden Buddha. Kein Wunder, dass die UNESCO Sukhothai 1991 zum Weltkulturerbe ernannte.

Sukhothai bedeutet »Dämmerung der Glückseligkeit«. 1238 gilt bis heute als die Geburtsstunde der thailändischen Nation. König Sri Indraditya (reg. 1238–1270) vertrieb in diesem Jahr die Khmer vom thailändischen Territorium und gründete das Königreich von Sukhothai. Sein Sohn regierte 1279–1298 und gilt bis heute als Held: König Ramkhamhaeng der Große (vermutlich 1239–1298), auch Rama »der Wagemutige« und »Vater Thailands« genannt. Die Grenzen Thailands reichten damals bis nach

Mitte: Das Wat Mahathat auf dem Areal des Geschichtsparks war das Zentrum des alten Sukhothai.
Unten: Ein echter Koloss: der riesige Buddha Phra Achana im Wat Si Chum

GUT ZU WISSEN

DIE »LANGNASEN«-GEBÜHR
Ausländer zahlen in Thailand grundsätzlich mehr Eintritt als Einheimische in Königspaläste und Ruinenstädte, Nationalparks und naturgeschützte Inseln – meist das Zehnfache. Das läppert sich, und im Februar 2015 gab es wieder eine saftige Erhöhung für Nationalparks (bis 500 Baht/12 Euro). Es soll mittlerweile sogar Tempel geben, die Extra-Eintritt von den »Langnasen« verlangen, nicht nur das sehr touristische Wat Pho in Bangkok. Das geht zu weit, das sagen sogar viele Thai …

Vientiane in Laos und bis hinunter auf die Malaiische Halbinsel. Sukhothai wird als »Wiege der thailändischen Kultur« bezeichnet: Die kurze Sukhothai-Epoche brachte vom 13. bis zur Mitte des 14. Jahrhunderts die schönsten thailändischen Kunst- und Bauwerke hervor, etwa den Lächelnden und Schreitenden Buddha, sowie bedeutende religiös-kulturelle Errungenschaften. Ramkhamhaeng schuf 1283 das thailändische Alphabet. Eine Inschrift auf einer Steintafel im Nationalmuseum bezeugt die damalige Blütezeit: »Glückliches Sukhothai! Das Wasser voller Fische, die Felder voller Reis. Der König auferlegt seinen Untertanen keine Steuern. (...) Wer mit Elefanten oder Pferden handeln will, der soll es, wer ein Gleiches mit Gold und Silber möchte, der soll es! Hell strahlen die Gesichter der Einwohner.« Mit dem Aufstieg von Ayutthaya (s. S. 60) setzte der Niedergang ein, 1438 wurde Sukhothai Teil dieses Königreichs.

Rundgang in der Königsstadt

Der rund drei Quadratkilometer große, ummauerte Sukhothai Historical Park ist zwölf Kilometer von der modernen Stadt mit rund 35 000 Einwohnern entfernt. Im Zentrum der weitläufigen Ruinenstadt mit elf größtenteils gut erhaltenen Klosterstätten und den größten Buddha-Statuen im Land thront König Ramkhamhaeng als sitzende Statue in schwarzer Bronze (13. Jahrhundert). Der Königspalast und die Tempel tragen unverkennbar die Merkmale der Khmer-Kunst und der Architektur aus Ceylon (dem heutigen Sri Lanka) – charakteristisch sind die Pagoden in der ceylonesischen Glockenform oder mit der Lotosknospenspitze. Der Königspalast hinter dem Museum war ursprünglich von Erdwällen und einem Wassergraben umgeben. Heute sieht man von der einst 160 000 Quadratmeter großen Königsresidenz nur noch wenige

Nicht verpassen

LOI KRATHONG – DAS LICHTERFEST

Wenn im Abendhimmel über Sukhothai die leuchtenden Ballons und *khom loi*-Laternen über den Tempeln aufsteigen und davonschweben, dann könnte man meinen, die Sterne wandern. Thai-Frauen in hautengen Kleidern mit seidener Scherpe über der Schulter lassen kleine Schiffchen, die *krathongs*, mit brennenden Kerzen zu Wasser – damit schicken die Thai ihre Sünden, Wünsche und eine Danksagung an Mae Khongkha: Der Wassergöttin wird beim alljährlichen Lichterfest Loi Krathong seit Jahrhunderten gehuldigt. Höhepunkt sind das regionale *Kantoke*-Dinner und eine »Light and Sound Show« im Wat Mahathat. Rummel, militärische Paraden und Volkstänze, Priester, Kickboxer und Feuerschlucker, Puppentheater, Feuerwerk und eine Schönheitskönigin dürfen bei dem Spektakel natürlich nicht fehlen.

Loi Krathong. Fünftägiges Lichterfest zum November-Vollmond, Karten rechtzeitig beim TAT besorgen

Nicht verpassen

BEI DEN DICKHÄUTERN

So muss ein Elefan-
tenleben frei und ohne
Ketten aussehen: Erst ein
schönes Schlammbad im Weiher,
dann eine erfrischende Dusche und
Abreibung durch freundliche »lang-
nasige« Helfer und schließlich ein
Fruchtsalat aus ganzen Melonen,
Ananas und Bananen. In dem 2005
gegründeten Elephant Sanctuary
finden ausgediente Arbeitstiere,
verletzte Elefanten oder misshan-
delte Babys ein neues Zuhause. Die
ein Dutzend Dickhäuter müssen
keine schweren Sitzbänke mit Touristen schleppen und keine Kunst-
stückchen vorführen. Die Volontäre
wohnen in hübschen Teakhäuschen
oder in Homestays, in denen man
Einblick ins Bauernleben bekommt.

Boon Lott's Elephant Sanctuary.
Anmeldungen ein Jahr im Voraus
(!), 304 Moo 5, Ban Na Thon Jan,
Baan Tuek, Si Satchanalai 64130,
kein Tel., aber Skype,
www.blesele.org,
Homestay über das TAT (s. o.)

Ziegelsteinreste. Links daneben entstand
vermutlich 1345 das größte und bedeutendste Kloster Sukhotais, das Wat
Mahathat. Hier fallen die mehr als 200
kleinen Chedis, die sich um die Hauptpagode
gruppieren, auf. Das Hauptheiligtum steht erhöht
im Zentrum auf einem quadratischen Sockel aus
Ziegelstein: Die Turmspitze des schlanken Stupa
namens Phum Khao Bin hat die Form einer Lotos-
knospe, im Innern beherbergt er eine Reliquie Buddhas aus Ceylon. Vier Vihara-Kapellen erheben sich
an den Ecken – geschmückt mit Reliefs, die zum
Beispiel Szenen aus dem Leben des »Erleuchteten«
zeigen. Die Säulenreihen der Ordinationshalle, die
einst ein Holzdach trugen, führen zu einem großen
weißen Buddha in Meditationspose.

Die vier schönsten Klöster

Das imposante Wat Si Sawai (350 m südwestlich)
besteht aus drei Prangs im Khmer-Stil. An diesem
Klosterbau fallen besonders die vielen hervorra-
gend erhaltenen Fresken mit Hindu-Göttern auf,
aber auch buddhistische Motive schmücken das
Bauwerk, beispielsweise an den Viharas. Das kleine
Wat Sorasak ganz im Norden der ummauerten
Ruinenstadt beeindruckt durch seinen von intakten
Elefantenskulpturen getragenen Chedi aus dem

Zeitreise ins 13. Jahrhundert

Hinter den alten Stadtmauern befinden sich mehr als 20 historische Bauwerke, darunter elf buddhistische Tempel und Hindu-Schreine – das weitläufige Terrain ist am besten mit dem Fahrrad zu besichtigen oder mit der Tram.

Ⓐ Nationalmuseum Ramkhamhaeng. Hier kann man sich anhand eines Modells einen ersten Überblick verschaffen: Statuen, Steininschriften und Keramikfunde auf zwei Etagen, Fotos der Restaurierung von 1953, und der berühmte Schreitende Buddha. Tägl. 9–16 Uhr, Tel. 055/69 73 67

Ⓑ Wat Mahathat. In dem rund 700 Jahre alten einstigen Kloster sieht man noch viele originale Buddha-Figuren, etwa den Stehenden Phra Attharot, in den 200 Chedis wird die Asche einiger Mitglieder der Königsfamilie aufbewahrt. Westlich/links vom Nationalmuseum.

Ⓒ Wat Si Sawai. An den drei mächtigen Laterit-Prangs erkennt man deutlich den hinduistischen bzw. Khmer-Einfluss, das Kloster diente den Khmer im 12. Jahrhundert als Hindu-Heiligtum. Rund 350 Meter südwestlich vom Königspalast.

Ⓓ Food Center. Wenn die Mittagssonne brennt und man Hunger verspürt: Hier gibt es Snacks, Bratreis, Salate und Getränke. Tägl. 8–17 Uhr. Im Westen vom Wat Mahathat.

Ⓔ Wat Sorasak. Der 1412 erschaffene reizvolle Backstein-Chedi wird von hervorragend restaurierten Elefanten getragen. Im Norden südlich des San-Luang-Tors.

Ⓕ Wat Phra Pai Luang. Der älteste Klosterbau in Sukhothai (12. Jh.) steht rund 800 Meter rechts vom Wat Si Chum, nördlich des San-Luang-Tores.

Ⓖ Wat Si Chum. Das Heiligtum beeindruckt durch seinen 15 Meter hohen Buddha. Außerhalb der Ruinenstadt-Mauern im Nordwesten des San-Luang-Tores.

Oben: Von steinernen Elefanten gestützt: der Chedi des Wat Sorasak im Norden der Ruinenstadt
Mitte: Bei Sonnenaufgang geht es in der Ruinenstadt ruhig zu.
Unten: Das Nationalmuseum Sukhothai zeigt Schätze aus allen Epochen der Landesgeschichte.

Jahr 1412 – die Elefanten sind eine weitere aus Ceylon überlieferte Stilfigur.

Das im 14. Jahrhundert errichtete Wat Si Chum liegt rund 1,5 Kilometer nördlich vom Wat Mahathat außerhalb der alten Stadtmauern. Es beherbergt in seinem quadratischen und zum Himmel offenen Mondhop eine der größten sitzenden Buddha-Statuen Thailands: Der Phra Achana ist 15 Meter hoch und hat eine Breite von elf Metern.

Das etwa 800 Meter östlich hinter einem Wassergraben gelegene Wat Phra Pai Luang ist das älteste und eines der wichtigsten Sukhothai-Gebäude. Kloster und Tempel wurden Ende des 12. Jahrhunderts im Khmer-Stil errichtet und erinnern an den Bayon-Tempel in Angkor. Am besten erhalten sind der Mondhop und die Kapelle sowie der Prang, der mit Hindu- und Buddha-Figuren geschmückt ist.

Ruinen abseits der Massen…

Der Besuch im Si Satchanalai Historical Park (etwa 60 Kilometer nördlich von Sukhothai auf der 101) lohnt sich für historisch Interessierte. Die Atmosphäre dieser Ruinenstadt ist ursprünglicher und verwunschener als im »aufgeräumt« wirkenden Sukhothai. Nicht wenige Ruinen sind noch von Pflanzen überwuchert und nicht restauriert. Einst bewohnten die Vizekönige Sukhothais diese Schwesterstadt am Yom-Fluss. Vom Hügel des Wat Khao Suwan Khiri genießt der Besucher anfangs den wunderschönen Rundblick über die 134 weit im Dschungelgrün verstreuten Ruinen aus dem 13. Jahrhundert, die Reisfelder und die sanften Bergkuppen. Im Zentrum der einst von hohen Mauern und Wassergräben umgebenen Ruinenstadt steht das Wat Chang Lom mit seinem Ziegelstein-Chedi in der ceylonesischen Glockenform und ca. 30 Gips-Elefanten am zweistöckigen Sockel.

Infos und Adressen

SEHENSWÜRDIGKEITEN

Sukhothai Historical Park. Tägl. 8.30–16.30, Haupttor Kamphaeng Hak 6–21 Uhr, Restaurant, Radverleih, Jarodvithithong Rd., Ban Muangkao (= Altstadt), Tel. 055/69 75 27

Si Satchanalai Historical Park. Tägl. 8–17 Uhr, Restaurant, Souvenirshop, Radverleih, ca. 60 km nördlich von Sukhothai an Straße 101, (64130 Sukhothai), Tel. 055/67 92 11

ESSEN UND TRINKEN

Dream Café. Seit Jahren beliebte urige Thai-Restaurant-Kneipe mit »entschärften« Currys und einigen westlichen Gerichten. Tägl. 17–23 Uhr, 86/1 Singhawat Rd. (Neu-Stadt), Tel. 055/61 20 81

Fueang Fa Riverside. Thai-Gartenlokal am westlichen Flussufer, einfach, authentisch und idyllisch, unbedingt den Fried Fish Cake »Pla Chuchi Nua On« probieren. Tägl. 10–22 Uhr, 107 Wat Khuhasuwan-Gasse (Neu-Stadt), Tel. 055/61 07 63

Pai Coffee. Im trubeligen Backpacker-Viertel, hier kann man in Ruhe frühstücken und das Treiben bei thailändisch-internationalen Speisen beobachten, es gibt auch Zimmer und nebenan im ersten Stock eine Bar. Tägl. 8–22 Uhr, 4 Pravetnakorn Rd. (Neu-Stadt), Tel. 055/61 03 46

ÜBERNACHTEN

Le Charme. Komfortables Hotel nahe der Ruinen: bunte Häuser und Reihenzimmer mit Veranden zum idyllischen Garten um den Pool. 9/9 Moo 3 Napho-Khirimas Rd. (= Straße 1272), Mungkao, Tel. 055/63 33 33, www.lecharmesukhothai.com

Legendha (früher Thai Village). Schönes Mittelklasse-Resort vor den Toren der Ruinenstadt mit 62 Parkett-Zimmern, etwas eng, aber mit Pool. 214 Moo 3, Ban Mungkao, Tel. 055/69 72 14, www.legendhasukhothai.com

Lotus Village. Lotos-Teich-Oase in der Neu-Stadt: Die Teak-Häuschen verteilen sich im Garten, antik möbliert, große Bäder, Sauna, Spa und gutes Frühstück. 170 Ratchathanee Rd., Tel. 055/62 14 84, www.lotus-village.com

Ruean Thai. In dem populären Teak-Haus verteilen sich die 32 antik dekorierten (etwas hellhörigen, dunklen) Zimmer rund um den Pool im Innenhof, preiswerter Neubau, Gratis-Räder. 181/20 Soi Pratcharuammit Jarodvithithong (Neu-Stadt), mobile 090-520 58 78, www.rueanthaihotel.com

Wake up. Das Gästehaus bietet hübsch dekorierte Zimmer und ist nur einen Katzensprung von der Ruinenstadt entfernt, hilfsbereites Personal, Radverleih. 1/1 Moo 3 Ban Mungkao, mobile 083-489 40 47

INFORMATION

Tourist Information (TAT). Tägl. 8.30–16.30 Uhr, 200 Jarodvithitong Rd. (Neu-Stadt), Tel. 055/61 62 28-9

Flughafen. Tägl. Flüge aus Bangkok, u. a. mit der Bangkok Airways, 99 Moo 4, Klongkrajong, Sawankaloke (ca. 40 km nördlich von Sukhothai), Tel. 055/64 72 24 -6, www.bangkokair.com

Das »Lotus Village« wartet mit geräumigen und behaglichen Teakholz-Bungalows auf.

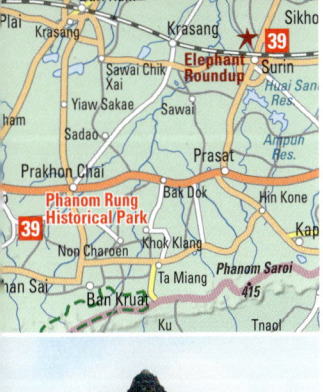

39 Surin mit Phimai und Prasat Phanom Rung
Khmer-Stätten in Thailand

Der Isaan im Nordosten Thailands zieht nur wenige Touristen an. Auf dem kargen Hochplateau, das bis zum Mekong reicht und ein Drittel des Königreichs bedeckt, stehen die schönsten Khmer-Tempel außerhalb Kambodschas: Es gibt fast 2000 archäologische Stätten. Alltag und Brauchtum sind hier noch weitgehend unberührt von modernen Einflüssen. Zum Beispiel beim Elefantentreffen in Surin, wenn 300 Dickhäuter die alten Schlachten nachstellen.

Aus der Gegend um Surin (40 000 Einwohner, 480 km nordöstlich von Bangkok gelegen) stammen viele der traditionellen Elefantenfänger vom Volk der »Suai«, denen nachgesagt wurde, besonders mutig und erfolgreich bei der Treibjagd und Dressur vorzugehen. Am begehrtesten waren die »weißen« Elefanten, die »chang puak«, deren Kopf und Ohren rosafarbig sind. Sie gelten als Glücksbringer und waren ausschließlich für die königlichen Höfe bestimmt. Das Königshaus besitzt noch zehn dieser wertvollen Tiere.

Und so werden im Stadion von Surin alljährlich im November die alten Zeiten wieder lebendig: In bunten Kostümen und mit Kanonenschüssen stellen die Darsteller die historischen Schlachten und Prozessionen nach, bei denen rund 300 Elefanten die Hauptrolle spielen. Bei ihrem Einsatz als Holzfäller können sie ihre Geschicklichkeit, Kraft und Intelligenz unter Beweis stellen. Sie manövrieren die Baumstämme, teils im Rückwärtsgang, als wären es Streichhölzer. Die Show enthält auch

Eine Tempeltänzerin heißt die Besucher vor dem Prasat Hin Phimai willkommen.

Zirkuselemente wie Knicksen und Rüsselhalten, Wasserprusten und Scherze mit dem Publikum.

Auf den Spuren der Khmer

Das Khmer-Volk aus Kambodscha herrschte vom 9. bis ins 13. Jahrhundert über weite Gebiete des heutigen Thailand. Meisterhafte Bauwerke und kunstvolle Steinmetzarbeiten sind Zeugen dieser Zeit. Der kleine Phimai Historical Park behauptet sich mitten im Verkehrsgetümmel an der Hauptstraße des gleichnamigen Städtchens (etwa 120 Kilometer westlich von Surin). Vorbild für die Prangs des Prasat Hin Phimai waren die Türme von Angkor Wat. Zur Blütezeit der legendären Hochkultur von Angkor führte im 11. Jahrhundert eine Straße von Angkor direkt nach Phimai. Am Haupttheiligtum haben Löwen, Naga-Schlangen und einige Reliefs aus Sandstein die Jahrhunderte überdauert. Im dunklen Innern empfängt der Khmer-Gottkönig Jayarvarman in Buddha-typischer Meditationspose die Besucher.

Der 26 Kilometer vom Marktflecken Nang Rong entfernte Prasat Phanom Rung aus dem 11. Jahrhundert gehört zu den am besten erhaltenen Bauwerken der Khmer-Epoche und beeindruckt mit perfekter Symmetrie. Eine Promenade mit einer monumentalen Sandsteintreppe führt, flankiert von fünfköpfigen Nagas, hinauf zur Felsenburg auf einem 400 Meter hohen, erloschenen Vulkankegel. In dem einst hinduistischen Heiligtum wurde Shiva verehrt: Am östlichen Eingang sieht man den tanzenden Gott mit Nandi, seinem Reittier. Das herrliche Phra-Narai-Relief mit dem liegenden Vishnu verschwand Anfang der 1960er-Jahre und tauchte im Oriental Art Museum in Chicago wieder auf. Nach vielen Protesten gaben die Amerikaner das geraubte Kunstwerk erst 1988 wieder zurück.

SEHENSWÜRDIGKEITEN
Prasat Phanom Rung. Tägl. 9–17 Uhr, Moo 2 Ban Ta Pek; kein Tel., www.phanomrung.com

ESSEN UND TRINKEN
Kid Teung. Café-Lokal mit Bäckerei und Kaffeerösterei. Tägl. 7–20 Uhr, Sanit Nikomrut Rd. (nahe Bahnhof Surin), Tel. 044/51 24 71

ÜBERNACHTEN
Maneerote. Sechsstöckiges Provinzhotel mit 72 zweckmäßigen Schnäppchen-Zimmern, Balkons und Wi-Fi (nach hinten raus ruhiger). 11/1 Soi Poytungko Krungsrinai Rd., Surin, Tel. 044/53 94 77-9, www.maneerotehotel.com

Martina (Hotel). 91 Reihenzimmer am Stadtrand, Restaurant. 277 Moo 14 Baan Raharn, Pichitchai Rd., Surin, Tel. 044/71 35 55

Phimai Inn. Das beste (und einzige) Haus vor Ort mit schlichten Zimmern um den Pool im Innenhof, 2014 renoviert. 3/1 Bypass Rd., Phimai, Tel. 044/28 72 28

AKTIVITÄTEN
Surin Project. Bei der Non-Profit-Organisation kann man als Volontär Elefanten baden, schrubben und füttern. Tägl. 7–21 Uhr, Ban Ta Klang, Tha Sum bei Surin, mobile 084-482 12 10, www.surinproject.org

INFORMATION
Tourist Information (TAT). Tägl. 8.30–16.30 Uhr, 355/3-6 Thessaban Rd. 1, Surin, Tel. 044/51 44 47-8

DER NORDWESTEN

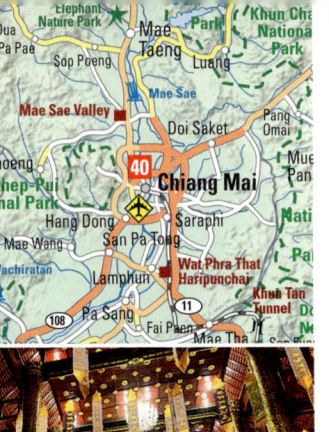

40 Chiang Mai
»Im Reich der Millionen Reisfelder«

Rund hundert Tempel glitzern zu Füßen des Doi Suthep im Sonnenlicht – wunderschöne alte Holztempel, wahre Meisterwerke der »Lanna«-Architektur im burmesisch-laotischen Stil. Nach dem Pflichtprogramm kommt das Vergnügen auf dem Nachtbasar und den »Walking Streets«, bei Thai-Massagen oder Kochkursen. Und jede Menge Action im Umland: an Bungee-Seil und Zipline, beim Climbing, Trekking, Rafting...

Chiang Mai liegt rund 700 Kilometer nördlich von Bangkok in einem Tal am Ufer des Menam Ping. Die Stadt wurde 1296 von Mengrai dem Großen (vermutlich 1238–1311), dem Herrscher über Lanna-Thai, gegründet und zur Hauptstadt seines Königreichs erkoren. Unter seiner Herrschaft entwickelte sich Lanna-Thai, was so viel wie »Land der Millionen Reisfelder« bedeutet, zu einer Vormacht in der Region, die sich über weite Gebiete Nordthailands ausdehnte. Seine Blütezeit erlebte Lanna-Thai im 15. Jahrhundert. In den zwei Jahrhunderten danach war es Schauplatz kriegerischer Auseinandersetzungen zwischen den Burmesen und den Königen von Ayutthaya (s. S. 60). Das Reich Menrais des Großen zerfiel. Chiang Mai wurde von den Burmesen besetzt, 1775 von König Taksien (1734–1782) erobert und als Fürstentum Teil des thailändischen Königreichs.

»Rose des Nordens«

Aus der noch vor 30 Jahren schläfrigen »Rose des Nordens« ist ein geschäftiges Trekking- und

Seite 224/225: Im Umbrella Village Bo Sang bei Chiang Mai gibt's Schirme für alle Wetterlagen. **Mitte:** Von zwei Jüngern flankiert: der riesige Buddha in der Halle des Wat Chedi Luang **Unten:** Fußmasseurinnen auf dem Nachtbasar von Chiang Mai

Touristenzentrum geworden. Der Rosenduft ist mittlerweile Abgasschwaden gewichen, und nicht selten hängt eine Dunstglocke über einer der mit rund 200 000 Einwohnern größten Städte Thailands. Neben den alten Tempeln lockt die Nähe zu unberührter Natur viele Besucher in die thailändischen Ausläufer des Himalaja. Chiang Mai hat sich als Zentrum für Kunsthandwerk der Bergvölker, die in der Region leben, einen Namen gemacht. Den Nachtbasar im modernen Stadtzentrum und die Wochenendmärkte sollte man daher nicht versäumen. Auch wenn die Preise zunächst überhöht scheinen: Handeln gehört hier wie selbstverständlich dazu! Angefangen bei echten und unechten Gold- und Silberarbeiten über Antiquitäten und Schnitzkunst bis hin zu Seidenkissen, Batiken und Webarbeiten: Auf den zwei Etagen des »Night Bazar« offerieren Händler neben lauter Schnickschnack alles, was ein Souvenirjäger begehrt. Auch Bambusflöten, Puppen, bemalte Büffelhörner und Opiumpfeifen mitsamt Waage gehören zum riesigen Sortiment.

Der Tempel-»Höhepunkt«

Den schönsten ersten Überblick über Chiang Mai und die vielen weißen oder golden glänzenden

Einfach gut!

CHATTEN MIT BUDDHA

Zehn Stunden Vipassana-Meditation am Tag! Das Ram-Poeng-Meditationskloster akzeptiert ausländische Schüler beim »Retreat«: Man schläft auf einer sehr dünnen Matratze auf Beton, bis der Gong erbarmungslos um vier Uhr morgens zum Meditieren ruft. Für Anfänger mit vielen Fragen sind die »Monk Chats« in folgenden Klöstern geeignet: Suan Dok (Mo–Fr 17–19 Uhr), Chedi Luang (s. o., tägl. 9–18 Uhr) und das friedliche Waldkloster Umong (Mo, Mi, Fr, 17.30–19.30 Uhr).

Monk Chat. Wat Suan Dok, Suthep Rd., Tel. 053/27 89 67, auch zweitägige Retreats Mo–Fr 17–19 Uhr und Wat Umong, auch tägl. ab 8 Uhr beginnende, weniger strenge Anapanasati-Retreats, Suthep Rd., Tel. 053/27 72 48 (8–16 Uhr), www.watumong.org, www.monkchat.net

Meditationskurse (Retreats). Wat Ram Poeng, Tel. 053/27 86 20, www.watrampoeng.net

OASIS SPA LANNA *Einfach gut!*

Die Vögel zwitschern, das Nirwana scheint nah: Mitten in der Altstadt verwöhnen die thailändischen Masseurinnen ihre Kunden in fünf teakhölzernen Privatpavillons mit Massagen und Packungen – eine Luxus-Oase der Wellness-Wohltaten und Beauty-Kuren. Man kann sich von Kopf bis Fuß »verjüngen« lassen bei Scrubs & Wraps, Aromatherapie und Massagen (zwei- bis vierhändig, mit Hot Stone oder Kräuterbeuteln), Reflexzonen- und Gesichtsbehandlungen, Jacuzzi oder Dampfsauna und sogar dem ayurvedischen Shirodhara-Stirnguss. Das Ambiente ist urig-dschungelig, der Gast wird auch abgeholt.

The Oasis Spa »Lanna«. Tägl. 10–22 Uhr, einstündige Thai-Massage und Spa-Pakete, 4 Samlan Rd. (neben dem Wat Phra Singh sowie an zwei anderen Standorten), Tel. 053/92 01 23, www.oasisspa.net

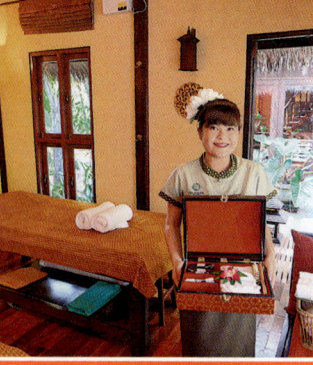

Chedis verschafft ein Ausflug auf den Doi Suthep zum eindrucksvollen Wat Phra That Doi Suthep. Der Berg ist das Wahrzeichen der Stadt. Im Tempel, dem wichtigsten Gotteshaus in Nordthailand, wird eine verehrte Reliquie Buddhas aufbewahrt – der Andrang besonders an Wochenenden und Feiertagen ist entsprechend groß. Wenn man nicht die kleine Seilbahn nehmen will, muss man, um ins Heiligtum zu gelangen, 290 Stufen zwischen zwei riesigen »Naga«-Leibern mit jeweils sieben Köpfen erklimmen. In etwa 1000 Metern Höhe wird man mit einem geradezu märchenhaften Anblick belohnt: Ein etwa acht Meter hoher, mit Goldblatt bedeckter Chedi bildet den Mittelpunkt der Anlage. Er ist von einem vergoldeten Zaun umgeben, an dessen Ecken ebenfalls vergoldete Ehrenschirme stehen. Die Galeriegänge des Tempels sind mit meisterhaft gearbeiteten Buddha-Statuen und schönen Wandmalereien geschmückt.

Seit 600 Jahren wird folgende Geschichte über die Entstehung des Tempels erzählt: Die damaligen Herrscher schickten einen Elefanten mit einer Buddha-Reliquie auf dem Rücken los, um einen angemessenen Aufbewahrungsort für sie zu finden. Der Elefant erklomm den Berg, legte sich zur Ruhe und starb. An ebendieser Stelle wurde daraufhin 1383 der Chedi erbaut.

Oasen in der Metropole

Zurück ins Tal: Fünf Tore führen in die denkmalgeschützte Altstadt, am meisten los ist am rekonstruierten Tha-Phae-Tor im Osten, wo auch die Ratchadamoen Road mit dem Sonntagsmarkt beginnt.

Wer dem Trubel ausweichen will, biegt ab in eine der Altstadtgassen, in denen man noch am ehesten dem traditionellen Thailand nachspüren kann.

Von Tempel zu Tempel …

Die Besichtigung aller hundert Tempel muss nicht sein, aber die schönsten sollte man gesehen haben – vor der Tempel-»Überdosis« bewahrt ein Abstecher in die klimatisierten Museen.

Ⓐ Chiang Mai City Arts & Cultural Center. Einführung in die Geschichte des Lanna-Reiches anhand von multimedialem Ausstellungsrundgang mit Modellen, man beachte das Dreikönigsdenkmal vor dem Gebäude mit Mengrai, Ngam Mueang von Phaya und Ramkamhaeng von Sukhothai. Ruhetag: Mo, Di–So 8.30–17 Uhr, Phra Pokklao Rd. (zwischen Rachadamnoen und Ratchawithi Rd.), Tel. 053/21 77 93

Ⓑ Wat Chedi Luang. Viel besuchter Tempel mit mächtigem, über 600 Jahre alten Chedi, in der Mittagszeit herrscht meist weniger Andrang, nachts stimmungsvoll beleuchtet, auch das ruhigere Wat Tan Pao nebenan ist sehenswert. Tägl. ca. 8–17 Uhr, 103 Phra Pokklao Rd., Tel. 053/27 61 40

Ⓒ Wat Chiang Man. Das religiöse Zentrum von Chiang Mai beherbergt zwei legendäre, uralte Buddha-Figuren. Tägl. 8–17 Uhr, Ratchaphakinai Rd.; kein Tel.

Ⓓ Ginger & Cafe. The House. Stöberladen, auch gut essen kann man in dem abends mit Kerzen beleuchteten Lokal im Innenhof (thailändisch-westlich). Tägl. 10–23 Uhr, 199 Moon Muang Rd., Tel. 053/41 90 11-3, www.thehousethailand.com

Ⓔ Wat Phra Singh. Der 1345 erbaute Tempel beeindruckt mit seinen wunderschönen Lanna-Gebäuden. Tägl. ca. 8–17 Uhr, Ratchadamnoen Rd./Ecke Singharat Rd.; kein Tel.

Ⓕ Suan Buak Haad Park. In der südwestlichen Ecke der Altstadt kann man sich in den Massage-Pavillons für wenig Geld die Füße oder Schultern massieren lassen. Tägl. ca. 8–20 Uhr

Ⓖ Nationalmuseum. Skulpturen, Textilien, Töpferwaren, Schmuck, Waffen, Ausstellung über die Bergvölker. Ruhetag: Mo, Di, feiertags, Mi–So 9–16 Uhr, am sog. Super Highway (= N 11) im Nordwesten

Ⓗ Wat Chedi Yot (Jet Yot). Selten besuchter Tempel in einem ruhigen Park mit vielen einzigartigen Chedis, tägl. ca. 8–17 Uhr, Soi Wat Jet Yot Super Highway (südl. vom Nationalmuseum), Tel. 053/22 14 64

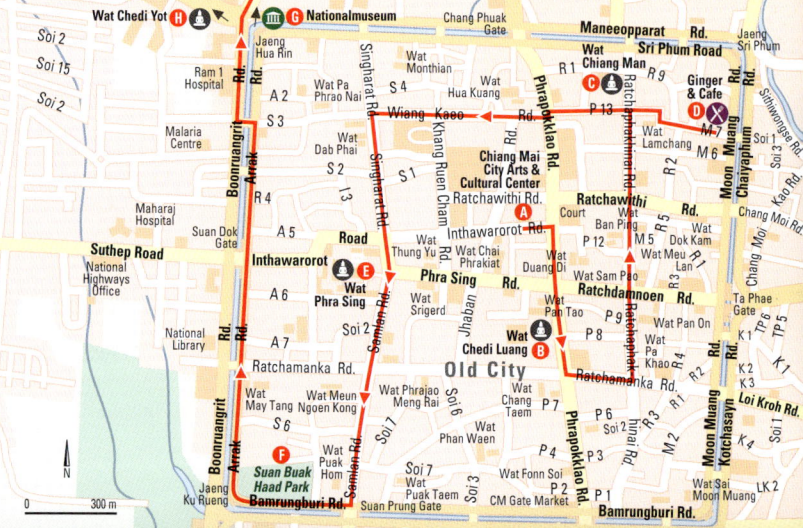

VERWUNSCHENE STILLE IM WALDTEMPEL

Geheimtipp

Noch nicht genug Tempel gesehen? Aber zu viele Touristen! Nahe der Universität und dem hinteren Zoo-Eingang (Tor Nr. 2) führt im Nordwesten der Stadt ein holpriger, zwei Kilometer langer Pfad durch den Wald zu einer absolut verwunschenen und am Berghang versteckten Tempel-Oase. Seit nunmehr 600 Jahren wuchert Moos über die Chedis und die mythologischen Figuren. Man wandelt zwischen verträumten Elefanten-Reliefs und von wilden Ranken umrahmten Skulpturen. Ein Bach plätschert, Glöckchen bimmeln und weise Sprüche weisen den Weg. Das Wat Pha Lat ist friedlich und wenig besucht. So müssen Orte der Erleuchtung aussehen …

Wat Pha Lat (auch: Phalad). Tägl. 8–17 Uhr, der ausgeschilderte Pfad startet zwischen Zoo und Wat Umong am Anfang der Suthep Road, hier geht es bald nach rechts und dann den orangefarbenen Stoffbändern folgen.

Das Lanna Folklife Museum informiert multimedial über die Kultur Nordthailands.

Zwischen Stelzen-Hexenhäuschen aus Teakholz, die in verwunschenen Gärten stehen, tauchen hier und da verträumte Tempel-Zufluchten auf, die in keinem Reiseführer erwähnt sind. Hinter den Mauern der Klöster übertönen Hunderte von goldenen Glöckchen und die monoton gemurmelten Mantras der Mönche den Verkehrslärm – »buddh-dho, buddh-dho…«. Im Herzen der Altstadt liegt das im 15. Jahrhundert erbaute und viel besuchte Wat Chedi Luang. Einem alten Volksglauben zufolge wird der Tempel so lange bestehen bleiben, wie der gigantische Mai-Yang-Baum am Eingang weiterwächst. Allerdings sorgte bereits vor rund 450 Jahren ein Erdbeben für den Einsturz des damals fast 90 Meter hohen Tempelbaus. Heute überragt seine mächtige Ruine mit einer Höhe von immerhin noch etwa 50 Metern die Altstadt. Die Steintreppe ist flankiert von mythologischen »Naga«-Himmelsschlangen mit Drachenköpfen, sechs Elefanten tragen den Sockel.

Der »Regenmacher«-Buddha

Weiter über die Phra Pokklao Road erreicht man das älteste Kloster der Stadt, das Wat Chiang Man aus dem Jahr 1296. Es ist ein besonders schönes Beispiel des Lanna-Thai-Stils: Das mehrfach gestaffelte Holzdach beugt sich bis fast auf den Erdboden herab. Ein Augenmerk sollte dem mit Schnitzereien geschmückten Giebel und den verzierten Holzsäulen im Innern gelten. Auffallend ist auch der vergoldete »Chang Lom«-Chedi, der auf einem mit 15 lebensgroßen Elefanten aus Stuck geschmückten Sockel ruht. Im kleineren, nördlichen (rechten) Viharn werden hinter Gitter und Glas zwei hochverehrte Buddha-Figuren aufbewahrt: ein winziger nur zehn Zentimeter hoher Kristallbuddha namens Phra Setang Kamani (auch: Phra Keaw Kaw) aus dem 7. Jahrhundert und der

aus Marmor gehauene, nur 30 Zentimeter hohe Buddha Phra Sila aus dem 8. Jahrhundert. Letzterer soll die Fähigkeit des Regenmachens besitzen und wird beim alljährlichen Wasserfest Songkran im April durch die Straßen getragen.

Zeugen vergangener Epochen

Das Wat Phra Singh (1345) an der Ecke Ratchadamoen und Singharat Road ist das religiöse Zentrum von Chiang Mai. Besonders trubelig geht es hier im April während des Songkran-Festes zu. Dann wird die in der Lai-Kam-Kapelle aufbewahrte goldene Buddha-Statue »Phra Singh« (auch: Phuttha Sihing) hervorgeholt und in Wasser »gebadet« – dies ist schließlich der Tag des »Großreinemachens«. Niemand scheint genau zu wissen, ob es sich tatsächlich um die originale, der Legende nach rund 2000 Jahre alte Phra-Singh-Figur aus Ceylon handelt. Es gibt immerhin noch zwei weitere Phra-Singh-Buddhas in Thailand: eine Figur befindet sich im Nationalmuseum in Bangkok (s. S. 28), eine andere in Nakhon Si Thammarat (s. S. 132). Begehrt sind die Statuen allemal: Dem Chiang-Mai-Buddha wurde 1922 der Kopf gestohlen und durch eine Nachbildung ersetzt.

Die Lai-Kam-Kapelle steht ganz hinten links hinter der Haupt-Vihara und beeindruckt von außen mit Holzschnitzarbeiten am dreistufigen Dach, an Fenstern sowie Türen und im Innern mit Wandmalereien im Lanna-Thai-Stil. Ebenfalls im Lanna-Thai-Stil präsentiert sich die kleine Bibliothek Hor Tri von 1477 – eines der reizvollsten Gebäude der Epoche, das auf einem hohen figurengeschmückten Steinsockel thront. In einem Park außerhalb der Altstadtmauern liegt das sehenswerte Wat Chet Yot (auch: Jet Yot). 1455/56 errichtet, wird der Tempel wegen seiner eigentümlichen Form auch »Tempel der sieben Spiralen« genannt.

Oben: Das Wat Phra Singh beherbergt eine berühmte Buddha-Statue.
Unten: Die traditionelle Kantoke-Zeremonie wird heutzutage als Show inszeniert.

Infos und Adressen

SEHENSWÜRDIGKEITEN

Hilltribe Research Institute (Tribal Museum).
Das hübsche Museum informiert über die Bergstämme mit Alltagsgegenständen, Literatur und Hütten. Ruhetage: Sa–So, Mo–Fr 9–16 Uhr, Videos 10 und 14 Uhr, Eintritt frei, Chang Puak Rd., Ratchmankhala Park (Suan Lor Gao), (Chotana Rd., Neu-Stadt), Tel. 053/21 08 72

Wat Phra That Doi Suthep. Tägl. 6–17 Uhr (Gelände: bis 19 Uhr), den kostenlosen Eingang rechts wie die Thai nehmen, Souvenirstände, ca. 15 km nordwestlich auf der 1004, Tel. 053/29 50 00

Auf die Küche Nordthailands spezialisiert: das »Huan Phen« in der Altstadt

ESSEN UND TRINKEN

Chuan Chom. Das winzige Gartenlokal mit Speiseraum gehört zu einem Frauengefängnis-Projekt – die Massagen (um die Ecke) kann man sich schenken, aber das Thai-Essen ist sehr gut. Tägl. 10–20 Uhr, Jarbaan Rd. Ecke Ratchawithi Rd., (Altstadt) Tel. 053/12 23 40

Huan Phen. Nordthailändische Spezialitäten wie »kaeng hang led«, Schweinecurry mit Klebreis, werden in dem zweistöckigen Lokal voller Antiquitäten und im Garten serviert. Tägl. 8.30–15 Uhr, 17–22 Uhr (im Garten), 112 Ratchamankha Rd., (Altstadt) Tel. 053/27 71 03, www.baanhuenphen.com

Ruen Tamarind (Tamarind Village).
Sehr gutes kleines Hotel-Restaurant, die reinste Altstadt-Oase mit abends traditioneller oder jazziger Musik und authentischem, preiswertem Thai-Food. Tägl. 7–22 Uhr, 50/1 Ratchadamnoen Rd., Tel. 053/41 88 96, www.tamarindvillage.com

The Gallery. Schattig, ruhig und Open-Air am Ping-Ufer: Riesen-Speisekarte mit vegetarischen und Thai-Gerichten, Steaks, Fondue, Pasta, deutschen Gerichten, Eis und Cocktails. In dem dazugehörigen Antiquitätengeschäft hat 1996 Hillary Clinton zwischen Buddhas, Porzellan und edlen Tüchern gestöbert. Tägl. 7.30–24 Uhr, 25–29 Cha-roen Raj Rd., (Neu-Stadt), Tel. 053/24 86 01, www.thegallery-restaurant.com

Tong. In der angesagten »Szene«-Straße mit Bars und Discos im Nordwesten kann man sich unters junge Thai-Volk mischen, hier gibt es Spezialitäten aus dem Norden, z. B. die scharfe Wurst »sai oua«. Tägl. 11–22 Uhr, Soi 13 Nimmanhaemin Rd. (Neu-Stadt), Tel. 053/22 22 07

ÜBERNACHTEN

Aruntara Riverside. Chic, stilvoll und modern, die »hängenden« Betten in den Suiten sind ein Hingucker: 22 geschmackvolle Zimmer im Boutique-Hotel am Fluss, mit Pool. 35/1 Charoen Prathet Rd. (Neu-Stadt, Changklan), Tel. 053/23 51 11, www.aruntarahotel.com

Baan Orapin. In dem herausragenden Bed & Breakfast wohnt man in einer tropischen Oase mit hübschen Parkettzimmern in Lanna-Teak-Häusern (Himmelbetten, Kunsthandwerk), Pool und freundlichen Gastgebern. 150 Charoen Raj Rd. (Neu-Stadt), Tel. 053/24 36 77, www.baanorapin.com

Elliebum. Schön wohnt es sich bei der netten Ellie in nur zwei sehr großen gemütlichen Zimmern

in der Altstadt (TV, Wi-Fi), mit Café (7–18 Uhr, So bis 24 Uhr). 114/3-4 Ratchamankha Rd., mobile 085-018 74 00, www.elliebum.com

Lanna Dusita. Am nördlichen Ping-Fluss, schön friedlich liegen die herrlichen, komfortablen Balkon-Zimmer mit Fluss- oder Gartenblick, kleiner Pool. 146 Pa Tan Rd., Tel. 053/11 03 45-7, www.lannadusita.com

Linda. Schnäppchenpreise und herzliche Betreuung durch die Berlinerin Thedda – und das seit 30 Jahren, auch Trekkingtouren. 454/67 Soi Banditpatana (nahe Bahnhof), Tel. 053/24 69 15, www.lindaguesthouse.com

Yaang Come Village. Zentrales Mittelklassehotel in der Neu-Stadt, der tropische Garten hält den Straßenlärm ab: 42 geräumige, schön dekorierte Balkon-Zimmer mit großen Bädern, Pool und Spa, 90/3 Sridonchai Rd., Tel. 053/23 72 22, www.yaangcome.com

AUSGEHEN

The Riverside. Biergartenatmosphäre am Fluss, am Wochenende immer brechend voll: Thai-Gerichte und Westliches, gute Livebands, Rivercruises ab 20 Uhr. Tägl. 10–1 Uhr, 9–11 Charoen Raj Rd., Tel. 053/24 32 39, www.theriversidechiangmai.com

EINKAUFEN

Anusarn Nachtmarkt. Mit schönen Restaurants, Kneipen, Essens- und Verkaufsständen. Tägl. ab 18 Uhr, Chang Klang Rd., Neu-Stadt

Hilltribe Products Promotion Centre. Souvenirladen mit großer Auswahl an Handwerksprodukten von den Bergstämmen. Tägl. 9–17 Uhr, 21/17 Suthep Road (nahe Wat Suan Dok), Tel. 053/27 77 43

Night Bazar. Tägl. 17–22 Uhr, 104–1 Chan Klang Rd., Neu-Stadt, Tel. 053/27 20 67, (wem es hier zu voll wird, weicht aus auf den Anusarn-Markt in der gleichen Straße)

Saturday Walking Street. Souvenirs, Kunsthandwerk, Musikanten und Suppenküchen. Sa 17–22 Uhr, Wualai Rd. (südlich der Altstadt)

Sunday Walking Street. Straßenmarkt mit viel Nippes, an Jacky Chan's rollendem Motorrad-Stand gibt es knusprig-leckere Insekten. So 16–22 Uhr, Rachdamnoen Rd., Altstadt

AKTIVITÄTEN

Chiang Mai Cookery School. Eine der ersten von heute gefühlten tausendundeiner Kochschule in der Stadt, mit Marktbesuch, Show-Cooking und Nachkochen. Tägl. 8.30–18.30 Uhr, 47/2 Moon Muang Rd., Tel. 053/20 63 88, www.thaicookeryschool.com

Radtouren. Halbtagestouren per Rad zu Tempeln und Hilfsprojekten in und um Chiang Mai. Moo Baan Nai Fun 1, Soi 2 No. 135/48, Moo 3 Padad, Tel. 053/28 20 55, www.bangkokbiking.com

INFORMATION

Tourist Information (TAT). Tägl. 8.30–16.30 Uhr, 105/1 Lamphun Rd., Tel. 053/24 86 04, -7

Flughafen. Vier Kilometer südwestlich der Stadt, Tel. 053/27 02 22, -33, www.chiangmaiairportthai.com

Inmitten eines wunderschönen tropischen Gartens gelegen: Das »Yaang Come Village«

41 Chiang Mai Umgebung: Mae Rim- und Mae-Sa-Tal, Bo Sang/ San Kamphaeng
Auf dem Mae-Rim-»Loop«

Der Mae-Rim-»Loop« schlängelt sich in engen Haarnadelkurven auf und ab durch die Berge im Nordwesten – eine abwechslungsreiche 110-Kilometer-Rundfahrt durch Mae-Sa- und das Mae-Rim-Tal nahe Chiang Mai mit vielen Attraktionen am Wegesrand. Man pausiert in schönen Landhotels und Gartenlokalen – aber erst nach dem Marathonprogramm mit Elefantenshows, Schmetterlings- und Orchideenfarmen, Botanischen Gärten und Wasserfällen.

Der größte Teil der Attraktionen entlang der Straße 1096 (Samoeng Road) ist Touristenrummel mit Shooting Range und Bungee Jump sowie zweifelhaften Shows mit Tigern, Krokodilen, Schlangen und Affen. Die meisten Tourbusse stoppen auch an den verschiedenen Orchideen- und Schmetterlingsfarmen entlang der Ausflugsstraße: Auf der Farm Sai Namphuang beispielsweise können die Besucher eine bunte Blütenpracht bestaunen und fotografieren oder für die Reise präparierte Zuchtblumen erwerben. Etwa tausend Orchideenarten blühen in Thailand (vorwiegend von Dezember bis Mai), aber leider meist versteckt in den oberen »Etagen« der Wälder.

Mitte: Die Orchideenfarmen entlang des Mae-Rim-»Loop« sind ein beliebtes Touristenziel.
Unten: Im Umbrella Village Bo Sang werden Schirme noch von Hand dekoriert.

Auf dem Elefantenrücken

Wegen der nur halbtägig stattfindenden Shows sollte man sich jetzt zum Mae Sa Elephant Camp

begeben (circa 7 km weiter westlich). Hier führen die Mahuts und ihre dickhäutigen Schützlinge vor, wie tierisch-menschliche Zusammenarbeit funktioniert: Das reicht von der Begrüßungszeremonie über das Baumschleppen und das Ballspiel bis hin zu Malereien. Etwa 70 Elefanten leben und trainieren auf dem Gelände. Die Besucher können Ausritte auf dem Elefantenrücken ins Dickicht unternehmen – man sollte schwindelfrei und auch nicht wasserscheu sein! Das Camp ist vergleichsweise empfehlenswert – wer sich davon überzeugen will, kann hier einen mehrtägigen Mahut-Kurs belegen (s. S. 238).

Nach der Show bietet sich ein Abstecher in den 265 Quadratkilometer großen Nationalpark Doi Suthep-Pui an (zurückfahren bis km 7), wo der zehnstufige Wasserfall Mae Sa endet. Auf Wanderwegen kann man sich den nicht überwältigend großen Kaskaden nähern und am Rande der Pools picknicken. Die Route 1096 schlängelt sich weiter auf und ab um den 1685 Meter hohen Doi Pu und den Doi Suthep (1668 m). Wer nun nach Chiang Mai zurück möchte, biegt vor Samoeng links ab auf die 1269 und gelangt nach berauschender Berg- und Talfahrt am Abend über den Highway 108 wieder zurück nach Chiang Mai.

Kaufrausch im Osten

Im Osten (!) von Chiang Mai führt die Straße 1006 durch die touristischen Kunsthandwerksdörfer Bo Sang und San Kamphaeng. Die in San Kamphaeng angefertigten Silberarbeiten sollen bis zu 93 % aus Silber bestehen. Bo Sang ist berühmt für seine bunt bemalten Schirme, Fächer und Lampen aus Sa-Papier, der Rinde des Maulbeerbaums. An der Hauptstraße befinden sich Dutzende von Manufakturen, in denen Familien seit Generationen diese filigranen Kunstwerke herstellen.

Infos und Adressen

SEHENSWÜRDIGKEITEN

Doi Suthep National Park/Namtok Mae Sa. Tägl. 8–16.30 Uhr, Wanderwege, Bungalows, Imbiss, kleine Ausstellung, Straße 1096, Abzweig bei km 7 auf die Huai Kaew Rd. (16 km nordwestlich von Chiang Mai), Tel. 053/21 02 44-6, www.dnp.go.th

Orchideenfarm Sai Namphuang. Tägl. 8–17 Uhr, Café-Lokal, 61 Moo 6 Rimtai, Straße 1096, (ausgeschildert), Mae Rim, mobile 089-999 98 18

ESSEN UND TRINKEN

Pong Yang Angdoi. Idyllisch am Mae-Sa-Wasserfall, preiswerte Thai-Gerichte. Tägl. 9–20 Uhr, 49/3 Moo 2 Mae Rim-Samoeng Rd., km 14, Tel. 053/87 91 51, -2

ÜBERNACHTEN

Four Seasons. Ein Luxustraum inmitten von Reisterrassen, (Pool-) Pavillons im Lanna-Thai-Stil. 502 Moo 1 Mae Rim-Samoeng Old Rd., Tel. 053/29 81 81, www.fourseasons.com

Proud Phu Fah. Romantisches Mini-Boutique-Hotel mit neun Villen, liebevoll bis ins kleinste Detail, Badewanne im Freien, Heizung (!), kleiner Pool. 97/5 Moo 1 Mae Rim-Samoeng Rd., km 18, Pongyang, Tel. 053/87 93 89, www.proudphufah.com

EINKAUFEN

Bo Sang/San Kamphaeng. Tägl. 8–17 Uhr, entlang der Straße 1006, ca. 13 km östl. von Chiang Mai, Tel. 053/33 83 24 und 053/33 36 87

42 Nationalpark Doi Inthanon
Auf dem »Dach Thailands«

Das »Dach Thailands« lässt sich von Chiang Mai bequem innerhalb eines Tagesausflugs erobern. Die Serpentinenstraße führt in schier endlosen steilen Kurven auf den Doi Inthanon. Der mit 2565 Metern höchste Gipfel Thailands ist allerdings oft von dichten Wolken verhüllt – an solchen Tagen gleicht die Tour einem Ausflug aufs Nebelhorn in den Allgäuer Alpen. Dann heißt es: sich warm anziehen!

Die Berghänge im 482 Quadratkilometer großen Doi-Inthanon-Nationalpark gehören zu den Ausläufern des Himalaja inmitten von Reisterrassen, Regenwald und immergrünem Nebelwald. Allerdings waren weite Teile bereits stark abgeholzt und brandgerodet, als die Region 1954 als eine der ersten in Thailand als Nationalpark ausgewiesen wurde. Viele Flüsse entspringen in dem rund 100 Kilometer südwestlich von Chiang Mai gelegenen Gebiet. Zur Flora gehören rot blühende Kirschbäume und Rhododendronhaine, Farne, Flechten, Orchideen und imposante Flügelfruchtbäume.

Des Königs Chedi

Nebelschwaden verschlucken die Stupa-Grabstelle von König Inthawichayanon (1870–1897), dem letzten regierenden Fürsten von Chiang Mai, der auf dem Gipfel des Doi Inthanon seine letzte Ruhestätte gefunden hat. Die beste Sicht hat man im November/Dezember, zum Beispiel vom Aussichtspunkt an km 41. Am Wegesrand der guten, aber steilen Serpentinenstraße liegen

Mitte: Hmong-Dorf im Nationalpark: Die Bewohner sind auf Touristen eingestellt.
Unten: Hmong-Frau mit Kind: Das Famlienleben wird bei den Hmong ganz großgeschrieben.

Nationalpark Doi Inthanon

zahlreiche Wasserfälle und weitere Pagoden, zum Beispiel die beiden fotogenen Chedis Napamaytanidol und Phra Mahathat Napaphon Bhumisiri, die König Bhumibol und Königin Sirikit gewidmet wurden (km 41,8). Verschlungene Wanderwege führen durch den Monsunwald, entlang von Flussläufen zu Bergdörfern und Tropfsteinhöhlen. Die Tham Borichinda (Brichinda, nahe km 9) etwa ist in einer Stunde erreicht. So richtig ins Schwitzen kommt man auf dem Kaew Mae Pang Trail (auch: Kew Mae Pan) – in circa zwei Stunden geht es vom Napamaytanidol-Chedi auf dem Drei-Kilometer-Rundweg durch den Nebelwald. Der Vachiratharn-(Wachiratan-)Wasserfall (nahe km 22) ist einer von acht Wasserfällen entlang der Straße. In der Regenzeit von Juni bis Oktober stürzen die Wassermassen tosend 70 Meter tief über eine Granitfelswand, an der auch Ungeübte spektakulär das Abseiling üben können. Pittoresk mit Badepool präsentiert sich der viel besuchte Mae-Klang-Wasserfall (außerhalb des Nationalparks; etwa 8 km nördlich von Chom Thong).

Royal Project gegen Opium

Im Nationalpark leben rund 4000 Angehörige der Karen und Hmong (auch: Meo), einige in viel besuchten »Vorzeigedörfern«. Ein kurzer Trampelpfad in der Nähe des Nationalpark-Büros (km 31) bringt die Ausflügler nach Ban Khun Klang. In dem Hmong-Dorf werden auf Initiative von König Bhumibol seit 1979 Gemüse, Obst und Blumen in Gewächshäusern angebaut. Frauen in Batiktracht bieten Chrysanthemen und Silberwaren an. Der Erlös aus dem Verkauf soll die Bergstämme vom Opiumanbau abbringen. Der Schlafmohn war neben Reis ihre Haupteinnahmequelle und brachte schon immer mehr Geld ein als Kaffeebohnen. Die Opiumpfeife gehört bei den Bergvölkern zum täglichen Leben dazu.

Infos und Adressen

SEHENSWÜRDIGKEITEN
Nationalpark Doi Inthanon. Tägl. 8.30–16.30 Uhr, diverse Nature Trails, Guides obligatorisch, Birdwatching Trail bei km 38, einfache Bungalows und Zeltplatz, Res.-Tel. in Bangkok: 02/562 07 60, Imbissstände, Restaurant, Visitor Center mit Video und Ausstellung, Ban Luang, Tel. 053/28 67 28, -9, www.dnp.go.th

ÜBERNACHTEN
Doi Inthanon Royal Project. Tägl. 8–17 Uhr, Homestays in Ban Ang Ka Noi, Ban Pha Hmon, Ban Mae Klang Luang und Ban Khun Klang, Tel. 053/26 85 55 und Tel. 053/28 67 70, -7, ext. 15

Kaomai Lanna. Origineller wohnen! In Speicherhäusern einer ehemaligen Tabakplantage: rustikaler Charme mit antiker Deko, Yoga-Kurse am Riesen-Pool. 1 Moo 6 San Patong (29 km südwestlich von Chiang Mai an der 108), Tel. 053/83 44 70-5, www.kaomailanna.com

AKTIVITÄTEN
Elephant Special Tours. Beim Elefantentreck rund um den Doi Inthanon lernen die Urlaubs-Mahuts das große Elefanten-Einmaleins inklusive Kommandos und Schwielen am Po bei einem ehemaligen Berliner Tierpfleger und seinem Team. c/o Bodo Förster, 47/3 Moo 5, Mae Sapok, mobile 086-193 03 77, in Deutschland Tel. 0228/40 97 19 58, www.elephant-tours.com

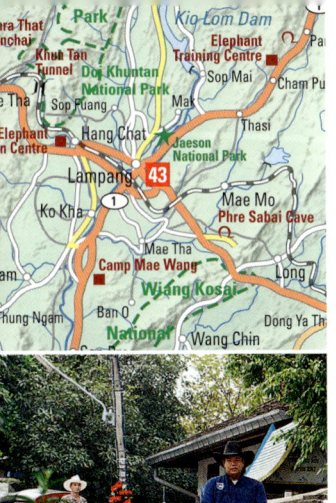

43 Lampang und Umgebung
Pferdekutschen und Elefanten

Ein Hauch längst vergangener Zeiten weht durch das verschlafene Lampang – hier ruckeln noch die traditionellen Pferdekutschen und bezaubern uralte Tempelbauten. Das Thai Elephant Conservation Center zieht Jung und Alt in seinen Bann, hier können die Elefanten sogar malen und musizieren! Natürlich ist ein Trick dabei, aber die Show ist seit Jahrzehnten beliebt. Wer will, kann auch den »Elefanten-Führerschein« machen.

Die 60 000-Einwohner-Stadt Lampang (circa 85 km südöstlich von Chiang Mai) liegt am Wang-Fluss und kann als Königssitz der Mon-Herrscher des 7. Jahrhunderts auf eine glorreiche Geschichte zurückblicken. Sogar der sagenumwobene Smaragd-Buddha aus dem Wat Phra Kaeo in Bangkok (s. S. 29) fand auf seiner Irrfahrt durch Asien hier vor 500 Jahren vorübergehend Zuflucht. Beim Dorf Ko Kha lohnt das kunsthistorisch interessante Wat Phra That Lampang Luang eine Besichtigung. In der Tempelanlage kann man sich einen Überblick über 1300 Jahre burmesischer Tempelbaukunst verschaffen. Die Anfänge des Heiligtums gehen vermutlich auf das 7. Jahrhundert zurück. Im 45 Meter hohen Chedi wird ein Haar Buddhas aufbewahrt, im Mondhop befindet sich ein Fußabdruck des »Erleuchteten«.

Mitte: Klappernde Pferdekutschen gehören in Lampang zum Stadtbild dazu.
Unten: Im Elephant Conservation Center werden die Dickhäuter umsorgt und gepflegt.

Schicksal der Elefanten

Um 1850 soll es noch rund 100 000 Elefanten in Thailand gegeben haben, heute leben hier schätzungsweise 2700 domestizierte Dickhäuter.

Lampang und Umgebung

Vor allem in den dichten Wäldern entlang der thailändisch-burmesischen Grenze (z. B. der Nationalpark Kaeng Krachan, s. S. 105) leben noch rund 2000 wilde Elefanten. Als die Abholzung großer Waldgebiete 1989 verboten wurde, verloren viele der domestizierten Tiere, die bis dahin bei der Rodung des Dschungels eingesetzt worden waren, sozusagen ihren »Job«. Da ihr Unterhalt rund 12 000–15 000 Baht (300–400 €) pro Monat kostet, wurden sie von ihren Besitzern dazu angehalten, »betteln« zu gehen und als Almosengänger durch Bangkok oder Chiang Mai zu ziehen. 1995 wurden erste Gesetze gegen die »Bettel«-Elefanten erlassen, und nach dem Amoklauf eines Dickhäuters in Bangkok gilt die Metropole sogar als ein »Sperrgebiet«. Heute trifft man die domestizierten »Jumbos« meist in Trainings- und Zuchtcentern. Sie werden im ganzen Land als Reittiere und in Elefantenshows eingesetzt. Das Elefantenpolo ist eine elitär-teure Wohltätigkeitsveranstaltung, das »Elephant Round up« in Surin ein einziges Massenspektakel (s. S. 222).

Beim Elefanten-Orchester

Im 1993 gegründeten, 30 Kilometer westlich von Lampang gelegenen Thai Elephant Conservation Center (TECC), das in einem besonderen Stall auch sechs der zehn königlichen »weißen« Elefanten beherbergt, trainieren etwa hundert Elefanten. Mit fünf Jahren beginnt das Training, nach weiteren fünf Jahren ist die »Abschlussprüfung« dran. Jeden Morgen wird gebadet, dann geht es zum Arbeitsunterricht: Baumstämme ziehen, heben, schleppen und stapeln und ein paar Zirkuskunststücke üben. Selbst »Elephant Rapsodies« kann man hier im Souvenirshop als CD erstehen. Der Amerikaner Richard Lair hatte als Berater des TECC 1997 die Idee, den begabtesten Elefanten das Malen und Musizieren beizubringen.

Infos und Adressen

SEHENSWÜRDIGKEITEN

Thai Elephant Conservation Center (TECC). Tägl. 9–15.30 Uhr, 45-minütige Shows (Baden: 9.40, 13.10 Uhr), Elefantenreiten, Mahut-Kurse, Open-Air-Lokal, Bungalows und Homestay, Wiang Tan (Hang Chat, Abzweig von N 11 bei km 28–29 nach Thung Kwian), Tel. 054/82 93 33, www.thailandelephant.org/en/

Wat Phra That Lampang Luang. Tägl. 7.30–17 Uhr, Ban Ko Kha

ESSEN UND TRINKEN

Aroy One Baht. Leckere Fischspeisen, authentisch scharfe Currys, schneller Service. Tägl. 16–23 Uhr, Suandok Rd. Ecke Thipchang Rd., mobile 089-700 94 44

The Riverside. Keine Haute Cuisine, aber in dem Biergarten gibt es eine große Speisekarte mit internationalen Klassikern, samstags Livemusik. Tägl. 10–23 Uhr, 328 Tipchang Rd., Tel. 054/22 18 61

ÜBERNACHTEN

Lampang River Lodge. 60 rustikale Lanna-Teak-Häuschen in Naturoase mit Hängebrücke und kleinem See, großer Pool, Spielplatz, Verandalokal mit gutem Frühstück. 330 Moo 11, Phaholyotin Rd. km 591 (5 km südlich von Lampang), Tel. 054/33 66 40, -1, www.lampangriverlodge.com

Ma Chic & Cosy. Neue schicke Herberge mit modern eingerichteten Wi-Fi-Zimmern, zehn Spazierminuten zum Fluss. 258 Lampang-Ngao Rd., Phrabath, Tel. 054/01 11 10

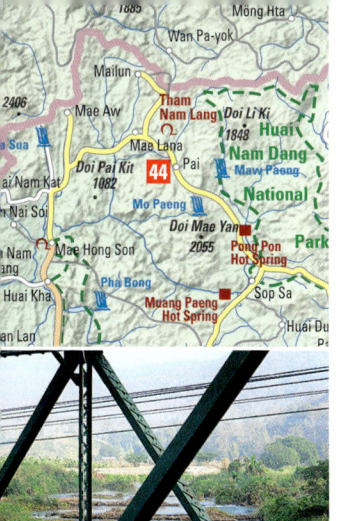

44 Pai mit Soppong/ Pang Mapha
»Happy Hippie Happening«

In der herrlichen Berggegend um Pai gibt es viele Gelegenheiten, Einblick in den Alltag der Bergstämme zu nehmen. Rund eine halbe Million Angehörige leben in Thailands Norden. Wie wäre es zum Beispiel mit einem mehrtägigen Trekking zu den Lisu, Yao oder Hmong – sofern man ein paar Nächte auch mal ohne Matratze und fließend Warmwasser, ohne Föhn und iPhone auskommt…

Noch Mitte der 1990er war Pai (sprich: Bai) am gleichnamigen Fluss ein verschlafenes Shan-Dorf mit einigen Hippie-Langzeitgästen und Ausgangsbasis für Trekkingtouren zu den Bergstämmen: Eine Art New Age-Bilderbuchdorf mit Yoga, Reiki und Meditation. Heute herrscht bunter Jahrmarktstrubel zwischen Tubing, Rafting und Raving am Lagerfeuer in dem 3000-Seelen-Ort, der 135 Kilometer, vier Fahrtstunden und 762 Kurven nordwestlich von Chiang Mai liegt. In der obligatorischen »Walking Street« (Chaisongkran Road) im Ortskern empfängt ein Schilderwald mit Tattooläden, »Pai in Love«-Shirts, Postkarten- und Souvenirshops, Trekkingagenturen, Massage-Spas, Coffeeshops und »Moving Bars« in VW-Bussen die Besucher. Das reinste Multikulti-Babylon!

Es gibt mittlerweile ein Musik- und Filmfestival im Dezember/Januar inklusive Stau in dem wunderschönen Tal, das von bis zu 1500 Meter hohen Bergen umgeben ist. Sogar einen Mini-Airport hat die vor einigen Jahren hier gedrehte Thai-Teenie-Schnulze »Pai in Love« dem Dorf beschert. In der ruhigeren Regenzeit im Sommer trifft man in eini-

Mitte: Die Brücke über den Pai-Canyon gewährt fantastische Blicke über die Schlucht.
Unten: Bei Pai stürzt der Wasserfall Mork Fah über 30 Meter in die Tiefe.

Pai mit Soppong/Pang Mapha

gen Ecken noch auf das entspannte »alte« Hippie-feeling in Hängematten und auf einige Rasta-Thai, die neben Falafel und Shiatsu auch obskure Gräser feilbieten. Wenn die Thai-Boheme zum Filmfestival mit Filmsternchen aus dem heißen Bangkok und Chiang Mai in Truppenstärke anreist und in Teddyfellstiefelchen Sehen und Gesehenwerden zelebriert, dann empfiehlt sich ein rechtzeitiges Zimmer-Buchen oder Ausweichen – die »harte« Trekkingszene scheint ohnehin nach Soppong weitergezogen zu sein.

Kaskaden, Särge und Tropfsteine

Ausflüge führen zum kleinen Mo-Paeng-Wasserfall im Nordwesten (ca. 8 km) und der 40-Meter-Kaskade Pa Bong im Süden (ca. 12 km), an der man picknicken und baden kann. Etwas Ausdauer braucht man, um die 335 Stufen des Wat Phra That Mae Yen zum Weißen Buddha zu erklimmen (etwa 2 km im Süden), doch der Ausblick lohnt den Aufstieg, vor allem in den Monaten November/Dezember: Der *Thale Mok*, der »Nebelsee« bildet sich frühmorgens über dem Tal, wenn die Wolken noch die umliegenden Bergspitzen umkringeln.

Hinter Boomtown Pai wird es ursprünglicher, etwa im Marktflecken Soppong (auch: Pang Mapha; 55 km nordwestlich von Pai). Hier gilt es, die gigantische und viel besuchte Tham Lot mit ihren drei Gewölben auf einem Floß zu erkunden. Das riesige Höhlensystem mit seinen glitzernden Stalaktiten ist vom unterirdischen Fluss Nam Lang durchzogen und bietet ein Zuhause für Abermillionen von Fledermäusen und Mauerseglern. In den oberen Kammern der Haupthöhle entdeckten Archäologen etwa 1400 Jahre alte Särge aus Baumstämmen und prähistorische Zeichnungen.

Infos und Adressen

SEHENSWÜRDIGKEITEN

Tham Lot. Tägl. 8–17.30 Uhr, an Wochenenden meiden, Restaurant, Straße 1095 Abzweig bei km 138–139 auf die 1226, weiter 9 km, Soppong/Pang Mapha; kein Tel.

ESSEN UND TRINKEN

Baan Benjarong. Authentische Thai-Küche, hinten mit Blick auf die Reisfelder. Tägl. 11–14, 17–22 Uhr. 179 Moo 8, Rangsiyanon Rd. (nahe Ortsausgang Pai Richtung Chiang Mai), Tel. 053/69 80 10

ÜBERNACHTEN

Pairadise. Bungalowanlage rund um einen idyllischen Badesee: 17 wohnliche Parkettzimmer, eigene Bäckerei. 98 Moo 1, Mae Hee, Pai, Tel. 053/69 80 65, www.pairadise.com

The Quarter. Garten-Boutique-Hotel mit 36 stilvollen Wi-Fi-Zimmern, großer Terrasse/Balkon, Bibliothek und Pool, Open-Air-Bädern und -Lokal (kalt im Winter!). 245 Moo 1 Chaisongkran Rd., Pai, Tel. 053/69 94 23, www.thequarterhotel.com

AKTIVITÄTEN

Trekking. Die Gegend um Soppong mit vielen verschiedenen Bergstämmen ist beliebt als Trekkingausgangsort, alle Gästehäuser bieten ein- bis mehrtägige Touren an.

INFORMATION

Tourist Information. Tägl. 8.30–16.30 Uhr, Ecke Raddamrong und Ketkelang Rd. (neben District Office Pai), kein Tel.; Infobox in Soppong an der Hauptstraße hinter dem Markt und dem Busbahnhof

DIE BERGSTÄMME
auf dem Weg in die Moderne

Von unten dringt das Grunzen der Schweine durch die Bambusdielen des Stelzenhäuschens. Über der schwelenden Feuerstelle hängt ein Bild der Königin-Mutter. Es ist 4.30 Uhr und die Kälte kriecht langsam in den Schlafsack. Hähne krächzen, die Reismühle scharrt. Draußen vermischen sich frühe Nebel- und Rauchschwaden der Brandrodung, der Tau glitzert auf Kaffeesträuchern und Maisfeldern. »Dablu«, guten Morgen, in einem Dorf der Karen.

Noch etwa eine halbe Million Angehörige der Bergstämme leben in Thailand, darunter Karen, Meo (Hmong), Lahu, Lisu und Akha. Ehemals Nomaden aus Burma, Laos und China, sind die Bergvölker heute zu einer der wichtigsten Devisenquellen in Nordthailand geworden, dem Tourismus – und der reicht von umweltverträglichem Trekking durch die Bergwälder bis hin zur totalen Vermarktung der Stammeskultur.

Die traditionelle Brandrodung und der Opiumanbau durch Schlafmohn werden seit den 1960er-Jahren mit Entwicklungsprojekten bekämpft – offenbar mit Erfolg durch den Anbau von Kaffee und Tee, Erdbeeren und Chrysanthemen.

Karenfamilie in einem Dorf nahe Chang Mai

Doch Drogenabhängigkeit und Armut beherrschen immer noch den Alltag in vielen Dörfern. Synthetische Drogen wie »yaa-baa« (Methamphetamine) haben den Markt erobert und werden auch mit Hilfe der Bergstämme von den Drogenlaboren in Myanmar nach Thailand und China geschmuggelt.

Mittlerweile leben viele Dörfer vom Tourismus und dem Verkauf ihrer Handarbeiten. Bei der Flut an Trekkingagenturen etwa in Chiang Mai sollte man jedoch darauf achten, nicht eine der Touren in die »Menschenzoos« nahe Mae Hong Son zu buchen, zu den teils aus Flüchtlingslagern entführten »Langhalsfrauen«: Ihre Hälse werden mit bis zu 20 Messingringen in die Länge gestreckt. Bei dieser Zurschaustellung von zweifelhaften Traditionen, mit denen die jungen Frauen der burmesischen Padaung langsam aber sicher verkrüppelt werden, verdienen nur thailändische Geschäftsmänner.

Auch geben sich in manchen gut über Straßen erreichbaren Bergdörfern die Trekkinggruppen die Klinke in die Hand, etwas abgelegenere Dörfer verheißen anspruchsvolleres Wandern und intensivere Kontakte zu den Bergstämmen. Achten Sie aber darauf, dass die Trekkingführer nicht nur gut englisch, sondern auch die Stammessprache der besuchten Dörfer sprechen.

45 Mae Hong Son
Bezaubernde Tempel-Oase

Im äußersten Nordwesten geht es durch eine wild-dramatische Berglandschaft aus Buckeln und Kegeln, alle wie mit grünem Samt bezogen: eine Berg- und Talfahrt über mehrere steile Pässe und entlang von schroffen Kalksteinriesen bis an die Grenze nach Myanmar (Burma), wo Berge mit bis zu 1900 Metern Höhe Spalier stehen. Im Tempelstädtchen Mae Hong Son spiegeln sich burmesische »Zuckerbäcker«-Chedis malerisch im Jongkam-See.

Auf der Weiterfahrt von Soppong (Phang Mapha) beginnt der schönste Teil der Achterbahnfahrt über die Bergpässe nach Mae Hong Son – vorbei an gold leuchtenden Reisfeldern, Bananenstauden, Bambuswald und windschiefen Wellblechhütten im Schatten von kahlen, senkrechten Felswänden. Am Wegesrand bezaubern die burmesischen Holztempel mit ihren mehrstöckigen, mit Ornamenten geschmückten Dächern.

Pha-Sua-Wasserfall

Ein Abstecher vor Mae Hong Son bei Kilometer 192 bringt den Ausflügler auf die nach Norden abbiegende Landstraße 1266 zum Pha-Sua-Wasserfall (insgesamt etwa 28 km nördlich von Mae Hong Son gelegen) – eine der imposantesten Kaskaden in Thailand, besonders im August und September. In sieben breiten Kaskaden rauscht das Wasser zehn Meter in die Tiefe und versprüht seinen Gischtschleier über die Picknickbänke im Monsunwald. Auf der Bergstraße nähern sich Abenteuerlustige bis auf wenige Kilometer der burmesischen Grenze – etwa im Ort Napapaek

Das Wat Chong Klang bezaubert durch gestaffelte und mit Spitzen verzierte Dächer.

oder dem eher chinesisch beeinflussten Grenz-
nest Mae Aw, das an einem See liegt. Unterwegs
kommt man an idyllischen und zugleich archaisch
wirkenden Karen- und Shan-Dörfern vorbei, in
denen Reis, Getreide und Chilis zum Trocknen auf
Matten liegen und ältere Männer noch im traditionellen »longyi«-Hüfttuch gekleidet sind.

Burmesische Tempelpracht

Das 6400-Einwohner-Städtchen Mae Hong Son
(etwa 275 km über die Straße 1095 bzw. 369 km
über die Straße 108 nordwestlich von Chiang
Mai) macht seinem Namen alle Ehre. Die »Stadt
des ganzjährigen Nebels« liegt in einem nicht
selten wolkenverhüllten Tal. Ein wunderschöner
Anblick bietet sich morgens am Jongkam-See,
der vor rund 200 Jahren als Wasserloch für die
Arbeitselefanten diente. Nur langsam tauchen
die ersten schemenhaften Umrisse von Palmen
aus dem Nebelschleier auf, und wenn die Sonne
allmählich Oberhand gewonnen hat, spiegeln
sich das Wat Chong (Jong) Klang und Wat Chong
Kam malerisch im See. Abends sind die beiden
1827 erbauten Klöster romantisch beleuchtet. Die
quadratischen und mehrfach gestaffelten Tempel-
dächer aus Holz mit den reich verzierten Spitzen
sind typisch für die burmesische Sakralarchitektur,
ebenso die geringelten, 16 Meter hohen Goldche-
dis, die von Tempelschirmen bekrönt und von mythologischen Löwenfiguren bewacht werden. Man
beachte neben dem fast fünf Meter hohen Buddha
auch die herrlichen Wand- und Glasmalereien mit
Szenen aus dem Leben des »Erleuchteten« im Wat
Chong Klang und die etwa 30 antiken Holzfiguren
und Puppen. Im Westen der Stadt schlängelt
sich eine kleine Straße (oder 300 Stufen) auf den
Kong-Mu-Hügel zum Wat Phra That Doi Kong Mu
(erbaut 1860-1875). Es thront in 250 Metern Höhe
weithin sichtbar oberhalb der Stadt.

SEHENSWÜRDIGKEITEN
Wat Phra That Doi Kong Mu. Tägl.
ca. 7–18 Uhr, 3 km westlich vom
Stadtkern an der 108

ESSEN UND TRINKEN
Bai Fern. Schön dekoriertes
Gartenlokal mit Thai-Food und
manchmal Livemusik. Tägl. 10.30–
22 Uhr, 87 Khunlumprapas Rd.,
Tel. 053/61 13 74

Coffee for U@Soi 3. Gemütli-
ches kleines Café mit ein paar
Bratreisgerichten, gutem Kaffee,
Eiscreme und Wi-Fi. Tägl. 7–20
Uhr, Khunlumpraphas Rd. Soi 3,
Tel. 053/61 32 69

Nightmarket. Essstände am See
mit Thai- und Burma-Speisen, sich
einfach zu den Thai dazusetzen und
mitschlemmen, tägl. ab 18 Uhr

ÜBERNACHTEN
Fern Resort. Weitläufige preisgekrönte »Öko«-Garten-Oase:
35 Bungalows (kein TV!) mit Reis-
feldpanorama, Pool, Nature Trails,
Shuttlebus in die Stadt. 64 Moo
10, Ban Hua Nam Sakut, Pha Bong
(ca. 7 km südlich von Mae Hong
Son), Tel. 053/68 61 10, -1,
www.fernresort.info

The Imperial. Im Grünen gelegenes
Komforthotel mit Parkett-Zimmern
auf drei Etagen und Pool im
Garten. 149 Moo 8, Pang Moo,
Tel. 053/68 44 44, -9,
www.imperialhotels.com

INFORMATION
Tourist Information (TAT). Tägl.
8.30–16.30 Uhr, 4 Ratchathampit-
hak Rd., Tel. 053/61 29 82, -3

46 Mae Sariang und Umgebung
Ein Hauch von Burma (Myanmar)

Ob Tempel, Museum, Gästehaus oder Restaurant: Abseits der touristischen Pfade kommen bei Mae Sariang die Liebhaber von alten Teakgebäuden auf ihre Kosten. Zwischen goldenen Reisterrassen und Bauernmärkten ist auch der Einfluss der burmesischen Shan-Kultur allgegenwärtig – in Speisen, Kleidung, Sprache –, denn Myanmar, das alte Burma, ist nur einen Tigersprung entfernt.

Je weiter man auf der Fahrt über die sanft geschwungene Landstraße 108 nach Süden gelangt, desto abgeschiedener wird die Atmosphäre. Man passiert Marktflecken und begegnet Angehörigen der Bergstämme in bunter Kleidung oder im Winter dick eingepackt mit tief ins Gesicht gezogenen Wollmützen. Noch in den 1960er-Jahren kamen Besucher in dieser Gegend nur auf dem Rücken eines Elefanten voran, heute blinken im entspannten 10 000-Seelen-Städtchen Mae Sariang die Ampeln. Der Ort liegt zwischen den beiden Flüssen Yuam und Mae Sariang, rund 180 Kilometer südwestlich von Chiang Mai, in einem hübschen grünen Tal, umgeben von im November und Dezember blühenden Feldern mit wilden gelben Sonnenblumen (bua tong), roten Weihnachtssternen und rosa-weißem Schlafmohn (ganz und gar nicht »wild« im Gemüsefeld verborgen).

Ein fantastisches Landschaftspanorama bietet sich an der Straße 1194 von dem auf einem Hügel thronenden Wat Phra That Chommon aus. Es ist

Mitte: In der Bergregion an der Grenze zu Myanmar liegen einsame Dörfer versteckt.
Unten: Die Bergdörfer in der abgeschiedenen Grenzregion werden von den Shan bewohnt.

Mae Sariang und Umgebung

von Weitem an seinem goldglänzenden Chedi zu erkennen. In dem Tempel machen sich chinesische Einflüsse geltend, etwa in dem dicken, lachenden »Mile-Fo«-Buddha. Alles wirkt sehr bunt, kitschig und friedlich. Insgesamt vier schöne Tempel gibt es in Mae Sariang, wenigstens das Wat Phra That Chom Thong sollte man noch über die von *Nagas* bewachte Treppe erklimmen. Hier wartet der größte Buddha der Region. In dem pittoresken Heimatmuseum, einem Teak-Hexenhäuschen mit vielfach gestaffelten Tempeldächern an der Kreuzung 108 und 105 erfährt man anhand von Wachsfiguren, Kostümen, Alltagsgegenständen und Fotos allerhand Wissenswertes über die Bergstämme und ihre Rituale. Hinter den gezackten Bergen und dem Salween (Salawin) liegt Myanmar (Burma). Viele Shan und Karen kamen als Flüchtlinge über den Grenzfluss, ebenso Einwanderer aus Pakistan, China und Angehörige der Bergstämme wie die Lawa, Lua und Hmong (s. S. 243).

Thailands »Grand Canyon«

Auf dem Rückweg Richtung Chiang Mai gehört ein Stopp an der Ob-Luang-Schlucht im gleichnamigen Nationalpark zum Pflichtprogramm (etwa 80 km östlich von Mae Sariang gelegen). Der etwa 300 Meter lange »Grand Canyon« Thailands ist zwar deutlich kleiner als sein Namensvetter, zieht aber dennoch am Wochenende Scharen von Thai-Touristen an. Unter einer Brücke zwängt sich der Chaem-Fluss mit seinen Wassermassen durch eine 40 Meter hohe Felsspalte. In dem waldreichen 550 Quadratkilometer großen Nationalpark informieren englischsprachige Stellwände im Visitor Center über die Geschichte der Region, in der vor rund 28 000 Jahren Jäger und Sammler lebten. Höhlen, Wasserfälle und heiße Quellen sind auf ausgeschilderten Spazierwegen oder über steile Kletterpfade zu erreichen.

Infos und Adressen

SEHENSWÜRDIGKEITEN
Mae Sariang Hilltribe Museum. Tägl. 8.30–16.30 Uhr, Wiangmai Rd., N 108; kein Tel.

ESSEN UND TRINKEN
Coriander in Redwood. Bei Reisegruppen beliebtes Lokal mit teakhölzernem Ambiente, Thai-Gerichte, einige westliche Klassiker (Salat, Steak …) und sogar Weinkarte. Tägl. 12–22 Uhr, 12 Moo 2 Langpanich Rd., Tel. 053/68 33 09, www.riverhousehotels.com

Intira. Kleines einfaches Lokal mit thailändischen, chinesischen und vegetarischen Speisen. Tägl. 11–14, 17–21 Uhr, 170/1 Wiangmai Rd., Tel. 053/86 15 29

ÜBERNACHTEN
Huen Kham Kong. Das Gästehaus bietet preiswerte, aber etwas eng stehende Bungalows am Fluss, groß mit Kachelbädern, Gratis-Räder. 102 Langpanich Rd., Tel. 053/68 24 16

River House (Hotel). Das »Wooden House« am Fluss eignet sich für Gäste auf der Suche nach historischer Atmosphäre: Hier knarren und schwingen die Teakdielen (auch im Bad), etwas hellhörig und schlicht eingerichtet. Einige Schritte weiter liegt das bessere River House Resort mit 42 komfortablen Balkonzimmern auf drei Etagen. 77 bzw. 6/1 Moo 2 Langpanich Rd., Tel. 053/62 12 01 (Wooden House) oder Tel. 053/68 30 66 (Resort), www.riverhousehotels.com

DER NORDOSTEN

47 Chiang Dao
Vor wilder Bergkulisse

Bald hinter Chiang Mai windet sich die Straße 107 nordwärts durch dichten Regenwald, in dem die Bäume aussehen, als trügen sie Umhänge aus grünem Samt mit fetten Lianenkordeln. Hier steht Action in wilder bergiger Natur auf dem Programm: Höhlenerkundungen, Whitewater Rafting oder Trekking. Bester Ausgangspunkt ist das spektakulär gelegene Nest Chiang Dao.

Der Marktflecken Chiang Dao am Ping-Fluss (etwa 70 km nördlich von Chiang Mai) schmiegt sich an den dritthöchsten thailändischen Berg. Der 2225 Meter hohe Doi Luang Chiang Dao, ein 250 Millionen Jahre alter Kalksteinkoloss der Daen-Lao-Bergkette, ragt wie ein steiler Monolith wildzerklüftet aus dem Tal. Bungalows, urige »A-frame«-Hütten und Homestays verteilen sich zu seinen Füßen – allesamt Logenplätze in der Natur und mit Action-Angeboten wie Kajaking auf dem Ping-Fluss, Whitewater Rafting auf dem Mae Taeng, Elefantenreiten und Vogelbeobachtung. Ein Höhepunkt im wahrsten Sinn des Wortes ist das am Hang thronende Bergkloster Tham Pha Plong. Der zwei Kilometer lange, steile Treppenweg hinauf führt über 510 Stufen und windet sich durch allerschönste Dschungel-Bergkulisse. Die aufmunternden, buddhistischen Sprüche am Wegesrand helfen den Gläubigen beim Aufstieg zum pittoresken Gold-Chedi, der dem Phra Ajarn Sim gewidmet ist. Der hochverehrte Abt starb 1992, eine kleine Ausstellung zeigt einige seiner persönlichen Alltagsgegenstände (neben der Bettelschale und Brille ein Philips-Taschenrechner …). Wer den Doi Luang Chiang Dao nach einer sechsstündigen, steil ansteigenden Bergtour ganz er-

Seite 248/249: Ein herrlicher Garten umgibt die königliche Villa am 1389 Meter hohen Doi Tung. **Mitte:** Der 2225 Meter hohe Doi Luang Chiang Dao ist das Ziel vieler Trekkingtouren. **Unten:** Buddha in der Unterwelt: in der Chiang-Dao-Höhle

obert hat, kann den Blick über das atemberaubende Ao-Salung-Tal schweifen lassen, das von schroffen Bergspitzen umzingelt ist, zum Beispiel dem Doi Sam Pi Nong, den markanten »Drei Schwestern«.

Buddhas magische Höhle

Nur für Frühaufsteher (täglich 3–8 Uhr!): Auf dem lebhaften Morgenmarkt scheinen sich alle 14 000 Einwohner von Chiang Dao und der umgebenden Bergdörfer versammelt zu haben. Aber auch der Dienstags-Markt entlang der Landstraße lohnt einen Besuch: Hier kann man zwischen Ständen mit Alltagswaren, Obst und Gemüse schlendern und sich unter die Angehörigen der Bergstämme, einige noch in ihren alten Trachten, mischen.

Die Chiang-Dao-Höhle fasziniert mit vielen Kerzen-Schreinen und zahllosen goldblattbeklebten Buddha-Statuen – sie liegen, stehen und sitzen in allen Nischen und Ecken und schauen auf die Besucher und den Wochenendtrubel herab: Es wird fotografiert, telefoniert und gebetet, »Orakel-Stäbchen« erklingen. Mit Führern und ihren Gaslampen kann man die ruhigen, versteckten Gänge erkunden, streckenweise auf allen vieren: zum Beispiel die 474 Meter lange Tham Kaew mit riesigen Tropfsteinkammern – es tropft beständig, ansonsten herrscht mystische Stille.

Zuflucht für Elefanten

Der Elephant Nature Park bietet eine Zuflucht für verletzte und »ausgediente« Arbeitselefanten, deren Besitzer sie wegen der Unterhaltskosten nicht länger behalten wollen. Im Mae-Taeng-Tal können Besucher die Elefanten in einer natürlichen Umgebung erleben – ohne Ketten oder Zirkuskunststückchen. Man kann sie mit Bananen und Zuckerrohr füttern und sich »rüsselküssen« lassen.

Infos und Adressen

SEHENSWÜRDIGKEITEN

Doi Luang Chiang Dao. Tägl. 8–17 Uhr, sechsstündige Bergtouren (7,5 km, 1100 Höhenmeter), ansonsten mit 1–2 Zeltübernachtungen, am besten Oktober bis Mai, feste Schuhe, ausreichend Wasser und Verpflegung mitnehmen, Guide obligatorisch, Ban Tham, www.dnp.go.th

ÜBERNACHTEN

Chiang Dao Nest I. 20 einfache, aber liebevoll eingerichtete Hütten, kleiner Pool. Im preisgekrönten »Gourmet«-Lokal gibt es Rosmarin-Lamm, Entenbrust und Steaks. 523 Moo 6 Ban Tham (ca. 3 km westlich von Chiang Dao), Tel. 053/45 53 39, www.chiangdao.com

Marisa. Das »Boutique-Resort« unter holländischer Leitung überzeugt mit hübschen Reihenhäuschen und Villen, Pool, Sauna-Spa und Open-Air-Lokal in einem riesigen idyllischen Park. 304 Moo 4 Muang-Ngai (ca. 7 km nördlich von Chiang Dao), Tel. 053/37 55 17, www.marisaresort.com

AKTIVITÄTEN

Elephant Nature Park. Tägl. 8–ca. 17 Uhr, Mae Tang (ca. 30 km südlich von Chiang Dao), Volontär-Programm, Tel. 053/27 28 55, www.elephantnaturepark.org

Whitewater Rafting/Canyoning. Juli bis März (Stufe 3–4 v. a. Aug.–Okt.), Siam River Adventures, Ban Sop Kai, Mae Taeng (ca. 30 km südlich von Chiang Dao), mobile 089-515 19 17, www.siamrivers.com

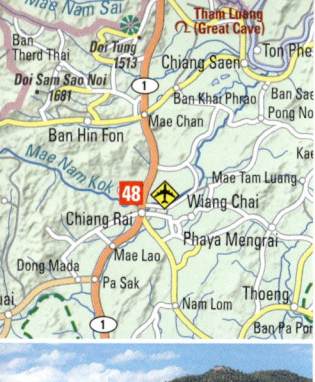

48 Chiang Rai mit Thaton
Mit dem Longtailboot nach Norden

Durch das grüne Tal des Fang–Flusses erreicht man Thaton, einen kleinen verträumten Ort, über den seelenruhig der weiße »Phra Buddha Nirandornchai« am Berghang wacht. Hier heißt es: umsteigen ins Longtailboot. Die »langschwänzigen« Knatterboote bringen die Reisenden auf dem Mae Kok nach Chiang Rai. Oder man bleibt ein paar Tage hier, spaziert zu Lahu-, Lisu- und Akha-Dörfern und lässt die Seele baumeln.

Thaton (ca. 130 km nördlich von Chiang Mai gelegen) ist von Reis-, Tee- und Gemüsefeldern sowie Obstplantagen umgeben. Ein vergoldeter Buddha mit Almosenschale empfängt die Gläubigen auf dem Hügel im weitläufigen Wat Thaton mit dem kunterbunten Chedi, der »Kristall-Pagode« – wie eine mehrstufig ansteigende Hochzeitstorte aus der Flower-Power-Ära sieht sie aus.

Tempel mit Aussicht

Von hier oben schweift der Blick über das 20 000-Einwohner-Städtchen und im Norden bis weit nach Myanmar (Burma), das direkt zu Füßen des Hügels in einer dicht bewaldeten Schlucht beginnt. Weit und breit sind keine Häuser zu sehen.

Mitte: Bei Chiang Rai windet sich der Mae Kok durch ein schmales, fruchtbares Tal.
Unten: Ein verschnörkelter Uhrturm gehört zu den wenigen Attraktionen von Chiang Rai.

Was für ein Kontrast zu den oft abgeholzten Bergrücken auf thailändischem Gebiet. Dennoch verliert sich der Blick auch hier in sattem Grün, wenn er im Osten dem durchs Tal mäandernden Mae Kok folgt, bis er hinter den Hügeln und Bergen bei Chiang Rai im Grün verschwindet.

Stadtbummel

Chiang Rai ist nicht unbedingt die schönste aller nordthailändischen Städte, aber ein Bummel entlang von Flussufer, Klöstern und einigen Museen lohnt sich für Interessierte allemal.

A Wat Phra Kaew. In dem schönen Kloster steht eine Kopie des Smaragdbuddha, im kleinen Tempelmuseum sind u. a. Palmblattschriften, Almosenschalen und Bronzetrommeln zu sehen. Tägl. 9–17 Uhr, 19 Moo 1 Trairat Rd., Tel. 053/71 13 85, www.watphrakaew-chiangrai.com

B Hilltribe Museum & Handicrafts. Hier informieren Dia-Show, deutschsprachiger Film, Literatur und eine Ausstellung über die Bergstämme, es werden Handarbeiten und ein- bis dreitägige Trekkingtouren angeboten. Mo–Fr 8.30–18, Sa–So 10–18 Uhr, 620/25 Thanalai Rd., Tel. 053/71 91 67, www.pdacr.org

C Barrab. Immer gut für eine Pause: In dem rustikalen spottbilligen Thai-Lokal werden nordthailändisch-scharfe Spezialitäten serviert. Ruhetag: Sa, So–Fr 11–21 Uhr, 424 Banpharprakan Rd. (nahe Uhrtum), mobile 086-625 21 15

D Oub Kham Museum. Das private Museum von Julasak Suriyachai stellt Trachten und Kunsthandwerk der nordthailändischen Lanna-Kultur aus. Unter den vielen Buddha-Statuen bezaubert ein seltener Topas-Buddha. Tägl. 8–17.30 Uhr, 81/1 Na Khai Rd./= Military Front Rd. (nahe Den Ha-Markt), Tel. 053/71 33 49, www.oubkhammuseum.com

E Night Bazar. Ein Bummel über den Nachtmarkt bietet Schlemmereien zwischen Hilltribe-Kleidung, Silberwaren, Holzschnitzereien und Schnickschnack sowie Livemusik. Tägl. 18–23 Uhr, Phaholyothin Rd. und Prasopsuk Rd.

Mae Kok-Bootsabenteuer

Für die 80 Kilometer lange Bootstour auf dem ehemaligen Grenzfluss bis nach Chiang Rai sollten Wasserscheue vor dem Einsteigen den Zustand des Bootes (sowie des Bootsführers) in Augenschein nehmen, aber keine Sorge: Bei niedrigem Wasserstand außerhalb der Regenzeit gehört das Auf-Grund-Laufen während der drei- bis fünfstündigen Tour fast schon zum spaßigen Programm. Die hügelige Landschaft flitzt im Affenzahn vorbei, und wenn der steinerne Riesenbuddha aus Thaton die Boote nach 20 Minuten aus den Augen verloren hat, ist es auch vorbei mit seiner schützenden Aura. Die ersten leichten Stromschnellen tauchen auf, das Boot steuert geradewegs auf die Felsen im seichten Wasser des Mae Kok zu. »Krrrrchch« – Holz splittert, das »hang yao« schwankt, der Bootsführer flucht. »Oh my Buddha«, stöhnt einer der amerikanischen Rucksacktouristen, aber – Buddha sei Dank – die Bootswand hat nur eine dicke Schramme abbekommen. Weiter geht's, das nächste Bergdorf wartet schon – mit Souvenirständen am Ufer.

Wer die Straße bevorzugt, erlebt hinter Thaton auf der kurvigen Weiterfahrt (Straße 1089) Richtung Mae Chan und dem Abstecher ins »Little Switzerland« um Mae Salong (1234 und 1130) das stets gleiche trostlose Bild: Ganze Berghänge sind wie nach einem Handkantenschlag senkrecht ab-

Oben: Dieser Buddha ist eine von neun Pilger-Stationen im Wat Thaton.
Mitte: Schloss Neuschwanstein auf asiatisch: das Wat Rhong Kun bei Chiang Rai
Unten: Das Cabbages&Condoms im Kampf gegen Aids

gebrochen, manchmal steht nur noch der nackte Kamm, von frischen rotbraunen Abbruchwunden gezeichnet. Oben drauf behaupten sich einsam und wacker die windschiefen Holzhütten der Bergbauern, Gemüsebeete und Mangobäume klammern sich an unglaublich steile Hänge. Andere Dörfer liegen in tiefen Trichtern zwischen den Berghängen, die Hütten scheinen sich unten im Tal zusammenzukauern.

Ein »Schneepalast« im Norden

König Mengrai (vermutlich 1238–1311) gründete Chiang Rai 1262 als erste Hauptstadt des »Lanna«-Reiches. Von 1391 bis 1436 stand sogar der Smaragd-Buddha im Wat Phra Kaew (s. S. 29). Der Besucher der Provinzhauptstadt (etwa 180 km nordöstlich von Chiang Mai) mit rund 200 000 Einwohnern muss sich bei den touristischen Attraktionen mit dem Hilltribe Museum, dem Nachtmarkt und dem bizarr-verschnörkelten goldenen Uhrturm mit Licht-Glockenspiel am Abend begnügen. Der Touristenmagnet für ganze Reisebuskarawanen liegt etwas außerhalb im Süden: das 1997 erbaute Wat Rong Khun (»Schneepalast«), eine Art Schloss Neuschwanstein à la Asia, zuckersüß-naiv-kitschig und überladen mit Türmchen, Spiegelmosaiken und furchterregenden Gestalten. An der buddhistisch-hinduistischen Tempelanlage, die als Kunstprojekt konzipiert ist, fallen die Symbole auf, die auf den Kampf Buddhas mit dem Dämonen Mara, auf den Kampf zwischen Gut und Böse anspielen. Im Innern nimmt sich der Künstler Chalermchai Kositpipat auch politischer oder Hollywoodthemen an wie »9/11« und Science Fiction. Man trifft auf Michael Jackson und Superman. Viele Touristen starten von Chiang Rai ihre Trekkingausflüge zu den Bergstämmen, vorwiegend zu den Akha, einem der ärmsten Bergvölker, deren Frauen durch den silbernen Kopfschmuck auffallen.

ESSEN UND TRINKEN

Cabbages & Condoms. Restaurantklassiker mit (nord-)thailändischen Gerichten für einen guten Zweck. Tägl. 10–24 Uhr, 620/25 Thanalai Rd., Chiang Rai, Tel. 053/71 91 67, www.pdacr.org

Leelawadee. Open Air am Mae Kok und bei Livemusik (ab 18 Uhr), thailändische Köstlichkeiten, gute Drinks. Tägl. 11–22 Uhr, 58/2 Moo 19 Kwae Wai Rd., Chiang Rai, Tel. 053/60 00 00

ÜBERNACHTEN

Huai Khum. Abgeschiedenes Kleinod am Mae Kok, per Boot am besten zu erreichen, mit großem Pool 380/9 Huaichomphu, Mae Ai, Tel. 053/71 74 38, www.huaikhum.com

Mae Kok River Village. Die Doppelhäuschen des schönen Resorts verteilen sich in einem gepflegten Garten am Fluss, stilvolle Einrichtung, Pool, gutes Verandalokal, britische Leitung. Huay Nam Yen, in Thaton, Tel. 053/05 36 28, www.maekok-river-village-resort.com

The Mantrini. Schnäppchenzimmer im Designhotel. 292/13 Moo 13 Paholyothin Rd., Tel. 053/60 15 55-9, www.mantrini.com

INFORMATION

Tourist Information (TAT). Tägl. 8.30–16.30 Uhr, 448/16 Singhakhlai Rd., Tel. 053/71 74 33

Boote. Tägl. Longtailboote auf dem Mae Kok von Thaton nach Chiang Rai (public boat 12.30 Uhr, 3–5 Std., Tel. 053/45 94 27 und 053/05 37 27

ECHT THAILAND
Die Leidenschaften der Thai

Die Kampfkunst Muay Thai ist der Nationalsport Thailands

Der Stolz auf ihre Geschichte und ihren (verstorbenen) König eint viele Thai. Dabei legen sie Wert auf ihre buddhistischen und tief im Alltag verankerten Traditionen, sei es beim Sport oder beim Kochen. Fast überall kann man sich auch als Besucher unters Volk mischen und mitmachen, etwa beim feuchtfröhlichen Neujahrsfest Songkran. Und wo ist Thailand am authentischsten: im weiten flachen Landesosten abseits der ausgetretenen touristischen Pfade.

Trendsport Muay Thai

Die Leichtgewichte im Ring sehen aus, als könnten sie keiner Fliege etwas zu leide tun. Kein martialisches Gehabe oder markerschütterndes Geschrei. Die jungen Männer, fast noch Kinder, knien auf dem Boden, verbeugen sich und verdecken ihr Gesicht hinter den Boxhandschuhen, wippen in der Hocke und kreisen mit den Armen. Was so elegant aussieht wie Ballett, kann durchaus tödlich enden: Muay Thai, das thailändische Kickboxen, ist Nationalsport und eine der härtesten Kampfsportarten der Welt. Muay Thai ist seit mindestens 2000 Jahren aus China bekannt und hatte seinen Ursprung auf den Schlachtfeldern *(Muay Boran)*. Es ist bis heute ziemlich brutal im Vergleich zum deutschen Kickboxen. Das liegt an den gefürchtetetn Ellbogen-, Knie- und Fußstößen. Dennoch ist das Muay Thai auch bei den Ausländern »in«: Lernen kann man den richtigen Kick und die 15 Grundtechniken in Trainingscamps (http://muaythaicampsthailand.com) oder schonender in einigen Hotels. Man kann im Lumpini-Stadium (www.muay-thailumpinee.net) auch nur zugucken.

Die Ladyboys

Nicht erst seit dem preisgekrönten Film »Beautiful Boxer« sind die *katoeys* in Thailand bekannt: Der Film schildert die wahre Geschichte des transsexuellen Muay-Thai-Boxers Parinya Charoenphol (»Nong Toom«), der seit seiner Kindheit wie ein Mann kämpfte, um schließlich eine Frau zu sein. Als *katoey* stieg er mit Make-up in den Ring und erkämpfte das nötige Geld für die Geschlechtsumwandlung. Eine Art »Rocky«-Erfolgsgeschichte auf thailändisch – im besonderen Spannungsfeld zwischen Gewalt, Kampfeswille und Sanftmut.

Die Schönheitschirurgen in Thailand haben gut zu tun. Oft sehen die falschen Thai-Frauen echter aus als die echten! Die »Ladyboys« tragen wallende Mähnen und endlos lange Wimpern, das Make-up ist etwas dick aufgetragen, die Rundungen fast perfekt, die Kleidung aufreizend. Die Transsexuellen arbeiten in den Touristenbars und als Tänzerinnen, aber auch als Prostituierte. Vorsicht ist angesagt – das Barmädel könnte sich als Geschlechtsgenosse entpuppen. Denn viele sind nur noch an ihrem Adamsapfel oder der Stimme zu erkennen, wie manch ein Freier erst nach einer durchzechten Nacht feststellen musste.

König Bhumibol

Im Oktober 2016 verstarb der 9. Rama: König Bhumibol Adulyadej (geb. 1927 in den USA) war die Seele der Nation. Er galt in den politisch unruhigen Jahren

Thailands und den sich wiederholenden Militärputschen stets als Garant für politische Stabilität. Umso mehr waren die Thailänder erschüttert, als ihr hochverehrter Landesvater nach 70 Jahren Regentschaft starb. Während der einjährigen Staatstrauer trugen Beamte und Mitarbeiter im öffentlichen Dienst in tiefer Trauer schwarze Kleidung. Im ersten Monat wurden die Radio- und Fernsehsendungen eingestellt, Feste und Konzerte abgesagt, viele Bars und Nachtclubs geschlossen.

Der dienstälteste Monarch der Welt hat am Ende seines Lebenswegs sogar Fidel Castro »überholt« – als das am längsten amtierende Staatsoberhaupt weltweit. Das Porträt Bhumibols hängt traditionell in jedem Büro, jeder Garküche, in den meisten Haushalten und selbst in den Hütten der Bergstämme im Norden.

Auch nach seinem Tod genießt König Bhumibol bei den Thai höchste Verehrung.

Bhumibol galt als weiser und volksnaher König. Er war leidenschaftlicher Fotograf und Segler, Komponist und Musiker. Er spielte Saxophon mit Größen wie Benny Goodman und Louis Armstrong. Für sein entwicklungspolitisches Engagement mit rund 2000 Selbsthilfeprojekten in der Landwirtschaft und Viehzucht wurde Seine Majestät sogar 1995 von den Vereinten Nationen ausgezeichnet. Schon zu seiner Amtszeit erklang vor jeder Kinovorführung stets die königliche Hymne. Nach der Einäscherung im Oktober 2017 wurde sein Sohn, der umstrittene Maha Vajiralongkorn, zum König gekrönt.

Songkran: die Wasserschlacht

Songkran ist das thailändische Neujahrsfest und traditionell die Zeit des Großreinemachens in Thailand, zu Hause oder im Tempel. In Bangkok versammeln sich Tausende auf dem Sanam Luang und übergießen die bedeutende Phra-Buddha-Singh-Statue eimerweise mit Wasser: Damit erhoffen sich die Gläubigen den Segen für das neue Jahr.

Wer wasserscheu ist, sollte das Königreich zum Neujahrstag Mitte April meiden. War es früher Tradition, dass ältere Thai ehrfurchtsvoll mit parfümiertem Wasser besprüht wurden, hat sich daraus heute eine öffentliche Wasserschlacht entwickelt. Vor allem in Chiang Mai bleibt keiner trocken, eimerweise wird Wasser aus dem Ping Fluss geschöpft: Mit Vorliebe nehmen die Thailänder dabei die *farang*, die Touristen, mit

Das traditionelle Neujahrsfest Songkran wird Mitte April gefeiert.

Spritzpistolen und Wasserbomben ins Visier. Für die Polizei gilt die Songkran-Woche als »gefährliche sieben Tage«, denn unter Alkoholeinfluss kommt es zu vielen Unfällen. Mittlerweile wurden »alkoholfreie Zonen«, etwa in der Khao San Road in Bangkok und in Phuket und Pattaya eingerichtet.

Tuk-Tuk

Sie gehören zu Thailand wie das Zitronengras in die Suppe. Die dreirädrigen höllisch lärmenden Geschosse namens Tuk-Tuk sind zwar weniger sicher und weniger bequem als der 1999 eröffnete Skytrain, die 2004 eröffnete U-Bahn oder die Expressboote auf dem Chao Phraya, und eigentlich immer teurer als ein Taxameter-Taxi, dennoch gehört eine Tuk-Tuk-Fahrt zum Bangkok-Aufenthalt dazu, wenigstens ein paar Kilometer.

Die erste aller Regeln: Einen Tuk-Tuk-Fahrer sollte man immer selbst anhalten oder ansprechen, nicht umgekehrt, und schon gar nicht an touristischen Sehenswürdigkeiten – sonst landet man unweigerlich in einer der »kostenlosen« Shoppingtour zu Edelsteinläden und Schneiderboutiquen. Am besten fragt man zuvor an der Rezeption nach dem angemessenen Preis und lässt sich die Adresse und den eigenen Hotelnamen in Thailändisch aufschreiben. Vor (!) dem Einsteigen ist allerdings ein ordentliches Maß an Verhandlungsgeschick gefragt. Dabei helfen ein paar Zahlen in Zehnerschritten auf thailändisch ungemein – ab 30 Baht geht es los – und sorgt selbst beim Schlitzohrigsten der 7000 Bangkoker Tuk-Tuk-Piloten für einen gewissen Respekt vor der vermeintlich leicht übers Ohr zu hauenden ahnungslosen »Langnase«.

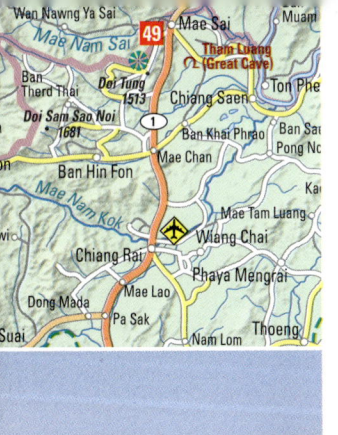

49 Goldenes Dreieck mit Mae Sai und Sop Ruak
Im Zickzackkurs durchs Dreiländereck

Das berühmt-berüchtigte »Goldene Dreieck« ist heute ein Bermudadreieck für Touristen. Das trubelige Sop Ruak mit seinem gigantisch-kitschigen Mekong-Rummel könnte man eigentlich links liegen lassen – wäre nicht der Ausblick auf das Dreiländereck vom Klosterberg Pu Khao und die hervorragende »Hall of Opium« – eine Zeitreise durch 5000 Jahre Opiumgeschichte.

Seit den 1970er-Jahren ranken sich um das rund 130 000 Quadratkilometer große Dreiländereck zwischen Thailand, Laos und Myanmar (Burma) Legenden – und die thailändische Tourismusbehörde webt fleißig an dem Mythos »Goldenes Dreieck« mit. Der berühmt-berüchtigte burmesische Shan-Rebellenführer und »Drogenkönig« Khun Sa (1933–2007) ist in den 1990er-Jahren in Pension gegangen. Danach waren die wilden Zeiten, als Schlafmohnbauern und Kachin-Rebellen ihre Ware gegen M16-Gewehre aus Vietnam tauschten und Heroin-Fabriken im dichten burmesischen Dschungel versteckt lagen, wohl vorbei. Bunte Amphetamin-Pillen *(yaa-baa)* und andere Designerdrogen haben mittlerweile den Markt auch in Thailand erobert, US-Satellitenüberwachung und alternative Einnahmequellen wie königlich geförderter Gemüseanbau und Tourismus haben das Opium immer weiter verdrängt. Obwohl UN-Drogenfahnder eine Renaissance der Heroinproduktion im Shan-Gebiet in Burma beobachten, werden heute vorwiegend Teakholz, menschliche Arbeitskräfte und Prostituierte über die Grenze geschmuggelt.

Mitte: Vom Wat Phra That Doi Wao reicht der Blick weit über das Land bis nach Myanmar.
Unten: Der Grenzort Mae Sai ist Treffpunkt für alle Volksgruppen in der Region.

Die »Schweiz Thailands«

Einfach gut!

Rund 240 Kilometer nördlich von Chiang Mai liegt im äußersten Nordzipfel Thailands Mae Sai. Der Grenzübergang nach Tachilek in Myanmar (Burma) wird durch ein überdimensioniert-protziges »Lego«-Tor markiert. Der Ort mit seinen rund 20 000 Einwohnern gleicht einem Mini-Babylon: Am meisten los ist auf dem Markt in der Nähe der Grenze, auf dem schon am frühen Morgen thailändisch-chinesisch-burmesisch-laotisches Durcheinander zwischen senkrechten Schriftzeichen herrscht. Heilkräuter, Jade, Edelsteine und Lederwaren, gefälschte Zigaretten, Viagra, Rolex-Uhren und Raubkopien made in China werden hier angeboten. Der Tempelturm vom Wat Phra That Doi Wao nahe dem Fluss Mae Sai eröffnet nach etwa 200 Stufen über die siebenköpfige »Naga«-Treppe einen weiten Blick über die Stadt und ins Nachbarland.

Ein beliebter Ausflug rund 40 Kilometer südwestlich von Mae Sai führt über atemberaubende Bergkehren zum Gipfel des 1389 Meter hohen Doi Tung. Der Berg könnte auch irgendwo in der Schweiz liegen: Weite Sonnenblumenfelder blühen Ende November, die rosafarbenen Kirschblüten im Dezember und Januar. In einem wunderschön

NATUR-TV …

Die romantische Herberge inmitten von Bambuswäldern und Teeplantagen erschuf eine thailändische Innenarchitektin – fast alles ist aus Holz und (dünnen) Bambuswänden, rustikal und bezaubernd. Die komfortablen Hütten und Poolvillen klettern am Dschungelhang aufwärts, über Treppen entdeckt man lauter versteckt-idyllische Ecken im Garten, der mit Skulpturen und Pflanzen dekoriert ist. Bougainvilleen ranken hemmungslos, Pfauen stolzieren vorbei und abends geben Zikaden und Frösche ein Gratiskonzert. Keine Fernseher – wozu auch? Der Balkonblick ist reinstes Natur-TV. Das Open-Air-Lokal ist etwas kalt im Dezember/Januar. Ein Infinity-Minipool und Yoga-Kurse machen den Aufenthalt perfekt.

Phu Chaisai Mountain Resort & Spa. 388 Moo 4, Ban Mae Salong Nai, Mae Chan, (ca. 70 km südwestlich von Mae Sai).
Tel. 053/91 05 00,
www.phu-chaisai.com

angelegten Palastgarten mit Royal Villa im Stil eines Schweizer Chalets lebte die Mutter des verstorbenen Königs Bhumibol, Princess Srinagarindra (1900–1995). Der »Mae Fah Luang Garden« gehört zu einem von ihr 1988 initiierten Landwirtschaftsprojekt, das den Akha- und Lahu-Bergstämmen eine Alternative für den Schlafmohnanbau bieten sollte.

Von Schmugglern und Opiumpfeifen

Hinter einer scharfen Linkskurve auf dem Weg von Mae Sai nach Südosten (auf der 1290) öffnet sich dann endlich das weite Mekong-Tal: das Goldene Dreieck. Der 4842 Kilometer lange Fluss bildet die Grenze zwischen Burma, Laos und Thailand, China ist nicht mehr sehr weit entfernt. Der kleine Ort Sop Ruak (etwa 70 km nordöstlich von Chiang Rai), in dem die beiden Flüsse Mae Ruak und Mekong zusammentreffen und die Spitze des Golden Dreiecks bilden, hat sich in einen trubeligen Jahrmarkt mitsamt Kasino und Golfplatz verwandelt: Kitsch as kitsch can zwischen endlosen Souvenirbuden, Klamottenständen und Schlangenschnaps.

Ein Riesen-Goldbuddha thront majestätisch am Ufer und Hunderte Besucher stellen sich in Fotopose vor gigantisch-protzige Elefantentore. Etwas ruhiger geht es oben auf dem Hügel vom Wat Prat That Phu Khao zu, der einen weiten Panoramablick über die Bergketten und den riesigen Fluss erlaubt. Den Schlafmohn gibt es nur noch als Postkartenmotiv oder gesichert hinter Glas in der sehenswerten »Hall of Opium«: Mittels 3-D-Animationen und Filmen begibt sich der Besucher multimedial in die Welt der Drogenkriege zwischen China und Großbritannien, der Schmuggler und des legendären Opiumrauschs.

Oben: Üppig wuchernde Pflanzenwelt am Doi Tung: der Mae Fah Luang Botanical Garden
Mitte: Amüsiermeile am Ufer des Mekong in Sop Ruak
Unten: Die »Hall of Opium« erinnert an die Zeit des Drogenhandels in der Region.

Infos und Adressen

SEHENSWÜRDIGKEITEN

DEPDC. Wer einen Blick hinter die Fassade der pittoresken Dörfer und Trachten tragenden Bergstämme werfen will, ist als Besucher oder Volontär in dem Ausbildungsprojekt gegen Kinderprostitution im Südwesten von Mae Sai willkommen. Nach Anmeldung, 186 Moo 4 Soi 6 Wiang Pankham, Mae Sai, Tel. 053/73 31 86, www.depdcblog.wordpress.com

Doi Tung Palace/Mae Fah Luang Garden. Tägl. 6–18, Royal Villa 7–17.30 Uhr, Audioguides, Unterkunft, Restaurant, Souvenirläden und Akha-Markt, Mae Fah Luang, Tel. 053/76 70 15, -7, www.doitung.org

Grenzübergang Mae Sai – Tachilek/Burma. Tägl. 6.30–18 Uhr, auch für Ausländer geöffnet (kostenpflichtiges Tagesvisum, Passkopie und zwei Lichtbilder, kann u. U. kurzfristig geschlossen sein), am Ende der Phaholyothin Rd., Mae Sai, Tel. 053/73 10 08, ext. 23

Hall of Opium. Ruhetag: Mo, Di–So 10–17, letzter Einlass 16 Uhr, wg. Klimaanlage Schal oder Pullover mitnehmen und zwei Stunden einplanen, Golden Triangle Park, Moo 1 Ban Sop Ruak, Tel. 053/78 44 44, -6; nicht zu verwechseln mit dem kleinen privaten »House of Opium«-Museum neben dem Wat Phra That Phu Khao, tägl. 8–18 Uhr, Tel. 053/78 40 60

Wat Phra That Doi Wao. Tägl. 8–18 Uhr, Soi 1, westl. der Phaholyothin Rd., ca. 300 m vor der Grenze, Mae Sai, Tel. 053/73 15 27

Wat Phra That Phu Khao. Tägl. 8–18 Uhr, Hauptstraße Sop Ruak; kein Tel.

ESSEN UND TRINKEN

Mekong Pizza. Saftig und knusprig: Endlich hat auch Sop Ruak seine eigene Minipizzeria mit vier Tischen. Tägl. 10–21 Uhr, 301/5 an der Hauptstraße (= 1290), Sop Ruak, mobile 083-915 47 50, www.mekongpizza.com

ÜBERNACHTEN

Anantara Golden Triangle (vormals: Le Meridien Baan Boran). Luxusherberge mit hübschen Lanna-Bungalows, angeschlossenem Elefantencamp und Mekong-Weitblick vom Hügel aus. 229 Moo 1, Sop Ruak, Tel. 053/78 40 84, www.anantara.com

Imperial Golden Triangle. Beste Mekong-Lage in Schnäppchen-Zimmern (das einst noble Hotel ist etwas in die Jahre gekommen), Pool und Verandalokal. 222 Golden Triangle, Sop Ruak, Tel. 053/78 40 00-1, www.imperialhotels.com

Ein Ort zum Relaxen: Das »Anantara Golden Triangle« in Sop Ruak

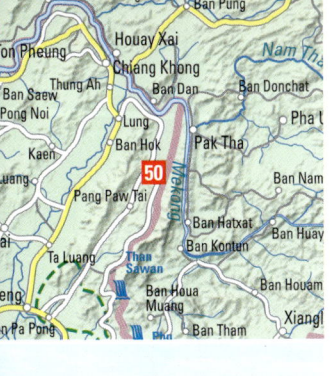

50 Am Mekong: Chiang Saen mit Chiang Khong und Phu Chi Fa
Sich treiben lassen am Mekong

Endlose Haarnadelkurven, authentisches Thai-Food und goldglänzende Tempel – und all das ohne die üblichen Touristenmassen, manchmal nur wenige Kilometer abseits der Trampelpfade. Am besten lässt man sich treiben, immer am Mekong entlang mit Postkartenaussicht in die dünn besiedelten Berge von Nordlaos. Versteckte Oasen in Nordthailand, wo es noch Nudelsuppe zum Frühstück gibt statt Pancake…

Bei der Fahrt entlang des Mekong-Ufers passiert man eine weitere frühere Hauptstadt von »Lanna-Thai«, dem »Königreich der Million Reisfelder«: Chiang Saen (circa 240 km nordöstlich von Chiang Mai). Der 10 000-Seelen-Ort döst vermutlich schon seit mehr als 700 Jahren vor sich hin. Die überraschend geschichtsträchtige Stadt soll noch vor Chiang Rai und Chiang Mai im 10. bis 13. Jahrhundert gegründet worden sein. Vom einstigen Glanz ist heute nicht mehr viel zu spüren, einige Reste teils rekonstruierter Ziegelsteinmauern und Chedi-Ruinen liegen verstreut in den drei staubigen Hauptstraßen. Lediglich das Wat Phra That Chedi Luang aus dem 13./14. Jahrhundert strahlt mit seinem circa 20 Meter hohen Ziegelsteinturm erhabene Würde aus – der größte erhaltene Chedi im »Lanna«-Königreich.

Berg- oder Talfahrt

Am Ufer des Mekong kann man sich an Essständen mit Blick nach Laos stärken, bevor es weitergeht

Mitte: Der Mekong bei Chiang Khong: Der mächtige Strom ist eine wichtige Wasserstraße.
Unten: Bei Chiang Khong zeigt sich die Landschaft als fast noch unberührte Wildnis.

Am Mekong

Richtung Osten – erst durch die fruchtbare Fluss-
ebene voller Felder mit Reis, Bananen, Erdbeeren,
Mais und Tabak, entlang von kleinen Marktflecken
und Webereidörfern wie Ban Hat Bai, blühenden
Sonnenblumen und mannshohem Schilfgras.
Oder man nimmt die schöne, auf fast 1000 Meter
ansteigende Höhenpiste (Straße 1129) zu Füßen
des Doi Luang Pae Mueang (1328 Meter) – vorbei
an dicht bewaldeten Hügeln und durch eine fast
schweizerisch anmutende Landschaftskulisse. Die
Bergstraße fällt schnell wieder talwärts ins wuse-
lige Grenzstädtchen und Drehkreuz Chiang Khong
mitsamt seiner 2013 eröffneten »Vierten Thailän-
disch-Laotischen Freundschaftsbrücke«. Zwischen
Diskotheken, diversen Karaokeclubs, Massagesalons
und jeder Menge Banken legen die Boote nach Laos
und Südchina ab.

Alpine Kulisse im Nebelmeer

Endlos kurvige Pisten führen weiter südlich in eine
unberührte Wildnis, wo noch Wildschweine vors
Auto laufen und Habichte fast auf der Kühlerhaube
landen. Die Straßen 1155 und 1093 schlängeln sich
über Bergketten und ächzende Brückenprovisorien
hinauf auf den Phu-Chi-Fa-Berg im gleichnamigen Naturschutzgebiet (rund 100 km östlich von
Chiang Rai). Der Bergkamm verläuft auf etwa
1200 Metern exakt an der Grenze zu Laos und
bietet herrlichste 360-Grad-Panorama-Aussichten.
In einem der abgelegensten und kältesten Landes-
teile leben vorwiegend Yao und Hmong, die Kinder
tragen einen Kopfschmuck aus bunten Perlen und
Federn. Frühaufsteher erwartet ein Naturspekta-
kel in 1600 Metern Höhe: Während der Himmel
allmählich Feuer fängt und sich orangerot-golden
verfärbt, liegt tief unten der Nebel noch schwer
über dem Mekong-Tal, und die Bergspitzen
ragen wie eine mystische Inselwelt aus einem
milchig-weißen Meer.

Infos und Adressen

SEHENSWÜRDIGKEITEN
Wat Phra That Chedi Luang. Tägl.
8–17 Uhr, Nationalmuseum Mi–So
9–16 Uhr, Phaholyothin Rd.,
Chiang Saen, Tel. 053/717433
(derzeit wird restauriert)

ESSEN UND TRINKEN
Sriwan. In dem Open-Air-Lokal
kann man bei leckeren Thai-Gerichten das Mekong-Treiben beobachten. Tägl. 7–21 Uhr, 150 Moo 1,
Uferstraße/=1290, Chiang Saen,
Tel. 053/784025

ÜBERNACHTEN
Four Seasons Tented Camp.
Luxus-Zeltlager in nur 14
Zelt-Baum-Stelzenhäusern (Open-
Air-Duschen, Whirlpool). Chiang
Saen, Tel. 053/910200,
www.fourseasons.com

Rai Saeng Arun. Das wunderbare
Hideaway liegt unendlich weit
abseits von allem: drei komfortable
Bungalows am Mekong-Ufer, acht
Hütten oben am Berghang, Open-
Air-Bäder (kalt im Winter!). 2 Moo
3 Ban Pakhub, Rimkong, Uferstraße
zwischen Chiang Saen und Chiang
Khong, mobile 087-6907610

Viang Yonok. Sieben Bungalows
am Ufer des Chiang-Saen-Sees:
gemütlich-britisch mit Vorhängen,
Teppich und Himmelbett, originelle
Bäder, Pool, Sauna, Fitnesshütte.
201 Moo 3, Yonok, (4 km südwestlich von Chiang Saen),
Tel. 053/650444,
www.viangyonok.com

INFORMATION
Visitor Center. Mo–Sa 8.30–
16.30 Uhr, Phaholyothin Rd., in
Chiang Saen, Tel. 053/777084

REISEINFOS

Thailand von A bis Z

Backpacker am Bahnhof von Huan Hin

Anreise mit dem Flugzeug

Die meisten internationalen Fluglinien fliegen nach Bangkok, beispielsweise Lufthansa (www.lufthansa.com), Condor (www.condor.com), Germanwings (www.germanwings.com), Emirates (www.emirates.com) und Thai Airways (www.thaiairways.com).

Die Flugdauer beträgt 10–15 Stunden. Der Rückflug muss bei einigen Fluggesellschaften spätestens zwei Tage vorher telefonisch bestätigt werden (»reconfirmation«). Bangkok-Flughafen Call-Center: 17 22 und Tel. 02/132 18 88, www.suvarnabhumiairport.com

Der Flughafen-Schnellzug »Suvarnabhumi Airport Rail Link« (SARL) verkehrt von 6 bis 24 Uhr zwischen dem Bangkoker Bahnhof Makkasan und dem 28 Kilometer entfernten Airport. Eine Fahrt dauert 15 Minuten.

Anreise mit dem Zug

Mit dem Eastern & Oriental Express reist man luxuriös in die thailändische Hauptstadt. Der Zug fährt von Singapur über Kuala Lumpur nach Bangkok. Von dort kann man nach Chiang Mai oder nach Osten in den Isaan reisen. www.belmond.com

Anreise mit dem Schiff

Verschiedene Kreuzfahrtschiffe fahren Bangkok, Phuket, Pattaya und in Zukunft auch Krabi und Suratthani mit ihren Südostasientouren an.

Der Suvarnabhumi Airport in Bangkok

Inlandsflüge

Thai Airways (Tel. 02/356 11 11 und 02/288 70 00) fliegt beispielsweise nach Phuket, Krabi und Chiang Mai; die Bangkok Airways (Tel. 02/270 66 99, Kurzwahl-Tel. 17 71, www.bangkokair. com) fliegt Ko Samui, Trat, Hua Hin und Sukhothai an. Info: www.airportthai.co.th

Autofahren

In Thailand gilt Linksverkehr und Alkoholverbot. Die Höchstgeschwindigkeit beträgt innerorts 60 km/h, 90 km/h auf Landstraßen und 120 km/h auf Autobahnen. Die Straßen sind meist gut asphaltiert, die Schilder zum großen Teil in Thai und Englisch. Ein Internationaler Führerschein wird benötigt. Auf Thailands Straßen gilt das Recht des Stärkeren: Mofa- und Motorradfahrer sollten grundsätzlich defensiv und mit Helm fahren (Helmpflicht!) und notfalls auf den Seitenstreifen ausweichen. Der Versicherungsschutz für Zweiräder ist i. d. R. unzureichend:

Es gibt eine Haftpflichtversicherung für Personenschäden, aber keine Vollkaskoversicherung. Reifen, Luftdruck, Bremse, Kupplung und Hupe von Mofas/Motorrädern sollten überprüft werden.

In allen großen Städten gibt es Filialen der bekannten Autoverleihfirmen, ein Überblick verschafft www.billigermietwagen.de. Gute zuverlässige Angebote gibt es bei driveFTI: Tel. 089/710 451 472, www.drivefti.de

In Thailand ist Bahnfahren eine sichere Art des Reisens.

Bahn

Von Bangkok verkehren Züge in den Norden, Nordosten, den Westen (bis hinter Kanchanaburi) und in den Süden. Sie sind langsamer und teurer als Überlandbusse, aber angenehmer und sicherer. Empfehlenswert sind die preiswerten klimatisierten 2.-Klasse-Nachtzüge, bei denen die Sitzbänke in bequeme Betten auf zwei Etagen verwandelt werden. Rechtzeitige Buchung ist an Wochenenden und Feiertagen ratsam. Hotline: 16 90, www.railway.co.th

Bus

Das staatliche Bussystem teilt sich in mehrere Klassen. »Local« und »Express«: rote und orange klapprige Busse mit engen Sitzreihen und »natürlicher« Aircondition (zugig). Die roten Busse halten auch auf Handzeichen am Straßenrand. »Second Class«: blaue und weiße klimatisierte Busse mit mehr Platz. »First Class«, »VIP«, »S-VIP«: bequeme, aber eisgekühlte Überlandbusse mit Getränken,

Imbiss und ultralauten Videos (Ohrstöpsel, Pullover mitnehmen). Interprovencial Bus-Hotline: 1490.

Fähren

Zwischen den großen Inseln und dem Festland verkehren Expressboote und (Auto-)Fähren, zwischen den kleineren Inseln auch Longtailboote (in der Monsunzeit von April/Mai bis Oktober nur eingeschränkt). Info: www.tigerlinetravel.com, www.bundhayaspeedboat.com

Einkaufen

Beliebte Souvenirs sind Kunsthandwerk wie Holzschnitzereien, Lackarbeiten und »niello«-Silberarbeiten, Bronze- und Silberwaren sowie Keramiken (Celadon). Chiang Mai ist berühmt für das Kunsthandwerk der Bergstämme, Seiden- und Papierschirme sowie Antiquitäten. Seide ist überall erhältlich, unzählige Schneider fertigen landesweit Anzüge und Kostüme nach Maß. Bei Antiquitäten und Edelsteinen sollte man sich auskennen,

Seidenstoffe und Seidenkleidung sind ein beliebtes Souvenir.

empfehlenswert ist der Juwelier-Verbund Jewel Fest Club (JFC-Logo), der auch eine 90-tägige Garantie ausstellt. Ausfuhr-Genehmigungen für Antiquitäten und Buddha-Statuen gibt es beim Fine Arts Department, Tel. 02/225 26 52, www.finearts.go.th. Einkaufen lässt es sich am besten in den klimatisierten Shoppingcentern, tägl. 10–ca. 21 Uhr.

Einreise

Für die Einreise ist ein mindestens sechs Monate gültiger Reisepass erforderlich. Ein ein- bis zweimonatiges Touristenvisum (31–60 Tage) erstellen die thailändische Botschaft oder ein Konsulat (Kosten: ab 30 €, nur mit Rückflugticket und Passfoto). Es kann einmalig um 30 Tage verlängert werden. Kinder benötigen einen Kinderreisepass. Ohne Visum kann man an den Flughäfen bis zu 30 Tage einreisen, auf dem Landweg nur bis zu 14 Tage.

Elektrizität

220 Volt 50 Hz, ein Adapter für Flachstecker ist gelegentlich notwendig.

Fremdenverkehrsämter

Tourism Authority of Thailand (TAT), Bethmannstr. 58, 60311 Frankfurt/Main, Tel. 069/138 13 90, www.thailandtourismus.de

TAT c/o Apropos Marketing & Events, Heumühlgasse 3, A-1040 Wien, Tel. 01/585 24 20, www.tourismusthailand.at

Thailand verfügt über ein eng geknüpftes Netz von Banken und Bankautomaten.

TAT c/o Gretz Communications Relations,
Zähringerstr. 16, CH-3012 Bern,
Tel. 031/300 30 88,
www.tourismthailand.ch

Geld und Währung

Die thailändische Währung ist der
Baht (1 € = 40 THB, 100 THB = 2,50 €;
Stand: September 2017). In großen
Hotels, Restaurants und Kaufhäusern
werden die gängigen Kreditkarten akzeptiert, ebenso an vielen Geldautomaten (neuerdings funktionieren auch die
EC-/Girokarten mit V-Pay-System und
Chip, allerdings wies die Verbraucherzen-
trale 2017 darauf hin, dass es Probleme
an älteren Geldautomaten geben kann).
Reiseschecks werden immer seltener akzeptiert, Euroschecks wechseln die Thai
Farmers Bank und Bangkok Bank. Banken
und Wechselstuben gibt es in fast jedem
Ort, nicht auf kleinen Inseln (Mo–Fr
9.30–15.30, in Urlaubsorten bis 22 Uhr,

an buddhistischen Feiertagen manchmal
geschlossen).

Gesundheit

Die Landestropeninstitute beraten über
die notwendigen Impfungen, etwa gegen
Tetanus, Polio, Diphtherie, Hepatitis A.
Sie sollten spätestens sechs Wochen vor
der Einreise nach Thailand durchgeführt
werden. Ein Malariarisiko besteht in den
thailändisch-burmesischen Grenzgebie-
ten (Mae Sot, Umphang, Mae Hong
Son, Kanchanaburi, Chumphon) und
auf den Inseln nahe Kambodscha wie
Ko Chang, Ko Kut sowie im Khao-Sok-
Nationalpark im Süden. Dengue- und
Chikungunya-Fieber werden landesweit
durch tagaktive Mücken übertragen.
Schutz bieten nur Mückenschutzmittel,
Räucherspiralen, helle körperbedeckende
Kleidung und ein Moskitonetz fürs Bett.
Der HI-Virus (AIDS) ist weitverbreitet.
Wer keine Darminfektion riskieren will,

vermeidet Eis, Eiscreme, nicht schälbares Obst, Salate und rohes Gemüse. Auf keinen Fall Leitungswasser trinken!

Die Apotheken sind hervorragend ausgestattet, alle Mittel sind ohne Rezept erhältlich. In den Kliniken arbeitet oft englischsprachiges Personal. Eine Auslandskrankenversicherung (mit Rücktransport im Notfall) ist dennoch anzuraten. Info: Centrum für Reisemedizin (www.crm.de) und die Landestropeninstitute sowie das Robert-Koch-Institut (www.rki.de).

Klima und Reisezeit

Es herrscht tropisches Klima mit Durchschnittstemperaturen von 27 °C. Beste Reisezeit ist von November bis März. Es gibt drei Jahreszeiten: Die heiße und trockene Sommerzeit mit bis zu 40 °C (März–Mai), die Regenzeit mit Luftfeuchtigkeit bis zu 98 % (Mai/Juni–September/Oktober) und die »kühle« trockene Jahreszeit (November–Februar), die zugleich beste Trekkingzeit ist. Im Norden können die Temperaturen dann auf rund 20 °C und in den Bergen nachts auf bis zu 5 °C sinken.

Die beiden Küsten an der Malaiischen Halbinsel haben unterschiedliche Regenzeiten. Von Mai bis Oktober regnet der Südwest-Monsun auf die Westküste herab, mitunter so stark, dass manche Bootsverbindungen zwischen Krabi und den vorgelagerten Inseln wochenlang ausgesetzt werden müssen. Auch können die Strömungen auf Phuket, vor Krabi und Khao Lak zu dieser Zeit gefährlich werden. Von Oktober/November bis Februar

Vom Meer weht eine kleine Brise her: Sonnenanbeter am Strand von Ko Lipe

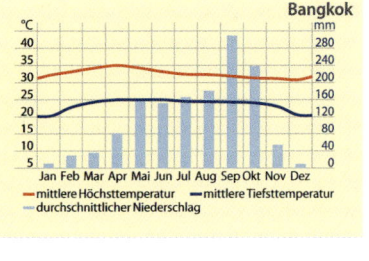

Bangkok

°C / mm
40 / 280
35 / 240
30 / 200
25 / 160
20 / 120
15 / 80
10 / 40
5 / 0

Jan Feb Mar Apr Mai Jun Jul Aug Sep Okt Nov Dez

 mittlere Höchsttemperatur ▬ mittlere Tiefsttemperatur
▬ durchschnittlicher Niederschlag

herrscht Regenzeit an der Ostküste im Golf von Thailand: Der Nordost-Monsun führt vor allem auf Ko Samui und den benachbarten Inseln besonders im November zu tropischen Stürmen.

Konsulate und Botschaften

Botschaft des Königreiches Thailand.
Mo–Fr 9–12.30 Uhr, Lepsiusstraße 64/66, 12163 Berlin, Tel. 030/79 48 10, www.thaiembassy.de, Konsulate in Düsseldorf, Hamburg, Frankfurt/M., München, Stuttgart, Essen und Dresden

Österreich: Botschaft des Königreiches Thailand. Mo–Fr 9–12 Uhr, Cottagegasse 48, A-1180 Wien, Tel. 01/478 33 35 (nur Mo–Fr 14–17 Uhr), www.thaiembassy.at

Schweiz: Thailändisches Honorarkonsulat. Mo–Fr 9.30–11.30 Uhr, Löwenstraße 42, CH-8001 Zürich, Tel. 043/344 70 00, www.thai-consulate.ch

Thailändische Botschaft.
Kirchstrasse 56, 3097 Liebefeld/Bern, Tel.: 031/970 30 30

Botschaft der Bundesrepublik Deutschland. Mo bis Fr 8.30–11.30 Uhr, 9 South Sathorn Tai Rd., Bangkok 10120, Tel. 02/287 90 00, Notfälle: mobile 081-845 62 24, www.bangkok.diplo.de

Botschaft Österreich. Mo–Fr 9–12 Uhr, Unit 1801, Q. House Lumpini Building (18. St.), Soi 1, South Sathorn Tai Rd., Bangkok 10120, Tel. 02/105 67 00, www.bmeia.gv.at/botschaft/bangkok

Botschaft Schweiz. Mo–Fr 9–11.30 Uhr, 35 North Wireless Road, Pathumwan, Bangkok 10501, Tel. 02/674 69 00, www.eda.admin.ch

Notrufe

Polizei: 191 und 123
Touristenpolizei: 11 55
Feuerwehr: 199
Notfall-Ambulanz (Bangkok):
02/252 21 71, -5
Tourist Assistance Center
(TAC, tägl. 8–24 Uhr): 02/283 15 00 und 02/356 06 55.

Sicherheit

Thailand gehört zu den Ländern mit der höchsten Kriminalitäts- und Mordrate. Dies betrifft leider auch in zunehmendem Maß Urlauber (v. a. in Pattaya, Phuket, Ko Samui und im Rotlicht- oder Drogen-Milieu). In den letzten Jahren kam es vermehrt zu Morden und Vergewaltigungen an Touristinnen. Frauen sollten sich auf gar keinen Fall nachts allein an einsamen Stränden oder in

entlegenen Gebieten aufhalten. Vorsicht bei Massenveranstaltungen wie den Full-moon-Partys auf Ko Phangan! Schon der Besitz von kleinen Drogenmengen (auch Marihuana, Amphetamine) kann hohe Haftstrafen bis zur Todesstrafe nach sich ziehen. Sexueller Missbrauch von Minderjährigen (unter 18 Jahren) wird hart bestraft und auch in Deutschland strafrechtlich verfolgt. Im tiefen Süden Thailands (Narathiwat, Yala, Pattani, Songkhla) herrscht seit Jahren Aus-nahmezustand aufgrund terroristischer Bombenanschläge. Landesweit sollten Demonstrationen und Menschenansamm-lungen gemieden werden. Es passieren relativ häufig Unfälle mit Bussen (Nacht-busse meiden) und Jetskis. Es gibt eine sehr hohe Todesrate bei Mopedunfällen, und die Fähren und Ausflugsboote ent-sprechen nicht internationalen Sicher-heitsstandards.

In einem buddhistischen Heiligtum sind Kleiderregeln zu beachten.

Vor Trickbetrügern sollten sich Touristen vor allem in den großen Urlaubszen-tren vorsehen. Relativ harmlos sind die Tuk-Tuk-»Schlepper«, selbsternannte Reiseführer und »Englisch-Lehrer«, die Touristen mit einmalig günstigen »Son-derangeboten« zu angeblich staatlichen Edelsteingeschäften oder Schneidern locken. Selbst die Bettelmönche sind nicht immer »echt«. Mit gesundem Men-schenverstand lassen sich Gauner schnell erkennen. Die Kreditkarte sollte man nie aus der Hand geben.

Am Suvarnabhumi Airport und auch auf Phukets Patong Beach kam es öfter zu Betrugs- und Erpressungsversuchen durch korrupte Polizisten. Wer wegen Bagatell-delikten oder vermeintlichem Diebstahl unter Druck gesetzt wird, seinen Pass illegalerweise abgeben, in Untersuchungs-haft kommen oder eine Kaution zahlen soll, sollte sich an die Deutsche Botschaft (Tel. 02/287 90 00, mobile 081/845 62 24) oder das Honorarkonsulat in Phuket (Tel. 076/61 04 07) wenden.

Ausführliche Hinweise gibt das Auswär-tige Amt (www.auswaertiges-amt.de).

Sitten und Gebräuche

Um einen allseits peinlichen »Gesichts-verlust« zu vermeiden, sollte man einige Verhaltensregeln beachten. Die Thai pflegen im Umgang miteinander das »djai yen« (»kaltes Herz«), eine buddhis-tisch geprägte Gleichmut. Probleme meistert man mit viel Geduld, niemals mit lautstarkem Protest.

In den Strandbars der Insel werden die Feste gefeiert wie sie fallen.

Religiöse Stätten/Tempel: Trägerhemdchen, Shorts und Miniröcke sind nicht gestattet, die Beine sollten bis zur Wadenmitte bedeckt sein (einen Sarong kann man notfalls um die nackten Schultern legen). Die Schuhe müssen vor dem Betreten eines Heiligtums ausgezogen werden. An Buddha-Figuren darf auf keinen Fall für ein Foto posiert werden, die Füße sollten beim Sitzen nicht in die Richtung eines Buddhas oder eines Thai weisen. Eine Frau darf einen Mönch nicht berühren (Opfergaben auf den Boden legen). In Moscheen muss der Kopf bedeckt werden (Frauen sollten auf jeden Fall fragen, ob Einlass für sie möglich ist).

Kleidung: Badekleidung oder Sarongs werden ausschließlich am Strand getragen. Oben-ohne gilt als Verstoß gegen die Landessitten und beleidigt die Thai in ihrem Schamgefühl. Nacktbaden ist selbstverständlich landesweit verboten, ebenso sexuelle Handlungen in der Öffentlichkeit.

Begegnungen und Eigenarten: Die Thai begrüßen sich mit dem Vornamen und einem »wai«: Beide Hände werden aneinandergelegt, je älter und wichtiger die Person gegenüber ist, desto höher die Hände und tiefer die Verbeugung. Bei Besuchen in einem privaten Wohnhaus bitte die Schuhe ausziehen! Mit Kritik sollte man sehr zurückhaltend sein – besonders, wenn es um den König geht. Die Thai nehmen das sehr persönlich, bei Majestätsbeleidigung droht bis zu 15 Jahren Haft.

Sport und Aktivitäten

Die besten Tauchreviere Thailands liegen in den 26 Meeresnationalparks in der Andamanensee (Surin und Similan Islands, Burma Bank, Ko Phi Phi, Ko Lanta)

Die Nobelunterkünfte verfügen über Pools in luxuriösem Ambiente.

sowie vor der Golfküste bei Pattaya, Chumphon und rund um Ko Tao. Beide Meere eignen sich auch hervorragend zum Angeln und Hochseefischen. In den Badeorten gehören zum sportlichen Vergnügen auch Paragliding, Surfen, Segeln und Kanufahrten. Jedes Luxushotel bietet Golf-, Tennis- und Reitsport an (Letzteres vor allem in Pattaya, Hua Hin und Phuket). Landesweit gibt es 200 Golfplätze. Viele Hotels und Agenturen haben Kochkurse und Wellnessbehandlungen im Programm (einer der führenden Luxus-Veranstalter ist Diethelm Travel (www.diethelmtravel.com).

Die bekanntesten Meditationsklöster auch für Ausländer sind das Wat Mahathat in Bangkok, das Wat Umong bei Chiang Mai, das Wat Suan Mokh bei Suratthani und das Wat Khao Tham auf Ko Phangan (Info: www.dhammathai.org, www.neuewege.com).

Im Trend ist der Voluntourismus, die ehrenamtliche Mitarbeit in Umwelt- und Hilfsprojekten oder in Homestays (s. Tipps S. 146 und S. 158), Info: www. andamandiscoveries.com und www. track-of-the-tiger.com).

In den Nationalparks befinden sich meist gut ausgeschilderte Wanderpfade, Guides sind in vielen Fällen obligatorisch. Beim Trekking im Norden gehören oft ein Fluss-Rafting und Elefantenritte zum mehrtägigen Abenteuer dazu. Die Trekkingagenturen unterscheiden sich sehr in der Qualität – billig heißt nicht unbedingt gut! Man sollte darauf achten, dass der Führer Englisch spricht und über gute Kenntnisse der Kultur, der Geschichte der Region und der jeweiligen Lokalsprache verfügt. Dann muss man auch einen Ausflug in sehr entlegene Gebiete nicht scheuen! (Ein hervorragender Guide mit mehr als 20 Jahren

Berufserfahrung ist Aekasitd in Pai: mc_mightymecong@hotmail.com). Beste Trekkingzeit ist von November bis Februar.

Telefonieren

Internationale Telefonate können in Hotels im Selbstwählverfahren geführt werden, billiger sind aber die Fernmelde-ämter und private Telefonbüros. Es gibt preiswerte Call by Call-Nummern (nur mit Telekom-Anschluss) und »Call through«-Nummern, unter denen man in thailändischen Hotels preiswert von zu Hause aus erreicht werden kann (ca. 1 Cent/Min.). Bei Mobiltelefonen ist eine thailändische SIM-Karte am günstigsten (ca. 20 Cents/Min. mit neuer Telefonnummer und Entsperr-Code!).

Mehere Klöster in Thailand führen in die Kunst der Meditation ein.

Internationale Vorwahlen: 00149 nach Deutschland, 00143 nach Österreich, 00141 in die Schweiz, Thailand-Vorwahl aus Europa: 0066.

Trinkgeld

…ist nicht üblich in Thailand, man kann natürlich fürs Zimmermädchen die übliche Summe liegen lassen oder im Restaurant aufrunden, aber Hotel- und Restaurantpreis sind oft inklusive 10–17 % für Steuern und Service.

Übernachten

Von spottbilligen Absteigen über familien-freundliche Hotels bis zu Nobelherber-gen der Spitzenklasse bietet Thailand ein breit gefächertes Angebot an Unterkünf-ten. In der Nebensaison gibt es häufig Preisnachlässe, auch bei einer Buchung von Deutschland aus oder online (z. B. www.hotelsthailand.com). Die oberste Preisklasse ist mit allem Komfort aus-gestattet, selbst auf Privat-Pool, Butler und ultracooles Design muss man nicht verzichten (über 6000 Baht/150 € + 17 % Steuern!). Die Mittelklasse (2000–4000 Baht/50–100 €) entspricht nicht immer dem europäischen Niveau, was Einrich-tung, Service (englischsprachiges Perso-nal) und Sauberkeit anbelangt. Dennoch lassen sich in der (unteren) Mittelklasse schöne Schnäppchen machen mit rustikalen, aber wundervoll gelegenen Strandherbergen und Bungalows (1000 und 2000 Baht/25–50 €). Bei den zumeist spartanischen Gästehaus-Unterkünften unter 500 Baht/13 € darf man nicht

Vor einer Tuk-Tuk-Fahrt sollte man einen angemessenen Preis aushandeln.

pingelig sein (Kaltwasser-Dusche, teils Toilette mit »Schöpfspülung«, Deckenventilator, kein Schrank, keine tägliche Reinigung). Die meisten Nationalparks bieten Unterkünfte in einfachen Bungalows und auf Campingplätzen an (300–600 THB/8–15 €). Reservierung nur gegen Vorauszahlung in Bangkok, Tel. 02/562 07 60/77, www.dpn.go.th

Taxi

Die rund 7000 Dreiradtaxis sind die beliebtesten Fortbewegungsmittel für Touristen in Bangkok. Handeln ist oberste Pflicht: Allerdings sollte man den Fahrer besser selbst ansprechen und ggf. zunächst ein Taxi (mit eingeschaltetem Taxameter) rufen, um die oftmals geforderten Fantasiepreise der Tuk-Tuk-Fahrer auf die angemessene Summe herunterhandeln zu können (ca. 30 THB bis 1–2 Kilometer-Kurzstrecke) – ein Tuk-Tuk sollte auf keinen Fall mehr als die Taxifahrt kosten! In Chiang Mai,

Ko Samui oder für kurze Strecken über Land eignen sich die »songthaeo«-Sammeltaxis mit Querbänken (Festpreise).

Zoll

Bei der Einreise nach Thailand muss Bargeld über 20 000 US-$ deklariert werden. Tabakprodukte und alkoholische Getränke dürfen nur bis zu einer bestimmten Menge zollfrei eingeführt werden. Ähnliches gilt für die Einfuhr in die EU und die Schweiz. Die Ausfuhr von Buddha-Figuren, Korallen, Muscheln, Elfenbein, Tierfellen oder -häuten, Schildpatt, Krallen und Zähnen aus Thailand ist verboten. Spätestens beim europäischen Zoll ist man diese Waren los, es drohen hohe Strafen. Lebende Tiere fallen unter das Washingtoner Artenschutzgesetz. In der EU gilt ein Einfuhrverbot für gefälschte Markenprodukte, die über den Eigenbedarf (1 Stück) hinausgehen (www.zoll.de, www.customs.go.th).

Die Thailänder haben buddhistische und gesetzliche Feiertage (*), viele regionale Tempelfeste sowie Feste der ethnischen Minderheiten. Religiöse Feiertage werden oft nach dem Mondzyklus jedes Jahr neu datiert (Termine beim TAT, s. u.). Vom Westen übernommen wurden als gesetzliche Feiertage: Neujahr (1. Januar), Tag der Arbeit (1. Mai) und Silvester (31. Dezember).

*6. April – Gründungstag der Chakri-Dynastie
13–15. April – »Songkran«, das Wasserfest: Das traditionelle thailändische Neujahr wird landesweit mit Prozessionen und viel Wasserspritzen begangen.
*5. Mai – Krönungsjubiläum von Bhumibol.
*12. August – Geburtstag von Königin Sirikit
*23. Oktober – König Chulalongkorns Todes- und Gedächtnistag
*5. Dezember – König Bhumibols Geburtstag wird mit einer königlichen Parade in Bangkok begangen.
*10. Dezember – Verfassungstag

Regionale Tempelfeste finden vielerorts statt.

JANUAR/FEBRUAR
Das chinesische Neujahrsfest wird vor allem von den Nachfahren der Chinesen mit Feuerwerk und Prozessionen begangen.

FEBRUAR/MÄRZ
»**Makha Bucha**« wird zum Gedenken an eine berühmte Predigt Buddhas mit Tempelfesten und Lichterprozessionen gefeiert.

MAI
»**Visaka Bucha**«: Buddhas Geburt, seine Erleuchtung und der Eintritt ins Nirwana wird an Vollmond mit Tempelprozessionen gefeiert.

MITTE MAI
Königliche Pflugzeremonie: Der König leitet auf dem Sanam Luang in Bangkok die Zeit der Reis-Aussaat ein.

JULI
»**Asanha Bucha**« erinnert an die erste Predigt Buddhas und markiert den Beginn der dreimonatigen buddhistischen Fastenzeit, während der die Mönche die Klöster nicht verlassen. Jetzt gehen viele junge Männer als Novizen in die Klöster.

MITTE OKTOBER/MITTE NOVEMBER
»**Thod Kathin**« symbolisiert das Ende der Regen- und Fastenzeit. Die Klöster werden in großen Prozessionen besucht, den Mönchen werden neue Gewänder, Geldumschläge und andere Gaben überreicht.

NOVEMBER
»**Loi Krathong**«, das Lichterfest: Der Göttin des Wassers wird landesweit an Kanälen, Flüssen und Seen gehuldigt. Auf den Gewässern werden kleine Boote mit flackernden Kerzen ausgesetzt, v. a. in Sukhothai, Chiang Mai, Ayutthaya und Bangkok.

THAILAND

für Kinder und Familien

Thailand ist ein perfektes Reiseziel für Familien zwischen Sandburgenbauen, Piratenbuchten und Dschungelaction. Allein die Tempel und Paläste sind wie aus Tausendundeiner Nacht. Und keine Sorge, wenn der Sprössling nicht alles isst – Banana Pancakes mit Nutella oder knallig bunte Thai-Desserts in allen Regenbogenfarben gibt es fast überall, ebenso Pizza und Pasta – aber auch Pad Thai-Bratnudeln und oder Nudelsuppen sind lecker. Und last not least: Die Thai sind einfach vernarrt in Kids!

Museen

Batcat Toy Museum. Hier trifft man all die Superhelden von Catwoman, Superman bis Spiderman in Lebensgröße – natürlich auch als Souvenir, 32 Srinakarin (= Srinagarindra) Rd., Hua Mak, Bangkapi, Bangkok 10240, Tel. 02/375 90 06.

Bangkok Dolls Museum. 400 Puppen wie das Karen-Mädchen aus dem Norden, der chinesische Mandarin oder Nachbildungen von Figuren aus der Thai-Geschichte und aus Mythen wie dem *Ramayana*. Puppen zum Kauf ab 18 €. Mo-Sa 8–17 Uhr, freier Eintritt, 85 Soi Ratchata Phan (= Soi Mor Leng), Bangkok 10400, (schwer zu finden: am besten ab BTS-Station Phaya Thai Taxi nehmen und Fahrer anrufen lassen), Tel. 02/245 30 08, www.bangkokdolls.com

Children's Discovery Museum. Wo Lernen richtig Spaß macht – ob bei den

Das Drachenfest auf dem Sanam Luang in Bangkok bereitet allen großen Spaß.

Dinos, in der Riesenseifenblase oder im Spiegeltunnel. Ruhetag: Mo, Di-So 9–18, Sa-So 10–19 Uhr, Soi 4 Kamphaeng Phet Rd., Queen Sirikit Park, MRT-Station Chatuchak, BTS Mo Chit, Bangkok 10900, Tel. 02/615 73 33.

Art Samui. »Kunst«-Ausstellung mit spaßigen Fotoeffekten: Wer wollte nicht schon immer mal in den Klauen von King Kong oder Spidermans Netz gefangen sein? Tägl. 10–21, So nur bis 20 Uhr, 45 Moo 5 Bo Phut, Ko Samui, mobile 061-180 73 31-2, www.art-samui.com

Tierisches Vergnügen

Affengeil! Auf Phuket kümmert sich das Gibbon Rehabilitation Center im Khao Phra Taeo National Park um die Auswilderung von Gibbons (s. S. 138, www.gibbonproject.org). Im zentralthailändischen Lopburi spielt sich das Affenfest im November mit einem Affentheater par excellence ab (s. S. 206). In Südthailand kann man in mehreren Affen-Schulen zuschauen, wie die »ling klang«-Makaken

rechnen und ihren Beruf erlernen –
das Kokosnusspflücken (s. S. 116).

Bangkok Sealife Ocean World.
Das größte und artenreichste Aquarium
Südostasiens lädt zu einer Erkundung
farbenprächtiger Unterwasserwelten
ein. Nur eine Glasscheibe trennt die Be-
sucher von Korallenriffen, Oktopussen,
Manta-Rochen und anderen seltenen
Meeresbewohnern. Auf dem »Shark
Walk« können sie über Riffhaie hinweg-
spazieren. Für besonders Wagemutige:
Tauchgänge zu den Haien und Unterwas-
serspaziergänge. Tägl. 10–21 Uhr (letzter
Einlass 19.30 Uhr), nur nach vorheriger
Anmeldung, Siam Paragon Shopping
Centre, 991 Rama 1 Rd, in der Nähe der
BTS Siam Station,
www.sealifebangkok.com

Khao Kheow Forest & Wildlife Park.
Ein »Open Zoo« mit rund 8000 Tieren
aus 200 Tierarten in großen Freigehegen,
Tag- und Nacht-Safaris und »tierischen«
Shows (10–16 Uhr). Tägl. 10–19 Uhr, 235
Moo 7, Bang Phra (ca. 50 km nördlich
von Pattaya), mobile 084-427 65 23,
www.journeytothejungle.com

Nong Nooch Tropical Garden & Resort.
Etwas kitschiger Vergnügungspark mit
Orchideensammlung, Mini-Zoo, Tier-
Statuen, Automobil-Museum, Folklore-
und Elefantenshow. Tägl. 8–18 Uhr, 37/1
Moo 7 Sukhumvit Rd., Pattaya,
Tel. 038/70 93 58, -61,
www.nongnoochtropicalgarden.com

Giant Cat Fish Farm. In dem Natur-
park haben Kinder Spaß beim Füttern
von Riesen-Welsen, außerdem gibt's
Krokodile, Schweine, Schafe, Affen und
Enten. Tägl. 9–17.30 Uhr, 47 Moo 6 Ao
Nang Straße nach Klong Muang, Krabi,
Tel. 075/64 42 09

Action und Spaß

Rock Junkie. Klettersport an senkrechten Klippen mit bestem Panorama über
die Westküste, professionelles Team.
Tägl. 10–17 Uhr, 219/2 Moo 1 Hat Sairee,
Ko Phangan, mobile 093-612 15 60,
www.thailandrockclimbing.com

Anthem Wakepark. Trendy Wakeboar-
ding auf einem See mit Seilbahn und
Hindernissen. Tägl. 9–18.30 Uhr, 194/6
Moo 7 Srisoonthorn Rd., Thalang,
Phuket 83110, Tel. 076/62 00 34

Cable Jungle. Im Khao-Phra-Taeo-
Dschungel geht es über 21 Stationen
auf zwei Kilometern von Baumkrone
zu Baumkrone – Tarzan würde neidisch

Hänge-Party zwischen Bäumen: An vielen Orten
in Thailand gibt es Kletterparks.

Thailands Strände bieten jungen Urlaubern viel Badespaß.

werden. Tägl. 9–17 Uhr, 232/17 Ban Suan Eramit, Moo 8, Srisoonthorn Rd., Thalang, Phuket 83110, mobile 081-977 49 04, www.cablejunglephuket.com

The Kids Club Phuket. Hier geht die Post ab, ob an der Kletterwand, auf Rutschen oder dem Trampolin oder im Puppenhaus, auch Geburtstagspartys und Babysitting. Tägl. 10–21 Uhr, 70/1 Bangla Rd., Patong, 83150 Phuket, Tel. 076/34 13 10, www.thekidsclubphuket.com

Amari Krabi. Auf die Spuren der »Fünf Freunde« von Enid Blyton und ihrer Schatzsuche können Kids sich hier begeben – am Hotelstrand, in Höhlen und im Karstdschungel wurde der dritte Teil des deutschen Films gedreht, der 2014 im Kino lief. Amari Vogue, Tubkaek Beach, Krabi 81180, Tel. 075/60 77 77, www.amari.com

Spidermonkey. Der »Affenkopf« oder die »glückliche Banane« wollen erobert werden – geeignet auch für Anfänger und Kinder ab fünf bzw. 14 Jahren. Tägl. 10–17 Uhr, Pass mitbringen, hinter Ton Sai Village (bei den Rock Backpackers), Ko Phi Phi, Tel. 075/60 10 26, www.spidermonkeyphiphi.com

Poi Sang Long. Bei der farbenprächtigen Ordinationsprozession stehen die Kids ganz im Mittelpunkt: die stark geschminkten Shan-Jungen (auch: Thai Yai) in edelsteinbesetzten Gewändern auf ihrem Weg in den Tempel, wo sie als Novizen Buddhas Lehren lernen, im März–Mai in Mae Hong Son.

Kleiner Sprachführer

Die thailändische Sprache, die zu den in Südostasien und Südchina verbreiteten Tam-Kadai-Sprachen gehört, ist ganz anders aufgebaut als die indoeuropäischen Sprachen. Es ist ähnlich wie das Chinesische eine sogenannte Tonsprache, deren Lexikon fast nur aus einsilbigen Wörtern besteht, denen durch die Verwendung unterschiedlicher Tonhöhen bei der Aussprache unterschiedliche Bedeutungen zugewiesen werden.

Im Unterschied zu indoeuropäischen Sprachen kennt die thailändische Sprache keine Flexion, keine Deklination und auch keine Konjugation, die grammatische Funktion eines Wortes wird allein durch seine Stellung im Satz ausgedrückt.

Die thailändische Schrift umfasst 44 verschiedene Konsonanten-, 33 Vokal- und fünf Betonungszeichen. Innerhalb eines Satzes werden die Wörter aneinandergeschrieben, nur zwischen den einzelnen Sätzen gibt es einen Zwischenraum.

Zwar verfügt die thailändische Schrift über eigene Zahlzeichen, im Alltag werden aber meist arabische Ziffern benutzt.

Obwohl man sich in Thailand sehr gut auf Englisch verständigen kann, ist die Kenntnis einiger Ausdrücke und Floskeln sicherlich von Nutzen – und auch eine Sache der Höflichkeit.

ALLGEMEIN
Guten Tag, auf Wiedersehen (von Frauen gesagt) sawadi ka

Guten Tag, auf Wiedersehen (von Männern gesagt) – sawadi krap

danke (von Frauen gesagt) – kopkun ka

danke (von Männern gesagt) – kopkun krap

Entschuldigung khoo thoot

sehr gut di maak

ja chai

nein danke mai o

das macht nichts! mai pen rai

viel Glück! chok di

wie viel/wie teuer? tao rai

sich wohlfühlen sabai

nicht mai

was arai

ZEIT
morgens tschao

abends jen

Mittag tiang

morgen prung-nie

gestern müa wan-nie

Montag wan dschan

Dienstag wang angkhaan

Mittwoch wan phut

Donnerstag whan pharuhat

Freitag wan suk

Samstag wan sau

Sonntag wan aathit

UNTERWEGS
wo ist…? Jutinai…?

geradeaus trong pai

(nach) links (liao) sai

(nach) rechts (liao) khwa

Welche Straße ist das? thanon nih arai?

Auto rot jon

Bahnhof sathani rot fai

Busbahnhof sathani rot meh

Eisenbahn rot fai

Taxi Teksi

Fahrrad Dschakrajahn

Gasse soi

EINKAUFEN
zu teuer peng pai

gibt es einen kleinen Discount? mi rot noi mai?

gibt es ...? mi ... mai?

ESSEN UND TRINKEN

das schmeckt gut aroi

scharf phet

die Rechnung, bitte check bin

gebraten phat

süß-sauer prih oh wahn

gekocht tom

süß wahn

Restaurant rahn ahahn

heiß rohn

kalt Jen

essen gin khaao

trinken duhm

ÜBERNACHTEN

Hotel rong rahm

Zimmer Høng

Schlüssel gun tscha

Moskitonetz Mung

Badezimmer høng náam

Zimmerboden phüÀün

Doppelzimmer hʲøng khûu

Frühstück – hʲøng náam

Klimaanlage khrü'ang pràp-aakàat

GESUNDHEIT

Arzt Moo

Apotheke yaa kä'ä pùat

krank mai sabai

Krankenhaus rong pay-abahn

Medizin jah

wehtun dschep

Zahnarzt moo fan

Hilfe tschûay dûay

Medikament yaa

Schlaftablette y aa nøøn-làp

ZAHLEN

0 súun
1 nöng
2 sohng
3 sahm
4 sie
5 hah
6 hock
7 dschät
8 bät
9 kao
10 sip
11 sip et
12 sip sohng
20 jie sip
21 ji sip et
100 nong roy
1000 nong pan

GLOSSAR

bot zentrale Ordinations-halle im Tempel

chedi, pagoda, stupa buddhistischer Reliquien-schrein, häufig in Glocken-form

farang westlicher Ausländer (»Langnase«)

garuda Halb mensch-halb adlergestaltiges Fabelwesen und Staats-symbol Thailands

karma Schicksalsgesetz, nach dem gute Taten im nächsten Leben belohnt werden

khao Berg, Reis

kinnari/kinnara Mytho-logisches Mischwesen aus Mensch und Vogel

klong Kanal

ko Insel

mahut Lehrer und Beglei-ter eines Elefanten

naga mythologisches Schlangenwesen

namtok Wasserfall

nirwana Zustand der Erleuchtung

prang, prasat Tempelturm eines buddhistischen Wat

songthaeo Taxi mit Quer-bänken

samlor Fahrradrikscha

tham Höhle

vihara Versammlungshalle der Mönche

wat buddhistisches Hei-ligtum mit Kloster und Tempelbezirk

yaksha Wächterfigur und Fabelwesen

Register

Impressum

Verantwortlich: Claudia Hohdorf
Lektorat: alpha & bet VERLAGSSERVICE
Korrektorat: Ute Thomsen
Layout: alpha & bet VERLAGSSERVICE
Umschlaggestaltung: Frank Duffek,
Nina Andritzky
Repro: Repro Ludwig
Kartografie: Kartographie Huber,
Heike Block
Herstellung: Stefanie König
Printed in Slovenia by Florjancic

★ ★ ★ ★ ★

Sind Sie mit diesem Titel zufrieden?
Dann würden wir uns über Ihre
Weiterempfehlung freuen.
Erzählen Sie es im Freundeskreis, berichten
Sie Ihrem Buchhändler, oder bewerten
Sie bei Onlinekauf. Und wenn Sie Kritik,
Korrekturen oder Aktualisierungen haben,
freuen wir uns über Ihre Nachricht an
Bruckmann Verlag, Postfach 40 02 09,
D-80702 München oder per E-Mail an
lektorat@verlagshaus.de.

Unser komplettes Programm finden Sie unter

www.bruckmann.de

Alle Angaben dieses Werkes wurden von der
Autorin sorgfältig recherchiert und auf den
aktuellen Stand gebracht sowie vom Verlag
geprüft. Für die Richtigkeit der Angaben kann
jedoch keine Haftung übernommen werden.

Bildnachweis:
Alle Angaben dieses Werkes wurden von den
Autoren sorgfältig recherchiert und auf den
neuesten Stand gebracht sowie vom Verlag
geprüft. Für die Richtigkeit der Angaben kann
jedoch keine Haftung übernommen werden.

Bildnachweis:
Alle Bilder des Innenteils und des Umschlags
stammen von Thomas Stankiewicz, außer:
Shutterstock/Everything I Do, S. 259; Shutter-
stock/Noppasin, S. 217; Shutterstock/SmileStu-
dio, S. 23; Shutterstock/Sira Anamwong,
S. 172; Shutterstock/Kotomiti Okuma, S. 186;
Shutterstock/Gail Palethorpe, S. 214 o.; Shut-
terstock/Umberto Nocentini, S. 278; Wikimedia
Commons, S. 77; Wikimedia Commons/Bhat-
tharasinthorn Kosawan & Chot-Anan Kittira-
weechot, S. 180; Wikimedia Commons/KOSIN
SUKHUM, S. 105; Wikimedia Commons/Sonfi99,
S. 149 Mi.; Wikimedia Commons, S. 190 u.;
Wikipedia/Franz Winter, S. 118 Mi.

Umschlag:
Vorderseite:
Oben: Ausschnitt aus dem Big Buddha von
Ko Samui
Mitte links: Im Thai Elephant Conservation
Center bei Lampang
Mitte rechts: Barkeeper am Phra Ae-Long-
beach, Ko Lanta
Unten: Am Strand der Insel Kho Khao nördlich
von Khao Lak in der Andaman Sea
Rückseite:
Oben: Blick über Bangkok bei Nacht
Mitte: Junger Mönch in Bangkok
Unten: Wat Arun in Bangkok
Klappe vorne: Der Big Buddha von Ko Samui

Die Deutsche Nationalbibliothek verzeichnet
diese Publikation in der Deutschen National-
bibliografie; detaillierte bibliografische Daten
sind im Internet über http://dnb.d-nb.de ab-
rufbar.

2. überarbeitete Auflage
© 2018, 2015 Bruckmann Verlag GmbH,
München
ISBN 978-3-7343-1127-7